新世紀叢書

當代重要思潮・人文心靈・宗教・社會文化關懷

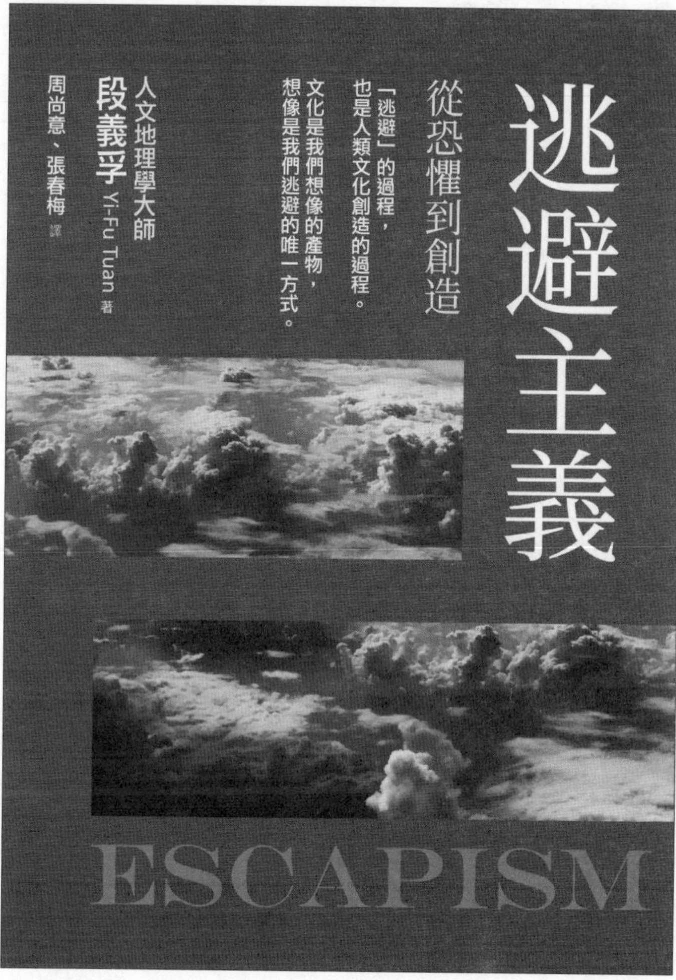
逃避主義
從恐懼到創造
「逃避」的過程，
也是人類文化創造的過程。
文化是我們想像的產物，
想像是我們逃避的唯一方式。
人文地理學大師
段義孚 Yi-Fu Tuan 著
周尚意、張春梅 譯
ESCAPISM

逃避主義

【目錄】本書總頁數共376頁

早或晚會死掉；而我也要進餐、做愛，並希冀永生。文化使得我能夠戰勝自身的動物狀態。

3 人／分離與冷漠 117

每個「我」都是特別的，譬如本書的作者——我。我們都希望自己是獨特的。然而，從深層的意義上來講，與眾不同和唯一令人難以忍受，因為這必將導致分離、無意義、孤獨和脆弱。但是，若是將自我融入群體當中，以此來逃避孤獨、脆弱和不斷的變化，又會壓制個人的需求。許多美好、悲傷和罪惡都源自對這種人際聯繫的需求。

4 地獄／想像的扭曲與限制 167

文化是想像的產物，並為想像所推動。我們人類因擁有文化而感到自豪。但想像力不斷使我們誤入幻想的歧途，既不真實，又充滿奇異。它誘使我們首先描繪藍圖，然後常常就是實施罪惡，製造出地獄般的世界。

歷史上人類想像力的高飛使得一些大膽的心靈不斷與崇高的世界發生真實的碰撞。更恰當地說，人類的想像力永無止境，它不斷地發揮著巨大的作用，使這個世界更迷人、更有魅力。正是人類豐富的想像力使得大地也變成了景觀。一個世界，不管它多麼有魅力，只要缺少了道德籌碼，那麼它終究是輕浮的。「做得好」意味著什麼？「好」的涵義又為何？用我們的一生努力探索這些答案——更為重要的是，我們一定要盡力照著「好」的最高標準去行動——這是我們今生能夠抵達天堂的捷徑。

譯者序

周尚意

一九九八年以前，段義孚（Yi-Fu Tuan）這個名字對於我來說，還只是一系列抽象的頭銜——享譽學術界的人文主義地理學大師、美國藝術與科學院院士、英國皇家科學院院士、美國地理學會授予的傑出貢獻獎得主等。一九九八年我去台灣參加一個學術會議，會議期間展出了一本段義孚先生的論文集，封面上印有先生的素描像。從那一刻起，我的腦海中才對先生有了具體的印象。

一九九九至二〇〇〇年我在美國威斯康辛—麥迪遜大學地理系做福布萊特學者。許多國際上知名的地理學大師都在這間大學的地理系任職，段義孚先生就是其中之一。他和二十世紀初全球最著名的地理學家之一的芬奇（Vernor C. Finch）、區域地理學派的代表人物哈茨霍恩（Richard Hartshrone）等人的照片一起陳列在地理系的樓梯間和公共會議室中。初到麥迪遜時，由於邀請我的人是當時地理系主任羅伯特・奧斯特格林（R. Ostergren）教授，所以我沒能馬上見到段先生。不曾想第一次見到段先生，竟是在樓梯間的一次偶遇。由於在台灣記下了段先生的封面印象，我一眼就認出了這位既清癯又儒雅的老者。在後來的日子裡，我與他多次交談，原本符號化的大師形象越來越具體、越來越清晰。他謙遜和藹，平易近人，自然而然中，我也隨著系裡老師的習慣，稱他為「Yi-Fu」（義孚）。

學術大師的魅力不僅來自於他儒雅的外表、謙遜的品格，更來自於他敏捷的思維、廣博的學識、深邃的洞察力。義孚經常將自己的隨筆複印出來，投到系裡各位同仁的信箱中，這些隨筆成為我研究人文主義地理學的入門讀物。我到威斯康辛—麥迪遜大學地理系的主要工作原本與人文主義地理學無直接的關係，但是我卻逐漸被義孚的研究深深吸引。

義孚是著作等身的學者，其代表作品有：《中國》（*China*）、《人與自然》（*Man and Nature*）、《戀地情結：對環境感知、態度和價值觀的研究》（*Topophilia: A Study of Environmental Perception, Attitudes, and Values*）、《經驗透視中的空間與地方》（*Space and Place: The Perspective of Experience*）、《恐懼的景觀》（*Landscapes of Fear*）、《撕裂的世界與自我：群體的生活和個體意識》（*Segmented Worlds and Self: Group Life and Individual Consciousness*）、《美好的生活》（*The Good Life*）、《逃避主義》（*Escap-*

ism）、《宇宙與家：一個世界公民的視角》（*Cosmos and Hearth: A Cosmopolite's Viewpoint*）等等。南京師範大學網站中的名師風采曾提到，已故著名人文地理學家李旭旦先生在二十世紀八〇年代初曾翻譯過義孚的《人文地理學》。由於沒有見到李先生的譯稿，只能根據現有資料推測該書是一九八三年在台灣印刷的英文版論文集《人文地理學導論》（*Orientation: An Approach to Human Geography*），這是最早見於我國的義孚的作品。一九九八年台北國立編譯館出版了義孚的《經驗透視中的空間與地方》，該書是義孚被引證最多的著作之一。這是義孚第一部被翻譯為中文的著作（繁體字版）。

在義孚的作品中，人們總能體會到他深深的中國情結。義孚一九三〇年出生於天津，先後在南京、上海、昆明、重慶等城市住過，十一歲時隨全家離開了當時的陪都重慶，去了澳大利亞，並在澳大利亞、菲律賓就讀中學，他在英國牛津大學獲得學士學位，在美國加州柏克萊大學獲得博士學位。一九九八年，他曾應邀在美國約翰．霍普金斯大學作「學術生涯」（Life of Learning）的演講。「學術生涯」是該大學最高榮譽演講的名稱。該大學只邀請在研究領域中有重大貢獻的學者，此前地理學界只有歷史地理學家梅尼（D. Meinig）受過邀請。義孚在演講中回顧了自己的治學歷程，還特意提到兒時中國的生活賦予他的長久感受與記憶。在本書中，人們會發現義孚對中國文化，尤其是古代先哲與文人的作品是多麼了然於胸。

選擇《逃避主義》譯成中文，主要是出於學術上的考慮。首先，該書能夠充分地體現人文主義地理學的特點。人文主義興起於中世紀的西方，經過數百年的發展，業已形成鮮明的人文主義傳統。人文主義地理學興起於二十世紀七〇年代後期，當時的學術背景是，歐美學術界正如火如荼地開展人文主義與科學主義的討論。人文主義地理學的指標性學術作品便是義孚的文章〈人文主義地理學〉，該文章發表在《美國地理聯合會會刊》一九七六年六月號上。當時義孚是美國明尼蘇達大學地理系教授。該文章被後續的地理學讀本廣泛引用，正是這篇代表性的文章使得義孚被學術界公認為人文主義地理學大師。「人文主義地理學」做為地理學的一個流派，其研究範疇具有三個特點：第一個特點是「我向性」思維。即不將自己的研究視野投向無人的世界，而是將自然做為人類活動的大舞台，自然的意義是由人賦予的。第二個特點是訴諸情感的多樣性。情感是主體的感受，它本身是主體性的，做為情感思維方法來說，其關注的重點不是對象本身的特點，而是對象給主體自身造成的種種感受。外在的地理環境（無論是自然的，還是人文的），人們在刻畫它們時，其指標不再是統一的，因為人的性格、氣質、意志、心境、人生態度、生活期望等方面的差異，使得每個人的情感世界也不相同。因此，針對同一個客觀對象，人文

導言

誰不曾有過逃避的想法？但逃避何物，逃往何處？一旦我們來到一個美好的地方，那麼，這個地方是否就是我們遷移的最後目的地？我們是否還會被另一個逃避的願望所吸引，而再次遷徙到別處？甚至有可能這次遷移的目的地，就是我們最初離開的地方——我們的故鄉，我們度過歡樂童年的地方。一個人受到壓迫的時候，或者是無法把握不確定的現實的時候，一定會非常迫切地希望遷往他處，我也曾如此。我是一名地理學家，而地理學家的任務就是研究人們遷移的原因和方式，以及人們如何不斷地將一個地方改造成為人們更好的棲居地，但是我很少去探討「逃避」或者「逃避主義」這樣的問題，也就是說，我從來沒有意識到這個概念有可能就是一把打開人類本質和文化之門的鑰匙。

然而，就在幾年前，這種情況卻意想不到地有了徹底的轉變，其契機是我接到了一個邀請函，邀請我撰寫一篇有關迪士尼樂園這一主題公園的論文。我最初想謝絕邀請，因為我不是主題公園方面的專家，而且我住在威斯康辛州的麥迪遜。那個邀請電話是那年九月份打來的。打電話的人告訴我，翌年一月份，他們將邀請所有的作者到迪士尼樂園所在地——加利福尼亞州南部的城市阿納海姆（Anaheim）開會。突然間，「逃避」一詞在我腦海裡閃現出來，我可以逃脫威斯康辛州寒冷的冬季，在加利福尼亞州這個安樂鄉裡恢復元氣，同時還可以進行寫作，這豈不是兩全其美的事，於是我接受了邀請。現在，我很慶幸當時那樣做了，因為我不僅享受到了旅行的美妙滋味，而且此行促使我思考了一系列問題，我嘗試著找尋正確的答案，於是便有了這本書。

那次旅行令我非常愉悅，不僅因為我喜歡那裡溫暖的陽光，而且因為我驚訝地發現迪士尼樂園本身也是非常好的。我之所以「驚訝」，是因為但凡受過良好教育的人，當然也包括我自己，都被告知要遠離主題公園，因為主題公園有一種神祕的力量（因此顯得有些險惡），使得這個世界看上去很不真實，非常虛幻。出乎意料的感受促使我思考一系列問題。人們想當然地認為主題公園是為逃避者而建造的幻想樂園，僅僅適合於那些不諳世事的孩子。那麼，我不禁要問：人類所創造的作品哪一件不是如此？是否存在一種欲望之梯，它的最上端是極其華而不實的嬉戲，最下端則是極其嚴肅而真實的事物？

設想一下如果我們沿著這個梯子從上往下走，主題公園之後將會是什麼？是購物中心？有人曾抨擊購物中心，認為購物中心是沒有頭腦的消費者逃避現實的伊甸園。抑或是郊區？學術批評家總是毫不留情地斥責郊區，認為郊區是中產階級乏味的運動場。他們更喜歡城市。但城市卻是逃避主義者最理想的選擇，因為一個城市之所以稱得上是一個真正的城市，是因為它遠離了自然及其四季更替。農場生活更接近於大自然，那麼它是否就是最真實的？久居城市且十分懷舊的人們，似乎會這麼認為。但是，農場主人們也試圖創造他們自己的世界。在任何一個驕傲的農莊住宅中，都會在牆上掛上美麗的圖畫，點上燈，讓溫暖的燈光驅走深夜的寒冷。採集狩獵者很少去改變他們所處的自然環境，雖然他們手邊沒有什麼可以用來進行機械操作的工具，但是他們卻擁有語言這個工具，借助語言這個工具，他們就可以像其他人一樣，構想出另一個世界，用來替代現實世界或做為補充，在他們承受現實壓力的時候，可以從中尋求慰藉與快樂。

如果將文化看做是逃避主義，那麼又會引發一個問題：人類逃避何物？我是一名地理學家，所以我首先想到的是逃避自然，即從變化無常且時刻威脅著人類的大自然環境中逃離出來。當今這個偉大時代之所以如此成功，原因就在於它將空前的可預測性和豐富性引入人類的生活。這應該能確保人們享受幸福、享受快樂，但事實並非如此，它並不能保障人類對安全感的深深需求。現代社會的紅男綠女們生活在種種人造環境中，這些人造環境處於欲望之梯的上端，此處的人們似乎在忍受著米蘭・昆德拉（Milan Kundera）所說的「生命中不可承受之輕」。那裡的生活似乎並不十分真實，而且非常可疑。儘管人們並不介意生活在甜美的夢中，但是他們可能會發覺，也許什麼地方出了問題，因為一個人在活著的時候或是將要死去的時候，應保持一種清醒的意識。因此人們希望在欲望之梯上停一下，或者退下一、兩級。極端主義者甚至渴望下到梯子的最下端，去擁抱大地，沙礫粗糙的紋理令他們感到世界的真實；折衷主義者則企圖尋求欲望之梯的中間位置，地理學家和環境專業的學者稱這個位置為「中間景觀」。

對地理學家而言，自然指的就是外在的自然環境。那麼怎麼看待身體？身體，毫無疑問，是一個人的生理軀體。從這個角度來看，身體也是一種自然。但是，對我而言，身體並不是外在的東西。身體就是我，因此不管在什麼情況下，我都不想、也不能逃避它。但是，想要逃避它也不是完全沒有可能。在病痛折磨我的時候，我常常渴望拋棄這個沉重的肉體，逃到別處。在有限的範圍內，這樣做是有可能的。如果外在的自然環境不能滿足我的需要或欲望，那麼這個自然環境也會轉變成我的身體。我會去干預它，而且多數的干預是出於有意識地要擺脫和遮蓋我的動物性。動物有食、色之性，或早或晚會死掉，而我也要進餐、做愛，並希冀永生。文化使得我能夠戰勝自身的動物狀態。

本書的「我」是東（中國）西文化的混血兒。我既受到東方文化的影響，也受到西方文化的影響。我所具有的雙重文化的背景，驅使我充滿好奇地觀察東、西方文化的差異，特別是在歷史的進程中，中國人和西方人是如何努力去脫離他們的自然本性，尤其是他們的動物性。以我之見，與東方相比，西方在人為性方面更勝一籌。這是否意味著西方的菁英比中國的菁英文明程度更高，或是更有經驗？換言之，這是否意味著他們處在欲望之梯的更高處，更加遠離真實？

對任何一個人類的個體來說，「我」或許是一個拈來就用的詞。人們可以自豪而廣泛地運用這個詞，每個人都可以。「我」可能代表一個群體中的某個個體，比如說「我是一個華裔美國人」中的「我」。群體可能是個體自豪感的源泉，個體為其所在的群體或群體的價值而倍感驕傲。但是，每個「我」都是特別的，譬如本書的作者——我。我不同於其他的任何個體。與眾不同有著好的一面，我為自己的獨一無二而無比自豪。然而，從深層的意義上來講，與眾不同和唯一，令人難以忍受，因為這必將導致分離、無意義、孤獨和脆弱。但是，若是將自我融入群體當中，以此來逃避孤獨、脆弱和不斷的變化，又會壓制個人的需求。當我與一位朋友討論本書時，她十分贊同本書的主題。她說：「人們的確希望逃避，並選擇逃往外在，有時候甚至不惜一切代價也要這麼做。但是，難道他們的內心不渴望處於更穩定的狀態之中？難道他們不希望成為一個穩定群體的一員，並處在一個合適的位置上？」對此我持肯定的答案，人們當然希望穩定。文化的主要任務之一就是加強社會的秩序性和穩定性，所以才會制定出各項規章制度。物質環境本身就意味著穩定性，而且當一個人看著這個物質世界裡她所擁有的一切還是那麼熟悉，並處在她所熟悉的地方，那麼她就會很容易感受到這種物質環境的穩定性。雖然逃避的方法多種多樣，但是一個人若想逃避孤獨、脆弱和自身不斷的變化，那麼最好的辦法就是融入群體，融入這個群體中為數眾多的固定小團體當中。

想像促進並推動了文化的蓬勃發展。文化是想像的產物。人類因擁有文化而歡喜、自豪。但想像力不斷使我們誤入幻想的歧途，既不真實，又充滿奇異。它誘使我們先描繪藍圖，然後常常就是實施罪惡，製造出地獄般的世界。想像所產生的結果是好壞參半的。人們從威脅人類的原始自然環境中逃到優雅的文化之中，這的確是一件好事。然而，如果仔細觀察，就會發現文化的優雅表面覆蓋著一層厚厚的泡沫，這層泡沫掩蓋了嚴酷的經濟和政治現實，而正是嚴酷的經濟和政治現實支撐著這層泡沫，並使得這層泡沫有可能在人類生活中處於最重要的位置。掩蓋、遠離或逃避，使得我們輕而易舉就忘記了人類絕大部分的創造性活動在前期所具有巨大的破壞性，甚至是烹飪這種最基本的活動，也會涉及到很多的前期破壞。像「屠宰與烹飪」或者「內臟切除與烹飪」這樣的名稱是不會用做烹飪書籍的書名的。然而沒有前者，烹調怎麼可能進行？如果人類的作品不是食物，而是一座紀念碑、一個城市、一個帝國，那麼前期的破壞，人力和畜力的開發，開發時的甘苦與死亡，它們拼湊在一起的圖像則更接近地獄，而不是天堂。即使我們僅僅把目光投向我們所建造的熠熠發光的人造世界，那麼恕我直言，一個人若生活在其中，他一定會驚奇地感到生命如此之輕，如此的不真實。

然而，我說到這裡等於講了一個很不完整且帶有偏見的故事。如果說宇宙中生命和生命意識的出現是件好事，那麼人類生命和想像的產生就是一件更好的事。歷史上，人類想像力不斷高飛，這不僅使一些大膽的心靈進入唯我主義的幻想、瘋狂甚至罪惡的狀態，而且使他們不斷與外在的崇高宇宙世界發生真實的碰撞。這些碰撞對人類的道德意識產生了重大而深遠的影響，比如說，使人們在偉大神聖的自然面前，保持一種更加謙卑的態度。人類的想像力永無止境，它不斷地發揮著巨大的作用，使這個世界更迷人、更有魅力。這樣說一點兒也不過分。想像使人們更了解自然的重要性，自然在人們的眼裡充滿了魔幻與美好，因此，迄今為止很多事物還不能被人們所認知，即使當時有所認知，隨後也會被遺忘。這裡我可以舉一個非常顯著的例子——「景觀」。古代富有的羅馬人非常欣賞宏偉的景觀，今天的人們出於實際的需要，也建造出各種景觀，但在西元四〇〇至一四〇〇年間，大多數歐洲人並不知道景觀為何物。在文藝復興時期，人們的感悟力得到重生，大地景觀再次散發出迷人的魅力。透過不斷地改造和修復，在當今世界，這些景觀仍然屹立不倒。我不得不認為「景觀」與我們人類的精神是一致的。一旦有人提出類似的觀點，我們也會頻頻點頭稱是，這種觀點讓我們感覺更好、更健康、更有力量。

一個世界，不管它多麼有魅力，只要缺少了道德籌碼，它就是輕浮的。「做得好」意味著什麼？「好」的涵義為何？人類全部的奮鬥史就隱藏在這些問題的背後。用我們的一生努力探索這些答案——更重要的是，我們一定要盡力照著「好」的最高標準去行動——這是我們今生能夠抵達天堂的捷徑。

我認為，逃避主義屬於人類，且人類無法擺脫它。逃避本身並沒有什麼問題。問題在於逃避的目的非常不真實。狂熱的幻想有什麼錯？我認為，只要這種幻想只持續短暫的時間，僅僅是短暫的逃避，或是頭腦中的一閃念，那幻想就不會有錯，但是，與外在的現實世界脫離過久的幻想就有可能使人墜入自欺欺人的苦境，你就會產生一種陰險的企求，而當你把這種苦境透過赤裸裸的權力或者花言巧語轉嫁給他人時，則是罪大惡極了。這時的逃避是與真實和美好（天堂）的方向背道而馳的。在懷疑一切的現代人心目中，奔向天堂的逃避，從表面上看是很好的，但其實這與奔向其他的目標一樣，看似真實，其實非常不真實。對他們而言，「天堂」簡直就是錯覺和幻想的同義詞。如果說能有什麼東西讓人感到更真實一些，那就是生命的坎坷、殘酷或苦境。我希望我能夠反駁這種流行的悲觀論。

我寫這本書有兩個主要目的：第一，提供一種不同尋常、富有成效的觀點來認識自然和文化，第二，想說服讀者，特別是那些讀過太多悲觀文獻的讀者，認識到我們其實已經擁有了太多美好的事物，儘管這些美好的事物並不是很可靠。讓我們想一想吧：即使不存在真正的天堂，即使上蒼只是偶爾才會眷顧我們一下，我們也應該少一點絕望，多一點希望和光明。

1 大地／自然與文化

EARTH / Nature and Culture

《暴風雨後的霍爾約克山景色》（*View of Mount Holyoke, Northampton, Massachusetts, after a Thunderstorm*），畫家為托馬斯・科爾（Thomas Cole）。此作品是贈與拉塞爾・塞奇夫人（Mrs. Russell Sage）的禮物，現藏於紐約大都會藝術博物館。

在我們當下這個社會中，甚至可以說在所有的社會中，「逃避主義」這個詞多多少少帶有一些貶義的意味。逃避，意味著人們在真實的世界前面是那麼的蒼白無力。當我們提及逃避主義文學時，常常將超市、遊樂場、主題公園，甚至風景如畫的郊區，視為逃避現實的目的地。簡而言之，它們對於人類生活而言無足輕重，不足掛齒①。

之所以會對逃避主義產生質疑，原因很多，最顯而易見的莫過於：只有當動物認清了牠所生存的環境的真實面目後，才能在這個環境中生存下來。白日做夢、癡心妄想無濟於事。閉上雙眼，嚴酷的現實並不會從眼前消失。但是，**據我所知，在所有的生靈中，只有人類在殘酷的現實面前選擇了退卻**。人類只會閉上自己的雙眼，設想自然界可能造成的種種威脅，卻不敢睜大雙眼，抖擻精神去面對這些威脅。人類在現實面前只會做白日夢，妄圖靠幻想靠逃避解決問題，**因此也就自然而然地產生了只有人類才可能擁有的文化**。這個文化指的不僅僅是後天習得的習慣、工具的製造與使用，還包括人類全部的思想與信仰、習慣與風俗、技能與人工製品。**文化更與人們利用這樣或那樣的手段來逃避自然的傾向聯繫在一起**。對於人的定義至今為止仍然爭議不休，就此我在這裡再補充一點：**人是一種天生就討厭接受現實的動物。人不僅屈從於環境、適應於環境，這是所有動物的共性；而且，人還會按照事先所設**

想的方案去改造自然。也就是說，在人類改造自然之前，人類會做出一些不可思議的舉動，也就是說他彷彿「看到了」即將發生的事物，而這些事物實際上當時並不存在，這就是想像，而想像是人類文化的基石。

現實與真實

「現實」與「真實」究竟意味著什麼呢？儘管哲學家們對此眾說紛紜，難以達成共識，但是普通的老百姓卻能在日常生活中自如地運用「現實」、「真實」以及它們的反義詞「幻想」、「不真實」等字眼。如果我們仔細地觀察老百姓的談話，我們可以從中發現，隨著環境的改變，「真實」一詞的涵義也在隨之改變，有時這種變化相當明顯。「真實」一詞的基本涵義來自於動物的生活方式。真實，意味著動物生活在真實的世界中，竭盡所能去應對外界的壓力以及自身的本性，擺脫令人煩惱的幻想和渴望。人類若是接近自然，控制想像，拋棄過於沉重的文化包袱，是可以實現這種生存狀態的。自然本身是真實的。當凜冽的寒風在耳旁呼嘯而過，不期而至的陣雨從天而降，人們的身體由於接觸到長春藤而引發了皮疹時，對人類而言，這個自然的世界毫無疑問就真實地存在於我們的身邊。由此，又引申出真實的另一層涵義：真實指的就是自然的影響力。它不僅僅指自然本身；還意味著無論是在自然界還是在人類社會中，自然作用於個體或群體，讓人類偶爾或者長期處在自然的壓力之下。從這個意義上來說，現實是人類難以駕馭的，它無視特定個體或特定群體的需求與願望。在現實面前，人類本性的軟弱一覽無遺，人類只得屈服並適應於環境的壓力，並從人類創造的地方模式或秩序中尋求安慰，而人類早就熟悉了這種模式或秩序。「地方模式或秩序」又道出了真實的另外一層涵義：真實是一個徹底人文的小世界。真實遠離衝擊或影響，它為人們所熟悉，是可以預測和培育的，是囊括一切的。家就是一個典型的例子。人是屬於家的，這種附屬關係的形成是與人類在文化中所習得大量的思維習慣與行為習慣緊密聯繫的。這些習慣很快就自然而然地融進人類的日常生活中，因而它們像是原本就存在似的，是一個人的本質。一個人離開家或熟悉的地方，即使是自願地或短時間地離開，也讓人感覺那其實是一種逃避。逗留在虛幻的世界中，少了些壓力，少了些束縛，因而也少了些真實。

上述的討論是否把所有關於真實的定義都概括進去了呢？答案是否定的。為求盡善盡美，至少還有一層意思需要加以補充，但這層意思與上述關於真實的涵義正好相反，這讓人多少感到有些不安。在這層意思裡，日常生活充滿了紛繁瑣碎的細節，缺乏確定性與完整性——那種狀態就像是在一個沒有頭緒的夢中，發生的一幕幕都是那麼扭曲和變形，沒完沒了——而這應該是不真實的。真實，應該意味著敘述清晰的事件、清楚的圖像、精確限定的建築空間、神聖的宗教儀式。所有這些都能使自我價值得到提升——活力四射的感覺充溢身心。

地球並非理想家園？

地球是我們人類生存的家園。我們嚮往到月球或到更遙遠的星球去旅行，這些願望一直縈繞在人們的心頭，揮之不去。或許有朝一日，這些願望真的能夠實現。然而，畢竟這些願望被人們賦予了一層幻想的光環。真實的生活是在地球上，我們生長在這裡，這裡是我們的根。地理學家在研究地球時，將它視為人類的棲息地或人類的家園。有趣的是，他們的研究表明，地球並非人類理想的家園。因此，在各種文化中常常會看到這樣的夢想——夢想飛入雲霄，夢想在其他的什麼地方建立一個完美的天堂。談到地球，大多數人想到的不是整個地球，而是其中的一部分，是人們居住的那個地方。倘若人們在某一個地方居住了一段時間，無論這個地方在何處，他們都會將之視為家園。然而，情況又不總是如此，如果總是這樣的話，就不會產生什麼傳說了，也就不會發生所謂的人類故事了。正如德國哲學家黑格爾（G. W. F. Hegel）認為的那樣，人類將會像其他動物那樣「融入」自然界。正是人類長久以來自強不息的行動，才有了人類故事的發生。過去如此，今後還將繼續如此。出於種種原因，人類對其所生存的地方從來不會感到滿意，因而，人類常常要遷徙，尋找更加滿意的所在；如果不遷移，人類就要對現有的生存空間進行改造。遷徙到別處和改造當地的環境，構成了人文地理學研究的兩大主題。它們既揭示出人類對現狀的不滿足，也揭示出人類逃避現實的願望。地理學家的許多論述都是關於這兩大主題的，但是他們在絕大多數論述中並沒有將「逃避」、「逃避主義」做為指導性的概念來進行探討。那麼，現在引入這兩個概念，我們將會有什麼樣的收穫呢？毫無疑問，這兩個概念會促使我們重新審視自然，重新審視文化，進而重新審視我們到底是誰，我們最終的期望到底是什麼。這是繼「現實與想像」、「現實與幻想」等傳統人文地理學的核心學術思想之後的重要概念。

移民之國？逃避者的家園？

很顯然地，遷徙是一種逃避。當家園的環境開始惡化時，動物便要遷徙到別處。

很早以前人類就已經這樣做了。現在看來，由於人類學會了某些特定的重要的文化符號（最重要的當屬語言這個文化符號了），所以人類能在遷徙中以更複雜的方式來應對環境的挑戰。有時遷移的路程會很長，為了克服長途跋涉之苦，我們的遠祖不但要具備強有力的組織能力，而這種組織能力更是透過語言得以實施和加強的，而且他們還要掌握新的技術，如航海技術。我猜測，人類的遠祖思維活躍，能力超強，既能夠展望到哪裡會有「更豐美的草原」，還能夠設計出到達目的地的最佳方案②。一萬兩千年前，也就是冰河時代末期，人類的足跡踏遍了除冰川和高山之外的所有自然環境，從熱帶到兩極都有人類活動的痕跡。

人類的故事大部分可以敘述為一種遷徙活動。人們透過短距離遷徙，去尋找更好的狩獵場地，尋找更富饒的土地，尋找更好的賺錢機會，或是尋求更好的文化。短距離遷徙很可能是周期性的，環境變了，遷徙的路線也會隨之發生改變。多年來，人類已經習慣於進行這樣迂迴的遷徙。與此相反，長途遷徙很可能是單向性且是永久性的。這種遷徙如同恢弘的史詩一般偉大而壯觀，因為，人們懷著對未來幸福生活的憧憬與渴望而遷徙別處，但結果往往是遷徙後的生活比原來還要艱難得多。在開始冒險遷徙之前，人們必須對所要到達的目的地有足夠多的了解。那麼，他們會了解到什麼呢？他們在多大程度上相信別處確實存在一個更美好的所在，而在這個美好的所在中，是沒有他們現在所面臨的嚴酷現實？現實真的束縛並壓抑了大家，讓大家再也無法忍受，並由此產生了對未來的熱望與幻想？由於這些幻想單純而富於活力，所以這些幻想看起來已經不再是夢想，已經顯得比他們熟悉的世界還要真實？歐洲人湧向新大陸就是這樣一首偉大的現代史詩。**美國人聲稱自己的國家是移民之國，而不願意被稱做「逃避者的家園」，但是許多人正是為了逃避舊大陸難以忍受的慘境，滿懷對新大陸的希望才移民到此的**③。

自然：伊甸園與競技場

要想從不安分的狀態中釋放並擺脫出來，人類不但可以透過地理上的遷移來實現，還可以透過改造自身所在的地理環境來實現。人類試圖改變或逃避的環境既可以是社會環境、政治環境，也可以是經濟環境；既可以是逐漸惡化的城市，也可以是破敗的鄉村，當然，還可以是自然環境。在講述人類故事的時候，我們通常始於歷史上的某一時刻。但是，如果追溯到足夠久遠的年代，我們就有必要將自然——人類尚未染指的自然做為故事發生的背景。地球上首先出現的是沼澤、森林、灌木叢、沙漠，然後……然後是什麼？然後就有了人類，就有了人類故事的上演。

世界各地的人們，即使當時沒有感受到，但最終也會感受到自然既是家園，也是墳墓；既是伊甸園，也是競技場；既如母親般的親切，也像魔鬼般的可怕；有時會對人類做出回應，有時又冷酷無情。從古至今，人類都對自然抱有可以理解的矛盾態度。文化就體現了這一點；文化彌補了自然界的不足，但是恐怕又會矯枉過正。**自然界的主要不足在於它的不可依賴性以及殘暴性。人類改造自然，創造出比自然界更加穩定的人造世界，並以此做為與自然相聯繫的紐帶。為人們所熟知的人類改造自然的故事，可以被理解為是人類為逃避自然的威脅所做出的種種努力。**人類改造自然的故事很多，早期的先驅們必須與自然勇敢地搏鬥，以爭得一個並不太穩固的生存立足點，因此人類改造自然的故事大都充滿艱辛與困苦[4]。

對於人類居住者而言，自然環境本身看起來既富饒又穩定。熱帶森林可以滿足採集狩獵者全年的適當需求，年復一年，從不改變。然而，一旦人類開始改造森林，就算只是開闢一小塊土地來種植作物、建造村莊，森林也會變成一股凶惡的力量，無情地肆虐那塊空間，直到將其夷為平地[5]。世界各地的農民都有過這方面痛苦的感受，只是在程度上或許不如濕潤的熱帶地區的農民來得深刻。因此，農民通常用多疑的目光審視大自然。當然，他們明白是大自然滿足了他們的各種需求，他們也因此對大自然心存感激。至今在世界各地還存在著人們為了表達對自然界的崇敬之情而設計的儀式與傳說故事。但是人類也從其痛苦的經歷中感受到大自然的吝嗇，大自然常常對人類辛辛苦苦得來的勞動果實和生活報以極大的冷漠。

從自然中開闢出一塊空間並不能確保人類從此就高枕無憂，恰恰相反，它會使人類自身更加脆弱。那麼，人類應該怎麼辦？在大自然的面前，人類自身的力量實在是太渺小了，所以人類採取的最基本的方法是將人類世界與大自然緊緊地捆綁在一起，使得大自然不得不對社會的壓力與影響做出相應的反應，就像人類會對大自然的變化做出相應的反應一樣，雖然這兩種反應都很艱難。如果這個方法奏效的話，人類就會舉行一些儀式來安撫大自然。如果這樣做還起不了什麼作用，人類就會祈求更高的權威——上帝或是其在地球上的人類化身。人類使盡渾身解數想要控制大自然，但是成效甚微。也許在前來造訪的生態學家的眼中，某個地方的某些事物是穩定的，因為他所關注的是在一段很長的時期中，人與大自然的相互作用；而這些事物，在當地居民看來卻充滿了不確定性，他們要日復一日、年復一年地與自然界進行鬥爭，以求生存。

阿茲特克人與中國人

現在，假設我們進入比狩獵社會更進步一些的社會中，結果又會如何？跟那些與外界隔絕、沒有什麼工具可用的村民相比，生活在更進一步的社會裡的人們擁有一些較為先進的技術和組織方式，他們可以借助這些技術和方式，開闢範圍更廣的永久性燎荒地，在上面種植作物、修建紀念碑、創建城市。人類對自然界施加外力，眾多的人類創造物展現出一幅不可思議的海市蜃樓般的景象，這些難道不會讓人類感受到自身偉大的能力與世界的永恆不變？

答案並非總是肯定。墨西哥的阿茲特克（Aztec）人就是一個典型的例子。儘管他們已經在非常廣的領域達到高水平的物質成就，但他們仍然感覺到不安。可怕的火山噴發、天氣的反覆無常、洪水的無情氾濫，以及湖堤決口等自然現象的不確定性給人類帶來影響，遠比人類創造物提供的保護強大得多，可怕得多。此外，在阿茲特克文明中，廟宇、神壇這些建築物本身更加驗證了阿茲特克人恐懼與焦慮的心理，而不是他們的自信。因為這些建築物是用於祭祀的，而祭祀的最終目的是為了企求上蒼賜給人類一個持續而穩定的大自然環境，這正顯示了人類的渺小與軟弱⑥。

我們再來看看更具備自信心的中國文明。中國人借助各種手段、制度（如設立公共穀倉）來規範大自然，在這些方面，阿茲特克文明與中國文明有共同之處。然而，中國文明與阿茲特克文明又有所不同。中國人數千年來不顧殘酷的現實而試圖與大自然保持和諧共處的關係。這一點使得中國人稱得上是逃避主義者。但是，如果沒有這種努力，沒有他們那種與自然和諧共處的執著夢想，他們或許早就喪失了樂觀與堅韌的生活態度。正是這種樂觀與堅韌的心理優勢幫助中國人創立了不朽的文明⑦。對於中國的建築專家們來說，沼澤、森林、山脈這些自然障礙都可以克服，它們是不會永遠存在下去的。對於中國哲學家來說，無須關注或接受那些反覆無常的或偶然發生的事件。其實，任何一種文化的哲人都會持相同的觀點。反覆無常的或偶然發生的事件只是令人迷惑的個別現實，它們能夠激勵一個人去尋找更加全面的世界觀。

中國人沉著的性格源自於許多方面。真真實實矗立在大地上的建築和工程成就，無疑增強了中國人的自信心。自漢、唐到宋代持續很長時間的太平盛世在人們腦海中留下了深刻的印象，這又更加增強了中國人的自信心。在中國人的心目中，大自然是井然有序的，這種認知傾向更促進了中國人性格中的沉著與鎮定。以現代宗教教育論者的觀點來看，中國人之所以感到安心，很大程度上是因為他們認為宇宙是永恆的，宇宙對於人類的禱告是會做出相應的反應的。中國人也遭遇過自然災害，甚至比阿茲特克人遭受的更具有毀滅性，也更加頻繁。當災難突然降臨之際而用常規手段又無法解決的時候，統治者就要採取相應的措施。因為在統治者看來，災害的出現是由於人類自身道德品格的敗壞而遭到的天譴。為了重建秩序，統治者要祭天，統治者會代表自己，也代表其子民向上蒼贖罪，統治者做為人類的代表，做為上天與人間的唯一調解人，要身先士卒，祭祀上天，重塑自然與人類的和諧關係。因此，統治者被稱為天子，而不是地子⑧。毫無疑問地，**中國的上層文化也像其他所有的上層文化一樣，存在著對上天的依附，為的就是逃離大地的束縛。**

前現代的歐洲與現代早期的歐洲

在現代西方人看來，逃避自然之無常與凶惡是非常奇怪的想法。他們只有在遭遇狂風驟雨或者暴風雪的時候才選擇逃避。在他們看來，人類社會比自然界更加凶險莫測。他們對歷史是如此健忘！在關於中世紀至十八世紀生活狀況的歷史文獻中隨處可見凶惡天氣的威力。如果我們將注意力放在黎民百姓身上，而不是高高在上的統治階級和他們所唱的政治高調，那麼可以得出這樣一個結論：氣候的反覆無常是導致歐洲災害頻仍的直接原因。洪澇與乾旱、霜凍與酷熱不僅造成作物歉收，還常常帶來饑荒，至少是地區性的饑荒。

從關於現代早期歐洲的記載中可以看出，即使是在歐洲最富庶的地區，人們也常常遭受饑饉，並因此而喪命。一五九七年新堡（New Castle）的一位市民描述道，那年儘管這個港口城市從海外進口了不少糧食，但是「由於缺乏食物，餓殍遍地」。在法國，人們並沒有從太陽神那裡祈求到自然界的穩定，相反地，豐年災年的更替倒更像是一種普遍規律。一六六一至一六六六年間，法國大部分地區年景不好，氣候惡劣，收成不佳，饑荒隨之而來。乞討者從農村湧向城鎮，城鎮居民組織民兵驅趕他們。一六六三年則風調雨順，糧食豐收，這種繁榮持續了十年。然而，從一六七四年開始，時運又一次「脫節」。一六七四年夏季降水過多，收成減少。隨後幾年的情況更糟：一六八一年農業再次歉收，一六八四年局部地區再次受災。一六七九至一六八四年，法國大部分地區因自然災害而造成的死亡人數不斷增加，而一六八四至一六八九年則又是好年景，穀物豐收，糧價便宜，人們衣食無憂。之後，在一六九三至一六九四年，連續兩年降水過多，氣候偏冷。多數法國人未能逃過此劫，只是受害程度有所不同。貧困的百姓以貓和被丟棄在垃圾堆中剝了皮的死馬充饑；

有些人則活活餓死⑨。

前現代的歐洲以及現代早期的歐洲，自然和社會的不穩定性給窮人造成了沉重的壓力，這一點不足為奇。但是，人們很難想像這種不確定性是如何影響那些殷實人家和權貴們⑩。現實的生活中充滿著如此之多的不確定性，人們完全有理由選擇逃避，逃避到幻想的完美世界中。偽裝是文藝復興時期王子們最擅長應用的一種手段，他們精心創作了大量的假面。他們用這些假面將自己扮做上帝或聖母，統治著富饒寧靜如田園般的天堂。如果說一般的平民靠著自己頭頂上方的屋頂來逃避自然界的凶惡，那麼文藝復興時期統治者們依靠的就遠遠不只是屋頂了。遵照統治者的命令，藝術家們用藝術的手法在屋頂上描繪出天堂的替代品——宮殿，甚至可能是一個華麗的舞台，那上面有悠悠的浮雲飄過，有騰空飛翔的四輪馬車，還有肥美的草原以及豐饒的田野⑪。

這種藝術的實質是什麼？莎士比亞（William Shakespeare）在描寫普洛斯比羅（Prospero）的魔法時，對這一點做出了某些暗示。文藝復興時期有位王子名叫普洛斯比羅，他還是一位魔法師。這裡所說的魔法師並不是我們現在所理解的那種跑龍套的演員，而是指學識淵博的人。他們之中的一些人能揭示表象之下事物發展的本質規律，因此能夠創造出奇幻來。普洛斯比羅擁有這種魔法，他像達文西（Leonardo da

Vinci）那樣是個天才，他獨享這種魔法，並將此魔法發揮到極致。當然，我絕對不會把達文西看做是魔法師。在達文西之後很久才出現了牛頓（Issac Newton），事實上他才稱得上是真正的魔法師。然而，達文西這樣的文藝復興時期的風雲人物與牛頓這樣的偉大天才之間，存在著顯著的差別。達文西是透過藝術、技術、科技、技能來獲取知識的，這些知識對於創造文藝復興時期王公們所渴望的天堂替代品來說是必不可少的，相反地，牛頓很少去關注這些被世俗利益困擾的現象。他不會關心達文西熱中的那些學科，如解剖學、地質學；他也不會想到要用藝術家或建築師的方法在地球上建造一個天堂的替代品。他將目光直接對準天堂本身，他在學術上的傑出貢獻也是用抽象的數學來實現的。

物理學對生物學：天堂對地球

眾所周知，當代最傑出的數學哲學家懷德海（Alfred North Whitehead）列出了十七世紀的十二位世紀天才。這十二位天才分別是：培根（Bacon）、哈維（Harvey）、克卜勒（Kepler）、伽利略（Galileo）、笛卡兒（Descartes）、巴斯卡（Pascal）、惠更斯（Huygens）、波以耳（Boyle）、牛頓、洛克（Locke）、史賓諾莎（Spinoza）和萊布尼茲（Leibniz）。在這十二位天才中，英國人占了多數。懷德海在其中只列出一位生物學家——哈維。他雖對此感到十分抱歉，但並沒有多加辯解⑫。十七世紀的天才們在天體力學與物理學領域展露鋒芒，但是在生物學和有機科學領域卻表現平平。而人類屬於有機界，並且依賴於有機界。當人類已經跨入了現代化的門檻，某些地區，甚至是歐洲的發達地區，人類的無助（即前面我提及的饑荒）還依然存在；另一方面，天體的本質卻以前所未有的精確度展現在人們的面前。在地球上，無論是自然現象還是人類現象，似乎還處於一片混沌狀態中；與此相反，天堂卻呈現出完美的秩序。宇宙的井然有序賦予十七世紀的自然哲學家們極大的自信心，就像它一貫賦予教皇自信心一樣。在古代，統治者認為，可以把人們所認識到的宇宙規律運用到人世間。在歐洲步入現代早期的歷史進程時，自然哲學家們有理由希冀那些揭開天堂之謎的精確方法，同樣會在人世間創造出奇蹟。然而，有兩個世紀的時間裡，在新科學裡建立起了完美的理論體系，但並沒有能夠實際地應用，這不能滿足人們的實際生活需要。十八世紀農業的發展不僅與人類的活動息息相關（如作物輪作），還得益於將知識有系統地運用到實際生產活動中，而那些知識是在幾百年的試驗與失敗中累積下來的；當時農業的發展與土地使用權、所有權的變更有密切關係。但這些發展卻與抽象、機械的天體科學關係不大。

基於這種觀察，有人不禁質問：「那麼，你想要什麼？人們應該密切關注土地與人類生活之間紛繁複雜且相互依賴的關係，關注發生在我們腳下和眼前的事情，而不只是關注科學家的實驗室，或那些只適用於天體世界和物理學中的分析和概念，只有這樣，才能解決農業所面臨的挑戰。換句話說，為了生活得更好，人們必須腳踏實地，而不是逃避。」

這種感性的回答存在著自身的問題。據我們所知，逃避主義被認定走的是一條曲折的道路，它會產生一種空前的控制力，並作用在有機體上，而不只是形成對宇宙天體的預測能力。這一道路分為兩支：一支繼承了西方的科學精神與敬業精神，這種繼承是在普通化學和土壤化學研究領域中實現的，土壤化學的研究成果直接導致有機肥料的產生，這使得作物有了令人矚目的高生產力；另一支也繼承了這兩種精神，但卻是在遺傳學及科學培育植物和動物新品種的研究過程中實現的，培育植物和動物新品種越來越富有創造性，這種創造性在綠色革命時期達到巔峰，隨後就有了遺傳工程學的誕生。與此同時，人類意識中出於理論分析的偏好，又創造出更加有動力和靈活性的農業機械，也許還發展出先進的農業組織策略與行銷策略。擁有了這些偉大的發現與發明，一個國家就會興盛起來。二十一世紀後半葉，對於大多數人而言，致富不再是一個夢想，而這個夢想恰恰是先輩們一直苦苦追求的。在發達的地區，許多人已經進入了富足小康社會，他們已經習慣於在超市眼花繚亂的水果、蔬菜以及品種繁多的肉食品中挑選自己的口味，並認為理應如此。但是，還是有一個疑問：這種充足的供應是否真實？是否能夠一直持續下去？這難道不是普洛斯比羅將魔法棒一揮而製造出來的幻覺？即使西方社會的經濟成長指數呈現出不斷上升的態勢，但並不能消除人們心底隱約的擔憂：當今社會科學技術飛速發展，人類社會遲早會藐視自然與自然的力量，將自己凌駕於萬物之上，人類遲早會因自己的狂妄自大而付出慘痛的代價。

逃向自然，逃向「自然」這一迷人概念

我已經對「逃避自然」做了簡潔而全面的解釋。雖說在超市裡陳列著琳琅滿目的農產品等著顧客挑選，但這種依賴於農田的收成是不確定的，而「逃避自然」使人類從這種狀態中脫離出來。逃避自然之所以成為可能，是好幾種力量共同作用的結果。這些力量分別是人類勞動合作的力量、技術的力量，以及隱藏在這兩種力量之下的想像與思維的力量。然而，這幾種力量共同作用並創造出來的現實，並不一定會讓人類滿意；相反地，現實社會讓人更沮喪，更忙碌。人們便開始再次逃避，

這次卻是「逃向自然」。

逃向自然，或者說回歸自然，是一個值得深思的命題。在這裡我提到這一命題，是為了與人類「逃避自然」做對照，雖說人們並沒有就「回歸自然」達成共識，但有幾點需要大家予以關注。其中一點就是這種情感的古老與悠久。在古代蘇美（Sumer）人造城之初，他們就熱切地盼望著能重返純樸的自然。這種盼望從史詩《吉爾伽美什》（*The Epic of Gilgamesh*）中可以窺豹一斑。這首史詩講述了這樣一則故事：自然人恩奇杜（Enkide）一步步受到引誘，投入到美妙的人類文明的懷抱之中。但是，他臨終之前唯一的遺憾是再也沒有機會去享受與蹬羚一起快樂騰躍的自由生活了⑬。

我想強調的第二點是：那些久居城市的人們會普遍地對自然懷有親切的嚮往，正如我們從那些記錄詳盡的歐洲歷史和東亞歷史中了解到的那樣。不僅僅是這些城市居民有這種逃往自然的情感，鋼筋水泥築就的城市本身的不自然，並不是產生這種情感的根本原因。我們來看一下生活在熱帶非洲卡塞河（Kasai River）流域的勒勒人（The Lele）的生活吧。雖然他們沒有建造什麼城市，但是他們明白嚮往自然是何種心情。他們在卡塞河畔的稀樹大草原上創建了一些人文景觀，但是他們多麼想逃離這種人文景觀。為了使人文景觀中的社會關係、房屋、農地等所有的一切保持井然有序的狀態，他們必須時刻保持警覺，因而也加重了他們的負擔。為了尋求解脫，勒勒人定期返回河流對岸那隱密、涼爽、富饒的熱帶雨林中，把稀樹大草原上刺眼的陽光、難耐的酷暑拋在腦後，不再去想那些永無止境的勞苦工作，以及他們所必須承擔的責任。在他們的眼中，熱帶雨林是一切美好的源泉，是上帝賜予的珍貴禮物⑭。

我還要指出的第三點是：人類回歸自然所採取的規模相差很大。規模最小的就是我們所熟悉的日常活動，如週末到森林去露營，這種活動持續時間較短，稍長一點兒的是在鄉間生活一段時間；而另一個極端則是歐洲人經過長途跋涉，遷移到美洲，並永遠定居下來。當時，舊大陸好比城市，而新大陸則相當於自然。事實上，新大陸的定居者中有許多來自於歐洲的鄉鎮，而非歐洲的大城市。然而，他們逃離了呆板、擁擠的現實世界，選擇了新大陸那更廣闊的空間，選擇了更為簡單的生活方式⑮。

最後一點是：無論是哪種規模的「回歸自然」運動，幾乎都不會造成原來家園人口銳減，或是被遺棄，即便是橫渡大西洋這樣大規模的遷徙，也沒有造成這種後果。原來的家園，即那些主要城市和大都市，仍然吸引著成千上萬的人們去那裡定居，他們與大自然的距離也在一點兒、一點兒地擴大。

最後一點提醒我們，「逃向自然」是依賴於「逃避自然」的，逃避自然是第一位的，這是不容置疑的。正是人口壓力和社會束縛的與日俱增，才有後來人們逃避願望的產生。我已經指出，壓力是文化自身發展的必然結果，文化就是我們逃避自然的願望以及實現這種願望的能力。之所以說「逃避自然」是第一位的，還有另外一個原因：人們逃往的自然必定已經被人文化了，且被賦予人類的價值觀，因為這種自然是人類願望的目標所在，而不是人們被迫或不高興進入的一個模糊的「外在」世界。所以，可以這樣說，我們希望逃向的地方已經不再是自然，而是「自然」這一迷人的概念，這一概念是人們經驗與歷史（或文化）的產物。儘管這聽起來似乎有些自相矛盾，**但是，「逃向自然」的確是一項文化事業，是一種被掩飾起來的「逃避自然」**。

「自然／文化」二分法已經過時

自然是從文化上來定義的，到目前為止這一觀點被環境理論學家廣為接受⑯。如何從文化上來定義自然？自然如何被人為地建構？這樣來定義自然是不是西方世界迄今最新的狂妄的創造發明？這倒未必，因為合情合理地伴隨這一觀點的還有另外一種觀點，是由維根斯坦（Wittgenstein）提出的。他所提出的自然是廣義的自然（Nature），以大寫的N開頭，他認為那些已被定義的或是可被定義的，或是涉及語言和圖像範疇的事物，或許只是這個廣義自然中的一小部分⑰。在本章，我所使用的自然，是狹義的自然（nature），以小寫的n開頭。我採用關於自然的狹義定義意味著什麼？哪種文化在影響著我？是學術地理界所特有的文化在影響著我。我所使用的自然定義是傳統地理學家所持有的定義：自然是指地球表層以及地表以上的大氣層中沒有被人類所影響，或者雖然被影響，但是影響程度很小的那部分。因此，距今年代越是久遠，地球上自然所占的比重就越大。關於自然，還有另外一種定義：自然是除去人類以及人類創造物之外剩下的那部分，或是經過一段時間後可以自行復原的那部分。

在當今世界，以上關於自然的觀點十分流行，這在一定程度上要感謝環境保護主義運動的蓬勃發展。這些定義看起來並不武斷，是對一般人類經驗的確切反映，而不是某些特定人群在特定時間的一種虛擬的假想。但是，真的如此嗎？我認為是。自然與文化的區別，遠不只是學術界的創造，在所有的文明社會中（「文明」本身就是一個關於自我意識不斷自我認識的過程，而在這一過程中要假定一個對立物，這個對立物可以是原始的、粗糙的，也可以是天然的、天賜的），人們對此都有所認識，只不過認識的表現形式不同罷了。更普遍的情況是，自然與文化的區別就在前面——即便從字面上看不出來，至少也可以從其潛在的思想中感覺出來——無論何時、無論何地，人類總是盡其所能建造出一個屬於自己的物質世界，即便這個人造的物質世界充其量只是一片粗放的燎荒地，上面只有稀稀落落的幾塊地皮和幾間粗陋的茅舍。我前面提到了非洲的勒勒人，他們對遠離女人、遠離社會和遠離文化的純自然欣賞，就如同他們對現代美國男性的欣賞一樣，有一點浪漫，還有一點大男人主義。巴布亞新幾內亞基米人（The Gimi）的居住地與非洲勒勒人相距數千里，他們的工具也很簡單。他們所說的兩極（kore/dusa）基本上等同於我們所說的「自然／文化」，dusa 指的是文化的和社會的，而 kore 指的是「原始的」，是擁有多種生命形式（植物、動物）的熱帶雨林，因為熱帶雨林是自己生長的，因此是「天然的」[18]。

狩獵者的情況又是如何？他們靠自然為生，但是並沒有從自然界中劃分出一塊永久的文化空間。「自然／文化」不大可能成為他們所使用的詞彙，也就是說當他們與各種自然要素進行密切而長期的交往時，他們是不需要用到這樣的詞彙的。但是，絲毫不用懷疑，他們置身於這些自然要素之中，感覺就如同在自己家裡一樣隨意自在，所以當這些自然要素被外來者稱為原始的或自然的，他們很不以為然。更準確地說，他們生活在一個文化的世界中，裡面充滿了他們自己的命名、傳說故事、儀式和個人的體驗。這個熟悉的世界有確定的界線。採集狩獵者清楚知道這個世界止於何處——在懸崖邊或是河邊⑲。超出這個界線之外的世界是一個他們未知的世界，儘管其他民族了解這個未知世界。這個未知的世界對於他們來說太難界定了，遠遠超出了他們的語言和經驗的感知能力。

當前人類學思想普遍想弄清楚「自然／文化」這種二分法到底是十八世紀歐洲人的發明，還是普遍適用於人類經驗的劃分法⑳。這種二分法在西方已不被推崇，因為人們認為它太絕對、太抽象，還因為它幾乎總是導致等級的建立，而在這個等級中，出於某種原因，婦女都被列在最底層，無論婦女是被界定為自然還是文化。有人或許會提出一個語言上的難題，來質疑二分法這個過時的論點：歐洲語言術語與非歐洲語言術語，它們在意義上要存在多大程度的一致性或重疊性，才能讓持非歐洲語言的人們真正理解歐洲語言術語的意思？現在，我再提供一個理由來證明「自然／文化」這種二分法已經過時。二者之一已經明顯起著主導的作用。在當今這個時代，文化似乎勝過了自然。人類的足跡遍布全球，無所不至。廣義的自然還包括地球熔融狀的內核與遙遠的星體，這些是我們人類還沒有觸及的。但是，人類已經開始探索它們了，也就是說它們是人類思想／文化的建構之物，過去如此，現在依然如此。現代人的生活中，文化無處不在，這與採集狩獵者十分相似，我前面已經指出，採集狩獵者幾乎完全生活在一個沒有任何自然概念的文化世界當中，彼此孤立又相互平等，行動時相互制約。但是，仍然存在著廣義的自然（Nature），就像採集狩獵者的未知世界一樣，這個自然是人類的思想、語言和圖像所不能觸及的。無論是我們觸摸到的還是我們改造過的，無論是我們看到的還是我們想到的，統統記錄在文化這一欄中，而另一欄「自然」中則什麼內容也沒有。從這個意義上來講，文化無處不在。但是，現代社會的男人、女人們毫無成就感，反而有一種被遺棄的感覺。現實只是一個看上去光怪陸離、稀奇古怪、沒有絲毫真實感的世界（「世界」world 一詞源於 wer，wer 就是「男人」的意思），即使這個世界正在發揮作用，並且非常和諧地運轉著（實際情況遠非如此）。我們觀察著這個世界的每一個地方，這些地方都被刻上了自己的印跡，披上了個人色彩，這令人感到不安；說真的，這也是瘋狂的徵兆。為了使我們的感覺更加真實、理性與穩定，我們需要借助自然的力量。「（風）吹打著我的身體……這種感覺讓我感到自己的存在。」（莎士比亞：《如你所願》（*As You Like*）2.1.8, II）我們甚至有可能借助自然來永遠逃避人類思想的影響。

但是這還不能糾正人們對「自然／文化」、「真實／幻想」意義的曲解。真實就意味著影響，這種影響是自然的，不能被同化。但是，正如我前面所說的，真實的對立面看上去更真實。真實是文化層面的，文化層面的事物看上去並不像是人造的，它們更加具有精神性或神聖性，因而勝過自然。所以，宇宙之城要比荒野更真實一些，宏偉的詩篇要比朦朧的感覺更真實一些；宗教儀式要比日常生活更真實一些。宇宙之城、詩篇和宗教儀式都含有某種精神的因素，而正是這種精神因素提升了人們對真實的感受，並且讓這種感覺更神聖、更清晰。我對自然和文化的闡述有著一定明確的啟示，因而比起我在自然和文化方面遭遇的煩惱經歷，要來得更加真實一些。當我深思熟慮而文思泉湧的時候，我感到我已經逃向真實。

逃向真實，逃向清晰

在本章開篇部分，我就指出逃避主義具有一定消極的意味，因為從一般的觀點來看，人們逃避的是真實，逃向的是幻想。人們會這樣說：「我厭倦了眼前的飛雪和泥沼，厭倦了工作中的激烈競爭，我想到夏威夷去，去享受那裡美麗的海灘與宜人的風光。」夏威夷在人們的心目中是天堂的象徵，因而它也就變得不真實了。人們還可以做其他的事情來代替去夏威夷，比方說讀一本好書、看一場電影、去逛逛有品味且裝修精美的購物中心；到迪士尼樂園去瘋狂一下；在純樸的鄉村過上幾天清靜的日子，打發一段美好的時光；到曼哈頓或是巴黎的一流賓館度過一個浪漫的週末。在其他社會或在其他年代，人們可能逃到說書人的故事世界、集體盛宴、鄉村舞會或宗教儀式中㉑。人們逃向的是一種文化，它既不是人們的日常生活，也不是稠密且未發展完善的環境及處事方式。這種文化展現出足夠的清晰度，這種清晰度代表著一種品質，而這種高品質一般源於簡化的過程。我認為，清晰幾乎總是能讓人滿心歡喜。然而，人們對簡單卻抱有相當矛盾的態度。例如，如果人們在某地或某事的經歷很簡單，那麼他們當時就會感到厭倦，將之視為一種不再有任何意義的膚淺幻想而拋到九霄雲外，即使當時不這樣做，當他們回首此地此景時也會這樣做。人們時不時地逃向這種簡單，雖然這種行為可以理解，但是值得懷疑。然而，如果人們的經歷並不是一種簡單，而是讓他們感覺到清晰，那麼他們就一定會將這種經歷視為真實。已故的法國總統密特朗（François Mitterrand）曾經認為逃向一本好書就是逃向真實。參加一次神聖的宗教儀式就相當於參加了一件嚴肅而真實的事件，這也意味著逃離了生活中的陳腐與混沌狀態，逃向一種更澄清的生活，並且為生活披上了一種神祕的色彩㉒。

人們普遍認為清晰的事物更具有真實性。為了闡明這一觀點，我們將兩種表面上看來毫無共性的經驗世界——學術界與大自然——聯繫起來並細加考察。社會上普遍認為學術界是象牙塔，這裡的意思是說學術界的生活不怎麼真實。對此，學者卻持有不同的觀點。他們認為，如果他們想要逃離「真實生活」的某些糾纏，只有進行學術研究才辦得到。學術研究使他們與真實好好相處，而且正是得益於這種與真實的相處之道，使他們的所作所為獲得了很大的回報。如何與真實相處？簡而言之，就是透過簡化的過程。透過簡化可以使事物具備更高的清晰性，並讓人產生一種能夠把握研究對象的準美學感受。現在再來看看大自然。置身於大自然的懷抱，可以被視為逃向幻想，遠離社會生活的挫折與打擊。然而，熱愛自然的人卻持有不同的觀點。對他們來說，逃向自然就是逃向真實。有一個理由並不適用於學術界，那就是他們認為真實的就是自然的，這種自然性是不受人類活動所擾亂或掩蓋的。簡單，是學術界與大自然的共性，或許是二者之間唯一的共同點。與學術活動所屬的大社會相比，學術活動本身顯然要簡單得多。至於大自然，從某種意義上來說，它也是簡單的，甚至可以說是更簡單的。這裡繼而又產生一個新問題；自然比什麼更簡單？不管答案是什麼，有一點是可以確定的：生活在城市中的居民（越來越多的人正逐漸轉為城市居民）對動、植物、土壤、岩石等知之甚少，即使他們居住在都市周圍的郊外住宅區或者在鄉村還有一處住所，他們對這些事物也還是了解不多。這當中要除去那些為數極少、受過正規教育的自然科學家。這些科學家對於自然的描繪具有極強的選擇性和概括性。事實上，由於普通居民既缺乏常識，又缺乏經驗，因此他們對自然的描繪要比對社會的描繪更簡單，這也就導致了他們對於自然的描寫更清晰、更全面，因而也更真實。

中間景觀：農業用地、花園、主題公園……

在不同的時代，在不同的地方，人類創造出各種「中間景觀」，它們處於人造大都市與大自然這兩個端點之間，人們將中間景觀稱做人類棲息地的典範。這些中間景觀都是文化的產物，但它們既不花俏，也不目空一切。這種景觀使得人類不必進行遠距離的遷徙，就可以逃避自然界的原始與蠻荒㉓。與大自然和大都市這兩個端點相比，中間景觀看起來更真實，更富有生活氣息，而且更像是生活的本來面目。而一目了然與模糊不清之間的截然對立，使大自然和大都市顯得都不真實。如果將自然視為美好的景象，將城市視為幾何形狀的街道與摩天大樓，那麼自然與城市在我們眼裡就會變得一目了然；但是一旦自然與城市充斥著一大堆毫無頭緒且雜七雜八的事物相比，那麼它們就顯得很不成熟。然而，從歷史的角度來看，中間景觀做為人類理想的棲息地還存在許多問題。問題之一：它並不是唯一的，其數目眾多且種類龐雜。有許多種景觀可以稱得上是中間景觀，譬如農田、郊區、花園城市、花園、模範城鎮，以及強調美好生活的主題公園。它們遠離大自然和大都市，具有不同的價值。問題之二：無論哪種類型的中間景觀都被證明是很不穩定，都有可能轉化為自然，或者更糟糕的是，不管它多努力想保持自己原有的狀態，它都將一步步地轉化為城市中的人造物，這是很常見的。那麼，中間景觀也就失去了其原有的意義和價值。

讓我們從經濟學的角度來觀察各種中間景觀。到目前為止，最重要的中間景觀應該是「農業用地」。直到二十一世紀，農民仍然是全世界的絕大多數人口。這些以土地為生的人，植根於他們所生存的村莊，在村莊附近的土地上（這個有限的空間裡）日出而作，日落而息，年復一年，直到將自己的生命永遠埋在這裡。因此，與其他人相比，他們最不適用「逃避者」這個稱呼。事實上，農民的生活方式使他們與大自然完美地融合在一起，以至於在那些來訪的城市遊客眼中，這些農民本身就是自然，是自然景色中不可或缺的一部分。人們對農民生活有一種普遍的感知，即認為農民的生活「不隨時間而變化」，具有永恆不變的屬性。這種感知更強化了

「農民與自然和諧相處」這樣一個論點。農村的文化顯然具有保守的特性。在農村，無論是當地人還是外來者，他們對奮鬥了一生而得到的成就並沒有太強的意識，由於他們的能力有限，他們不得不選擇是重新確立奮鬥的目標，還是放棄原來的目標。但是，和其他人一樣，只要具備了足夠的能力，這些農民就會利用其所掌握的技術來改善自身生活。文化是一點一點積聚並發展起來的，這種進步是漸進的，因而通常不為人們所注意。當然，十八世紀的西歐是個例外，西歐是世界上經濟實力強大、政治複雜的地區。在當時的西歐，科學知識（廣義上來說是指所有有用的知識體系）的應用使得農業在其後的二百年中取得相繼的成功，並產生廣泛的影響，人們的心理也因此而惶恐不安起來。「生命中不能承受之輕」的心理慢慢潛入人們生活的各個領域，一直以來，人們從這些領域之中感受更多的是束縛，而不是自由，現在仍然有很多人有這種感受。人們希望重新獲得「生命之重」的感覺，就是那種以自然需求為條件、不存在多大幻想空間的感覺。對家族經營式農場這種傳統生活方式的懷舊，在某種程度上就反映了這一願望。

「花園」是自然與都市之間又一種中間景觀。儘管花園一詞能使人一下子聯想到自然，但是本身顯然是人造的事物。在中國，人們一般都說「建造」（building）

一座花園。但是在歐洲，人們卻說是在「種植」（planting）花園。這種用詞方面的差別顯明，中國人更易於承認花園的人造物屬性。中國的主流思想認為人工技巧代表著文明，這個詞並沒有什麼貶義。但是，在歐洲人看來，人工技巧卻含有強烈的貶義意味，這是因為歐洲人從小就深受《聖經》（*Bible*）的影響，《聖經》中有關人類在墮落之前發生在美輪美奐的伊甸園的故事，在他們的心裡已根深柢固，同時他們還受到自然浪漫主義思想的薰陶。在歐洲，人們在房間四周種植物的最初目的是為了獲得食物、藥材等，以滿足日常生活的需要。在中世紀早期，歐洲人將有用與美麗的東西自然地結合到花園中，於是就產生了「園藝」這門藝術。然而，權貴們所營造的花園卻逐漸向著美學與建築學的方向發展。從十六世紀開始，首先是在文藝復興時期的義大利，然後在巴洛克時期的法國，人們建造花園是為了展示無上的權力，展示高超的技藝。技術的快速發展，使得人們有能力修建不斷變換噴水方式的噴泉，製造出能自由活動的動物偶像，再加上一提到花園，很容易讓人們產生像劇院一般的魔幻感覺，這些為人們營造出一個虛幻的世界，這個世界與它最初建立的意圖相去甚遠，而最初建立的意圖是與土壤和人們的生計息息相關的[24]。

二十世紀遊樂園的典範是迪士尼主題公園，它是美國人的發明創造。憑藉現代的高科技，迪士尼樂園能夠製造出奇幻的世界。迪士尼樂園的獨特性還體現在它不再關注今天，而是鍾情於神祕莫測的往昔和光輝燦爛的未來。主題公園中還設計了夢幻之園，那裡的人物來自於美麗的童話和迪士尼自己獨特而豐富的想像。還有什麼比迪士尼樂園更符合逃避主義的呢？在中間景觀的光譜中，由村莊和田野構成的鄉村與迪士尼樂園分處兩端。鄉村與自然最為接近；而迪士尼樂園與自然之間有相當遙遠的距離，但是它還是沒有轉化為城市㉕。精心設計和管理的迪士尼樂園時常遭到大眾的批評與指責，人們認為它是在鼓勵孩子養成不負責任、沒有約束的生活態度。這裡，我要提出的問題是：從根本的意義上來說，文化是不是一種逃避的機制？若是把文化視為逃避或逃避主義，那麼就等於認同那些有過逃避經歷的人所共有的一種心理傾向，即人們在遭遇不公平的對待時，或被限制得太多時，就不願意接受現狀。當然，他們所做的各種逃避的努力（無論是精神上的，還是已付諸實踐的）有可能會以失敗告終，但不管結果如何，對於他們本人或旁人或自然來說，都可能是一場災難。豐富的想像會將人類帶入兩難境地，一方面它可能讓人類逃往更好的生活，另一方面它也可能是謊言和騙局、自我的白日夢、瘋狂、無法形容的殘忍、暴力、破壞，總而言之就是邪惡。

注釋：

①本文最早發表於《歷史地理學》刊物，一九九七年第二十五卷，pp. 10-24。當時的題目是：〈逃避主義：開啟文化─歷史地理的另一把鑰匙〉。我感謝編輯霍爾舍爾（Steven Hoelscher）和蒂爾（Karen Till）允許我使用本文。

②斯廷格（Christopher Stinger）和甘保爾（Clive Gamble），《尋找穴居人：解決人類起源的困惑》。紐約：泰晤士和哈德遜出版社，一九九三年。

③赫希曼（Albert Hirschman），《脫離、呼籲和忠誠》。哥倫比亞：哈佛大學出版社，一九七〇年。

④歌德（Goethe）說：「萬事起頭難。」澳大利亞一位歷史學家將這一格言運用到他的國家：「在澳大利亞，每一個開端不僅困難重重，同時還刻印著人類苦難和悲傷的傷痕。」見克拉克（C. H. M. Clark）的作品《澳大利亞史文獻選，一八五〇～一九〇〇年》，p. 94。雪梨：奧格斯和羅伯遜出版社，一九五五年。關於美國邊疆生活的嚴酷狀況，參見迪克（Everett Dick），《土地的誘惑：公共土地的社會史──從聯邦條款到新政》。林肯：內布拉斯加大學出版社，一九七〇年。

⑤特恩布爾（Colin Turnbull），《任性的僕人》，pp. 20-21。倫敦：Eyre and Spottiswode，一九六五年。

⑥克蘭狄能（Inga Clendinnen），《解讀阿茲特克》，pp. 29-32。哥倫比亞劍橋大學出版社，一九九五年。

⑦甚至早在商朝時期，中國人就已經具備了自信和樂觀的生活態度。關於這方面的介紹，可以參見吉德偉（David N. Keightley，也譯作凱特利）的〈商朝晚期〉一文，該文收於羅斯蒙特（Henry Rosemont）編，《早期中國人宇宙觀之探討》，pp. 22-23。加利福尼亞州，奇科：學者出版社，一九八四年。

⑧史華茲（Benjamin Schwartz），《古代中國人的思維世界》。劍橋：哈佛大學出版社，一九八五年。赫伯特．芬格萊特（Herbert Fingarette），《孔子：永恆的聖人》。紐約：哈潑火炬叢書出版社，一九七二年。

關於帝國祭天的例子可參見威廉斯（S. Wells Williams），《中世紀王朝》，pp. 467-468。修訂版的第一卷。紐約：查理斯書記之子出版社，一九〇七年。

⑨古貝爾（Pierre Goubert），《路易十四與兩千萬法國人》，pp. 178-81, 216，第一卷。紐約：萬神殿書業公司出版社，一九七〇年。

⑩十七世紀的英國生活不穩定，有一個生動的事例可說明這一點。它講的是一位既是牧師、又是農民的人及其家庭的故事。參見麥克法蘭（Alan Macfarlane），《拉爾夫．喬塞林——一個十七世紀牧師的家庭生活》。哥倫比亞：劍橋大學出版社，一九七〇年。

⑪奧爾格（Stephen Orgel），《權力的幻覺：英國文藝復興時期的政治劇院》，pp. 51-55。柏克萊：加利福尼亞大學出版社，一九七五年。

⑫懷德海（Alfred North Whitehead），《科學和現代世界》，pp. 42-43。紐約：門特書局出版社，一九五九年。

⑬桑達爾斯（N. K. Sandars），《吉爾伽美什史詩》，pp. 30-31。密德爾塞克斯郡的哈蒙德斯沃斯：企鵝出版社，一九六四年。

⑭道格拉斯（Mary Douglas），〈卡塞河流域的勒勒人〉，載於福德（Daryll Forde）編，《形形色色的非洲人世界》，pp. 1-26，倫敦：牛津大學出版社，一九六三年。

⑮奧斯特格倫（Robert C. Ostergren），《移植後的社區：定居於美國中西部和北部各州的瑞典人的一次跨越亞特蘭大的經歷》。麥迪遜：威斯康辛大學出版社，一九八八年。

⑯克倫農（Wiliam Cronon）編，《不尋常的土地：關於自然的再開發》。紐約：諾頓出版社，一九九五年。埃弗頓（Nein Evernden），《自然社會的創造》。巴爾的摩：霍普金斯大學出版社，一九九二年。

⑰英格爾曼（Paul Engelmann）編，《維根斯坦信札及論文集》，pp. 97-99。牛津：英國布萊克威爾出版社，

一九七六年。

⑱紀立生（Gillian Gillison），〈基米人大腦中的自然印象〉，載麥克瑪（Carol MacCormack）和史翠珊（Marilyn Strathern）合編，《自然、文化和種族》，p. 144。哥倫比亞大學出版社，一九八〇年。

⑲關於剛果（札伊爾）森林中的姆布蒂俾格米人對於邊界的概念，參見特恩布爾的著作《俾格米人：一個民族誌調查》，選自刊物《美國自然歷史博物館人種史學論文》，p. 165，第五十卷，第三部。紐約：美國自然歷史博物館出版社，一九六五年。

⑳史翠珊（Marilyn Strathern），〈沒有文化，沒有自然：哈根案例〉，參見麥克瑪（Carol MacCormack）和史翠珊（Marilyn Strathern）合編，《自然、文化和種族》，pp. 174-222；同時參見古迪（J. R. Goody）的著作《野蠻思維的馴化》。哥倫比亞：哥倫比亞大學出版社，一九七七年。

㉑特納（Victor Turner），《神聖的過程：結構和反結構》。伊薩卡島：加利福尼亞大學出版社，一九六九年。

㉒埃利亞代（Mircea Eliade），《神聖與褻瀆：宗教的本質》。紐約：哈潑火炬叢書出版社，一九六一年。

㉓「中間景觀」是十八世紀提出的一個觀點。由於馬克斯（Leo Marx）的努力，該觀點在二十世紀後半葉成為理解人地關係的一個有力的工具。見其著作《公園中的機器：美國科技田園觀》，pp. 100-103。紐約：牛津大學出版社，一九六四年。

㉔段義孚（Yi-Fu Tuan），〈權力和任性的花園〉，載於《支配和喜好：寵物的產生》，pp. 18-36。紐黑文：耶魯大學出版社，一九八四年。

㉕芬德利（John M. Findlay），〈迪士尼樂園：地球上最開心的地方〉，選自《魔幻地帶：西方城市景觀和一九四〇年之後的美國文化》，pp. 56-116。柏克萊：加利福尼亞大學出版社，一九九二年。

2 動物性／掩飾與戰勝

ANIMALITY / Its Covers and Transcendence

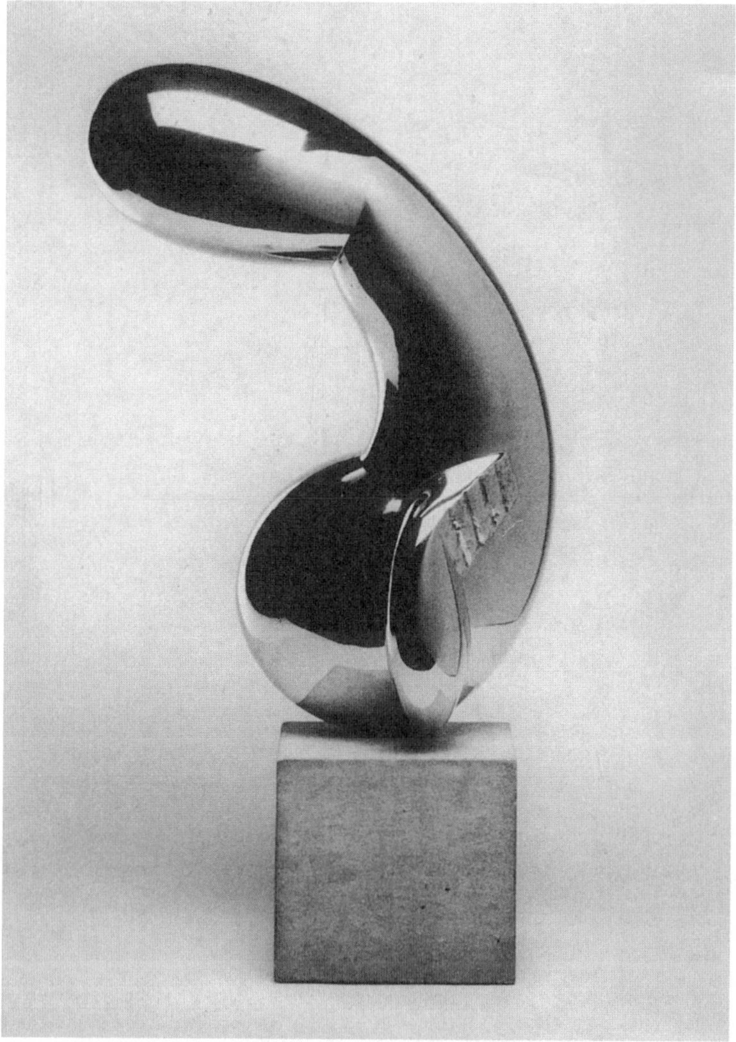

《X公主》（*Princess X*），畫家為康斯坦丁・布朗庫西（Constantin Brancusi）。此作品現藏於費城藝術博物館，為路易絲・阿蘭絲伯格（Louise Arensberg）和沃爾特・阿蘭斯伯格（Walter Arensberg）的收藏品。

在前面的論述中，我已拓展「逃避」一詞的外延，這樣逃避既是指人類為逃避惡劣環境而進行的地理遷移，也是指人類採取一定的措施去改變或掩飾一個令人不滿的環境。這個環境可能是灌木叢林，也可能是一座城市，還可能是其他任何地方。任何自然的或人造的地點都能被人類朝著好的方向改造；一直以來，人們都是這樣做的。但是，如果人們意欲逃避的「地方」是人類自身的軀體，那麼逃避又將意味著什麼呢？人類能否採取一些手段來逃離肉體的限制？這正是科幻小說關注的重點。但是，我們常常在想像中這樣做，如做白日夢的時候，或是完全沉浸在一個人或一件事情上，此時我們就會忘記肉身的存在，也就是說此時我們已經逃離了生理軀體的限制。如果說人類不能直接從令人不滿的軀體中逃脫出來，那麼，人類能否重塑自己的軀體？答案是肯定的，可以透過整形外科手術來改變。娛樂界好多演員就是透過這種極端的方式來改變自己的容貌和形體的①。人體內部某些失去功能的器官或組織，也可以透過手術來修復，即使不能，還可以用其他人的正常器官或組織來替換。但是，這些都僅僅是小範圍的改變而已。

從日常的社會層面來看，令人不滿的不是上面所提到的人的軀體，而是在時間衡量下身體日益表現出來的種種缺陷。說得更清楚一些，令人不滿的是身體本身，因為人的身體從本質上來講，也是一種動物的軀體，它分泌著令人討厭的氣味、汗液、存在著好與壞的情緒，在生理方面有著這樣、那樣的需求。無論這個軀體本身是多麼的清秀或標緻，其本質仍然是令人窘迫的動物體。人類懷有一種願望，意欲達到所謂的「人類」或是「精神」的崇高境界，而軀體的本質無時無刻都在暗示我們這一願望是多麼遙不可及，因為人類不能擺脫軀體腥騷惡臭的氣味②。可笑的是，正是由於我們意識到自己是動物，而使我們成為了絕無僅有的人類，因為這種意識是其他動物所沒有的。人類有此自知之明，結果卻又是如此令人難堪。上帝賦予人類一種能力，可以在肉體以外創造另一個美好的精神世界，那麼，當我們回過頭來看看做為肉體的自己，是那麼的粗俗卑劣，這結果難道不會讓人羞辱難當嗎？那麼是什麼原因導致這樣的結果呢？人類極其維護自尊，易將其注意力放在別的男人或女人身上的動物性上。甚至可以這麼說，道德提升得越高，就越能將我們的關注焦點轉向文化世界。這兩種注意力的轉移，使我聯想到第三種注意力的轉移。我本人，當然還有其他人，會因為自己的動物性而感到羞愧不安，所以就會試圖將自身的這種動物性掩飾起來，逃到文化創造物所構建的世界中，這個世界可以讓我們確信自己已經遠離了動物性。

掩飾或逃避動物性的發展歷程，反映了人類藝術與技術從粗陋到精細的進步。但是這種進步不是直線進行的，它是在人類意識與感情的作用下，曲折地盤旋而上的。在某些點上，人類所期望的價值標準會在不自覺的情況下轉向它的對立面。比如說，人類本來想要達到更高的人的狀態（文化狀態），卻事與願違地偏向動物狀態。更複雜的情況是，人們渴望的是更自然、更像動物一樣，或許這種願望本身就是文化上的一項成就。「更少意味著更多」，即便將掩飾人類本質的掩飾物層層剝去，人類也不會因此而變得更簡單，相反地卻會變得更複雜。應該牢記一點：人們常說，人類是擁有文化的動物，也就是說人類有願望，也有能力來逃避或掩飾現實狀況。改善境況的願望，並擁有可以實現這一願望的多種文化技能，這已經深深地與人性結為一體，並不能說這是對人性的背離，事實上這也的確不是什麼反常的願望或行為。然而在許多社會當中，人們普遍認為，逃避與掩飾就是對人性的背離，是一種不正常的行為。不僅「掩飾」與「逃避」是奇怪而矛盾的字眼，就連「戰勝」一詞也帶有狂妄自大的否定意味。戰勝動物性是全人類共同的任務，我們當中有一些人顯得雄心勃勃，因而在這方面做得很成功。在下文中，我將就人類動物性的三個主要方面來探討人類是如何克服自身的動物性。這三方面是：食物與進食、性與繁衍、垂死與死亡。

食物與進食

進食對於人類來說是非常必要的，也是非常愉悅的一件事，但是一旦我們停下來思考自己正在做什麼，一種不自在的感覺就會油然而生。這種不自在的感覺是否普遍存在於人類當中？它是否意味著人類隱藏的敏感性，在適當的情況下會暴露出來？這又將會是怎樣的一種情況呢？或許，最普遍的情況就是當我們注視著他人進餐或他人注視著我們進餐的時候。在人數眾多的公眾場合下進餐，是一件美妙的事情。進餐過程通常伴隨著一系列的餐桌禮儀，但是進餐本身並不具有公開性。人們認為進餐是動物性的行為，因而也是非常私密的行為。人們為進餐創造相對獨立的空間，以免進餐時受到他人的注意與打擾，從而確保進餐的私密性。而動物園裡的動物就不存在這樣的私密性。事實上，人們認為動物並不存在什麼隱私。在動物園中最受歡迎的節目就是巨型食肉動物的進食過程。人們在觀看一頭雄獅撕扯一塊血淋淋的生肉時，既會為雄獅的勇猛而敬畏，也會為自己的優越而驕傲。在遊人看來，這個時候的獅子只不過是人類飼養的動物罷了，而不再是威武的森林之王。牠的食物不是透過自己得到的，而是人類所施予的。獅子的進食被打上了恥辱的烙印，而人們卻觀看得津津有味。

用於觀看的民族誌文獻：觀看他者

在當今嚴肅的道德氛圍中，閱讀前人創作的民族誌會使我們受益良多，我們會因此而產生一種愧疚的「觀看」的愉悅感。我們在閱讀的同時，也在「觀看」著他者及其生活習性。二十世紀二〇年代，一位人類學家以優越的口吻（這在他所處的年代是很自然的）向我們敘述了代澳米德（Diomede）群島上的愛斯基摩人的生活：

> 這些愛斯基摩人蹲在已被掩埋很久的海象屍體面前。海象肉就擺放在地上，四周隨處可見狗屎與人糞。腐爛的生肉令人很容易聯想到發酵的陳年奶酪。〔白令海峽〕愛斯基摩人把大量的魚頭掩埋在地裡，讓其腐爛，直到魚刺變得和魚肉一樣軟、一樣黏。他們將這些臭氣沖天的東西混在一起，揉成漿糊狀，然後吃到肚子裡。還有一些證據顯示愛斯基摩人的食物不乾淨；他們像吃牡蠣一樣生吞各種魚類與鳥類的內臟；將魚頭對準血盆大口，從而將整個活魚生吞下去；他們在製造皮革時用的黏合劑，就是從

海象身上刮下來的黏液與人尿的混合物……生食那些寄生在馴鹿身上令人作嘔的肥胖蛆蟲，這些馴鹿的內臟因駐留在體內的時間過長而全部腐爛了；他們像吃漿果一樣大口大口地嚼著鹿糞，或是那些從鹿腸子中取出的殘渣③。

愛斯基摩人在進食的時候願意被別人觀看嗎？我想答案是否定的，因為他們也會因此感到難堪。從這段文章中，我們可以看出，這位人類學家本人是帶著一定程度的快感在觀看愛斯基摩人進食的全過程。那麼，我們這些讀者在閱讀時又會有怎樣的感受呢？

人類科學家科林·特恩布爾（Colin Turnbull）對生活在剛果熱帶雨林地區的俾格米人（Pygmy）也有過相關的描述。我們在拜讀這位人類學家的大作時，可以感受到作者心裡那種純真的快樂，因為他在書中描述了一個生活在美好家園的純樸民族，直到最近這個民族好像依舊生活在遭受污染的伊甸園中。與愛斯基摩人居住的北極剛好相反，他們生活在南半球，這裡氣候溫和宜人，一切都像天堂一般美好純潔，因此也造就了人們純淨的生活方式，人們沒有絲毫的邪念。而在另一位作者的相關描述中，我們卻看到了令人震驚的一幕。書中記述，每當要進行大規模狩獵活動時，就不可避免地引來一場血雨腥風，這場血雨腥風玷污了這個純樸的伊甸園。看到這裡，我的腦海中不禁浮現出一幅混亂不堪的畫面，一面是人類聰明的技巧與果敢的勇氣，另一面卻是自以為天真爛漫的人類仗著自己比其他物種的優越性，驕橫放肆地破壞大自然的美好，給他們賴以生存的自然環境帶來一場嚴重的浩劫，雖然這場浩劫只是暫時的，但這多麼讓人痛惜。俾格米人只要將手中的矛向前用力擲出，就可以完全射殺一頭大象，這的確足以表現他們令人敬佩的勇氣與打獵技巧。但是，局面再往下發展就不是那麼樂觀了。絕對不應該發生在伊甸園中的景象開始發生了。酷熱的天氣使得大象的屍體很快腐爛，牠的腹部開始膨脹起來。狩獵者爬上大象的屍體，跳起了勝利的舞蹈，他揮刀刺向大象膨脹的腹部，大象體內臭氣沖天的液體與氣體立刻噴射而出。其他的俾格米人紛紛叫喊著，揮刀湧向大象的屍體。幾天之後，森林中的這一塊地方就變成了血跡斑斑的荒野，獸皮、獸骨以及大象的內臟丟得到處都是。俾格米人要持續好幾個星期來舉行慶祝活動。他們一邊口吃肉，一邊載歌載舞，情慾高漲④。

最近，一位英國旅行作家在其著作中回味無窮地記述了發生在舊時中國廣東的一次盛宴，盛宴上人們暴飲暴食。身為讀者，我們在欣賞其富有魅力的文詞時，也同時分享到作者在描述時的滿足感與優越感。在他的筆下展現出這樣一個場面：十二個人——有小販，也有商人——在裝飾華麗的餐館中圍坐一桌。他們的食慾之強讓人不堪忍受。

每上一道菜，人們都貪得無厭地睜大眼睛盯著，高聲地叫嚷著。他們打著令人作嘔的飽嗝，嘴巴啪啪作響，舉止相當粗野。骨頭塊兒疾風驟雨般地向四處飛濺，在人們毫無節制的叫喊聲中，麵條被一掃而光。人們急不可耐地把飯碗舉到早已張開的大嘴邊，筷子閃電般地飛速旋轉，嘴裡鼓鼓囊囊的滿是食物⑤。

肉食的地位，崇高的象徵

有一些著作記述了世界各地以及遠古的飲食習俗，閱讀這些著作可以使我們了解在收成歉豐之年交替運行的歷史時期，人類是如何生存的——當然少數富饒的地區和繁華的城市不在其中。直到今天我們用上了現代化的食品生產技術與分配方式，我們的生活才有了一定的保障並得以穩定。在過去很難得的豐足之年，人們將所有能吃的東西都吃遍了，而且食量大得驚人。古人的食品真是包羅萬象，這一點讓我們現代人非常驚訝。然而，仔細想一想，我們是不應該感到吃驚的。要知道，人類之所以能夠在惡劣的環境中成功地生存下來，之所以能夠成為地球上的「統治者」，很重要的一個原因就是人類幾乎可以食用和消化所有的東西。在大多數社會中還存在一定的飲食禁忌，有的甚至有嚴格的規範。制定這些規範的目的在於使其社會成員與其他群體的社會成員區別開來，從而使其社會成員擁有更高、更多的優越感（少一些動物性，多一些神性）。但是在講述人類想要戰勝動物性的種種企圖之前，我必須鄭重說明，在我的文章中存在一個很明顯的矛盾之處——如果說狼吞虎嚥是動物性的表現，如果說吃肉是食肉動物野蠻動物性的徹底表現，那麼，為什麼在過去的西方世界中，當權者公然地大吃大喝而沒有一絲一毫的羞恥感？為什麼除了西方之外，在其他地區，消費肉食還會成為崇高地位的象徵？

讓我們來看看羅馬、中世紀的歐洲及其後代。羅馬文明在很多方面有著令人羨慕的成就，但其在飲食風俗方面的粗野，卻是人所共知的。古羅馬人懶散地靠在桌子上，抱怨飯菜不可口。他們幾乎不用什麼餐具，而是直接將手伸向浸透了湯汁的肉裡；他們將食物去皮，以便從器皿中撈起來就吃，剩下的碎末就做成多汁的滑溜溜的菜餚用勺子舀著吃⑥。中世紀與文藝復興時期歐洲的飲食方式，幾乎沒有多大的改進。即使預計到未來幾年有可能發生饑荒，當權者依然大吃大喝，毫無節制。

直至十八世紀，人類的進食方式才開始變得高雅起來。電影中英皇亨利八世用戴滿珠寶的雙手拿著羊腿細嚼慢嚥的情節，就充分表現了這一點。這才是享用盛宴的真正王者！我們這些當代觀眾或許認為自己會比亨利八世更加高雅一些，但是，在那些親身侍候亨利八世用餐的侍臣與僕眾的眼中，我們不會高雅到哪裡去，他們對亨利八世懷有深深的崇拜之情與敬畏之情。

大量精美的食物造就了人的聲望，但真正有份量的卻是肉食品的數量。十七世紀中葉，英國曾舉辦一次名為「第十二夜」的盛宴，這次宴會為「每一位」來賓準備了七、八磅重的牛羊肉，供客人飽餐一頓⑦。肉食在西方的飲食中占據著至高無上的地位。這種地位一直持續到二十世紀八〇年代。由於日益明顯的健康原因，肉食漸漸喪失了以前的顯赫地位，但是仍然在餐桌上占有一席之地。正如一位女主人所說，她在為客人準備菜餚時，首先會上香噴噴的烤牛肉，然後再上蔬菜，就像是在一齣戲中首先出場的是主角，這會引來觀眾的「嘖嘖」讚嘆聲，之後才會是配角的亮相⑧。為什麼他們那麼愛吃肉？西方人對肉的偏愛絕對不是唯一的原因。或許，人們在盛宴中所享用的肉食本身也是原因所在。歷史上不同時期不同文化的人們都偏愛吃肉。是什麼令他們滿懷憧憬地吮吸著空氣中瀰漫的烤肉香味而不是白菜？口感是一個重要的原因。想像一下，當剛剛嚼過的肉還留在齒間，後吃進嘴裡的肉又被牙齒磨成一團碎泥，它們像漿糊一樣黏在血盆大口裡。佛教主張素食，但是就是在這種崇高的宗教文化中，人們也盡量將菜餚做成類似動物蛋白的質地和味道。毫無疑問，動物蛋白質有著較高的營養價值，而且這會使人們的身體更強壯，更結實。

狩獵之所以有如此的魅力，除了上面闡述的內因之外，特定的外因也在發揮作用。最近，一項針對狩獵群體及以從事農牧業為主要經濟活動的群體所展開的調查與研究顯示，是肉食品而不是蔬菜，構成了人們餐桌上的美味佳餚。這項調查還顯示出明顯的性別差異。婦女們要撫養嬰幼兒，因此她們被局限在住所附近一定的範圍中採集植物，捕捉小動物。在耕田種地的生產活動中，婦女們所承擔的主要職責是種植好農田裡的穀物蔬菜。從某些方面來看，婦女在大部分的食物生產中有很大的貢獻，但是她們獲取食物的方式卻是千篇一律的，幾乎沒有什麼變化。與此相反，男人從事的卻是更加刺激、更加冒險的狩獵活動。狩獵活動要求男人們外出，進入知之甚少的廣袤神祕自然世界中。外面的世界危機四伏，這就要求人與人之間密切配合，緊密團結，這樣才能滿足人們狩獵的願望。與婦女在田中的勞作不同，狩獵活動的屠殺場面壯觀，高潮迭起。狩獵完畢，回到村莊後，男人還會繪聲繪色地將狩獵的過程講述一番，這樣會贏得更高的威望與更多的魅力。從另一個角度來看，狩獵活動也是對一成不變的生活的一種逃避，而且這個過程令人酣暢淋漓。原始社會中的男人這樣認為，現代社會的男人也這樣認為。人們還認為，野味要比家畜的肉香，就好像是野生動物在大自然中自由自在地奔跑，使其肉體具備了家畜所不具備、也不可能具備的品質⑨。

掩飾與禮儀

食物意味著生命，是能量與力量所在。如果一個人在養活自己之外，還有能力養活一些無力自養的不幸的人，那麼他就會越發感到驕傲與自豪。這一點眾所周知。人們都很清楚食物的重要性。但是，從另一個角度來看，人們一方面用食物來填飽肚子，而另一面卻是將這些東西轉化為糞便等排出體外，這是完完全全的動物行為。粗魯的進食方式或許不會引起公憤，但是有一些人還是養成了彬彬有禮的用餐禮儀，這些禮儀已經與他們自身融合在一起，成為他們習以為常的行為舉止。然而，如果我們仔細觀察彬彬有禮的進食行為，我們還是會看出其潛在的粗魯性，正是因為如此，所以沒有一種文化對進食行為大加讚揚。

掩飾策略中最常見的一種就是把吃飯變成一種社交禮儀。人們在咀嚼食物時可以假裝自己正在傾心聆聽對方的談話或是吹笛者的演奏，或是欣賞文奴大聲朗誦的美妙詩篇，古代循規蹈矩的羅馬人就是這樣來掩飾自己粗魯的進食。下面這個例子距離我們這個時代更近一些。山繆．約翰遜（Samuel Johnson）博士進食之粗俗惡名昭彰。一次，在宴會上他要了一些剩下的龍蝦醬，然後將這又厚又黏的醬倒在葡萄乾布丁上，這一舉動令在座者震驚不已。如果說在座者還能接受他——事實上他還是很受歡迎的——只能歸因於他的智慧，他可以憑自己的三寸不爛之舌來彌補自己粗魯的舉止⑩。

但是，如果人們真的要把吃飯變成一項社會事務或社交禮儀，就必須對進餐方式做一些改良，使其變得文雅起來。在歐洲從中世紀後期起，雄心勃勃的侍臣們及上流社會的人們就開始朝著這個方向努力。他們發明並採用新的餐具，使進餐者與食物之間保持一定的距離，尤其是餐叉（一種金屬叉）的使用讓人們放棄了直接用手進食這種不體面的用餐方式。此外，人們還改進一些餐具。例如，十六世紀時，人們將小刀的尖端弄彎，使其看來不再像是一件凶器。吃飯時姿態較為文雅的人，不再將吃剩的骨頭直接吐到地上，在進食時也閉上了嘴巴，默默無聲地咀嚼食物。

此外，食物源於動物這一點也得到很好的掩飾，從一七〇〇年開始，在歐洲，尤其是在歐洲大陸，肉食不再是餐桌上唯一的食物。伊麗莎白時代的英國甚至掀起了食用蔬菜的熱潮⑪。長期以來，英國園藝師一直認為草本植物更具有藥用價值與保健價值，但是直到十六世紀，他們才充分認識到草本植物的價值所在，因而提倡多食用這些植物。人類在擺脫食肉性動物性上有了初步的進展。人們追求的不再是吃飽，而是講究如何才能吃得更好。烹飪技藝不斷進步，並日益發展成為一門學問、一門藝術。這樣的做法成功地掩飾了食品的原料來源，人們不再注意食品最初的來源是動物。語言也被用來做為掩飾的手段。我們吃的東西到底是什麼？如果用語言來描述，則不再是牛、豬或鹿，而是牛肉、豬肉或鹿肉，還有一些乾脆用外來語來形容（想一想我們在豪華餐廳的菜單上所看到的食物名稱很多是用不知所云的外來語標示，這些詞彙掩飾了食物本來的面目）。說到植物，我們絕對不會形容採摘下來的水果與切碎的蔬菜是受損的或是死了的。我們會用「新鮮」與「腐臭」等字眼來評價，有時還會用「腐爛」或是「惡臭」來形容，但是絕對不會用「活著的」或是「死了的」等字眼來描述。

不同的社會對於進餐時所表現的動物性本質有程度不等的敏感性。從歷史角度來看，中華民族這個傑出的民族對此一直保持較高的敏感性。中華民族從早期的朝代開始，就已經致力於掩飾食品消費方面的粗俗舉止，其中最具代表性的傳統做法就是將肉與蔬菜切成碎末，然後將其混在一起，這樣就掩飾了食品的材料來源。但是，從意識形態來講，與其說中國廚師在掩飾什麼，倒不如說是他們在努力開創新的口味或新的菜餚，努力將烹飪提升為一門藝術——事實上它已經超越了藝術，因為，在古代的中國，藝術也是一種宇宙世界觀或是一種宗教禮儀。因而，食物與進食本身在烹飪過程中，提升到一個無比尊貴的境界。

再來談談健康方面的話題吧。中國人一般都認為食物的種類、數量與健康密切相關，食物也可以做為藥材來滋補身體。從根本上來講，健康是宇宙和諧的結果。從古代開始，中國人就認為食物有調節人體各系統的作用，食物之所以被認為有這樣的作用，是因為中國人認為食物有陰、陽兩種性質。而陰與陽為宇宙的兩種基本屬性。早在周朝，人們就認為疾病乃是體內陰陽失去平衡所致，食用某種食物可以使陰陽重新獲得平衡⑫。食品與飲食是祭祀儀式中必不可少的一部分。儒家經典《禮記》（*Li Chi*）的成書年代可以上溯到西元前五世紀，它詳細地記述了在不同的場合應該選用什麼樣的食物。這是一部全面論述一系列恭敬態度與舉止的禮儀著作，而其中所論述的行為舉止的意義已經遠遠超過了純粹的社交禮儀方面的意義⑬。

食物早已被中國人納入養生、倫理與宗教的範疇內。最理想的食物應該是新鮮的，散發出自然的芳香。正如男人、女人應該是自然的、不矯飾的，食品也應該是新鮮而自然的，不必非要用湯汁來掩飾原來的自然風味。再進一步討論，中國人認為正是人類的光明磊落、正直誠實的品德促進了社會的發展與進步；與此類似，正是食品新鮮的品質促進了人體內各器官或系統發揮正常的功能，從而促進人體的健康⑭。古代中國還有一個觀念就是「中庸之道」——適可而止。在久負盛名的粵菜餐廳中，暴飲暴食的行為是要避免的，同樣對食不厭精的傾向也是要杜絕的。非得將肉切碎並採用一定的方式烹調後才能享用嗎？雖然孔子本人極力推崇「中庸之道」，但是在這個問題上，他做得有點兒過頭了⑮。難道必須用極其精緻的瓷器來盛茶，並一小口一小口地抿嗎？如果一個人不能區分雨水和鐘乳石上滴落下來的水，就是一件很丟臉的事嗎？事實或許如此。但是真正有品味的人知道如何適可而止。十三世紀偉大的劇作家關漢卿（Kuan Han-ch'ing）在其劇作《劉夫人慶賞五侯宴》中，以狂放的筆風寫道：「秋收已罷，賽社迎神。開筵在葫蘆篷下，酒釀在瓦缽磁盆。茄子連皮嚥，捎瓜帶子吞。」⑯

性別差異

又想盡情享受肉食的美味，又想保持高雅的姿態，方法之一就是大言不慚地宣稱自己為「百獸之王」。野生動物本身具有的強大力量，足以博得其他動物的尊重與順從。這一點我已經開始討論了，但在性別方面，我還須做進一步的闡述。在西方，人們會毫不猶豫地承認甚至炫耀自己與食肉動物之間的親緣關係。在《伊里亞德》（*Iliad*）中，荷馬（Homer）曾屢次將英雄比喻成野獸——一種食生肉的動物。日耳曼人認為，在古代，印歐人種有模仿英雄行為的習慣，因而也食用生肉⑰。中世紀的基督徒的理想是戰勝人的食慾與罪惡的本性。可是，令人奇怪的是，男女之間的苦行方式卻不相同。和尚極力戒色，只有在懺悔的時候才會承認自己曾屈服於美色的誘惑。一位名為托馬斯．阿奎那（Thomas Aquinas）的人無疑是節制了情慾，但他公開享用美食，而且吃得是腦滿腸肥。相反地，一個女宗教信徒不但要保持處女之身，還要節制飲食。肥胖的女隱修院院長形象不能被人們所接受，但是（男）隱修院院長的肥胖卻無傷大雅。在歐洲的世俗社會及其海外後裔中，這種性別上的差異同樣存在。與娘娘腔的侍臣相比，伊麗莎白一世算得上是個舉足輕重的人物，但是令人難以置信的是她也抱著羊腿啃，其父亨利八世也喜歡這麼做。在美國的邊境小鎮上，婦女代表著優雅與文化，而男人與男孩則代表著自然。男性表現他們不受限制自然本性的方式之一，就是吃飯時狼吞虎嚥。在維多利亞時代的英國，只要是男性就可以盡情地用餐；而婦女則要遠離生理上的渴望——吃得要少，舉止要文雅。把食物放入口中，就足以顯示一個人的動物性，更何況進食還有可能使人放屁，而放屁這種讓人厭惡的行為，將人的動物性暴露無遺⑱。甚至於在當今這個現代社會，男性仍認為表現男子漢氣概的方式之一就是拋開一切繁文縟節的約束。一直以來，那部惡名昭彰的美國喜劇電影《動物屋》（*Animal House*）只不過是冰山一角罷了。

對此，我當然要持保留的看法。男性盡情表現的是旺盛的自然狀態，但這絕不是說它總是悅人心意。因此，在十六世紀後期到十八世紀的歐洲，有身分的或是社會上德高望重的男性也會為自己風度翩翩的舉止而自豪。在外表裝扮方面，男士絲毫不遜於女士：噴香水、戴禮帽、穿上高跟鞋扭來扭去地走。狩獵文化與尚武精神（二者常常交織並融合在一起）使性別上的差異進一步擴大。這種現象始於近代的歐洲。事實正如我們所見，這種現象也發生在當代。中世紀的日本也是如此，男性不但古板、沉默，而且粗魯，而女性則像瓷器一樣精緻、優雅。眾所周知，中國是一個例外。古代中國雖是一個帝國，但缺少武士階層。處於其社會等級頂端的是學士和官員，毛筆是他們手中銳利的武器。尚武之人必須還是一個富有智慧的戰略家，要有雄才大略，這樣方能贏得社會的尊重。「白面書生」這個稱謂在中國或許是一種褒獎，但在西方卻含有貶義⑲。

逃避主義人皆有之，這是我的論點。那麼我是基於什麼形成這個論點？我的回答是：**在狩獵社會或尚武精神統治的國度裡，無論是男性還是女性都有逃避的行為，只不過是逃避的手段與方式不同罷了。**男性喜歡吹噓自己的動物性，而不是選擇將這種本性掩飾起來。他們選擇「像一頭高貴的野獸一樣行事」，這其實是「返回自然」的一種變形。返回自然出於人們逃避的需要，人們要逃避對不滿社會的無能為力，逃避沒有男人氣概的矯揉造作。

節制的威望

體現威望通常有兩種方式，一種是充分顯示自己像動物一樣強大而有力；另一種則正好相反，表現得非常有教養或非常高尚。後一種人盡可能地遠離自己的動物性，進食很少，很多人透過絕食來體現自己的崇高與偉大，或者使自己看起來比別人更高尚、更超脫，在歷史上這樣的例子屢見不鮮。絕食而遠離動物性的行為並不是上層文化中為虛偽地粉飾自己而擁有的特權。這種行為舉止在盧旺達的農民和牧民中也廣泛存在。盧旺達是中非的一個國家，直到一九九四年盧旺達的兩個種族之間爆發了血腥的種族滅絕大屠殺，世界才把目光投向這個國家⑳。正如雅克．瑪奎（Jacques Maquet）所說的那樣，這兩個宗教團體之間一直以來就存在著根深柢固的仇恨，其根源之一就在於種族主義者所謂的「劣等」與「優等」的稱呼。「劣等」意味著像動物一樣生活，被深深地限制在土地上；而「優等」則意味著有能力騎在其他民族的頭上作威作福㉑。

盧旺達人口的大部分為胡圖族（Hutu）農民，還有少數的圖西族（Tutsi）人和特瓦（Twa）狩獵者。胡圖族農民透過唱歌、跳舞、扮小丑等方式來取悅於人，並獲得一定的經濟報酬。在十九世紀末期到二十世紀早期，盧旺達社會出現了嚴重的等級分化。土著居民中原先就有的種族舊習與種族歧視，是導致這種分化的根本原因。這種種族舊習與種族歧視在該國的歐洲殖民者的有意挑唆下更加激化。殖民者慫恿圖西族人以貴族身分自居，因為他們身材高大而纖細，而胡圖族人不但矮小敦實，而且頭髮碎鬈，鼻子扁平寬大，嘴唇厚實。受壓迫的胡圖族人對自己也持有同樣的看法。可以半開玩笑地說，無論是圖西族人還是胡圖族人，他們都認為特瓦族人與猴子的血緣關係更近於與人類的血緣關係。

飲食方面的差異也擴大了盧旺達各宗教團體之間的差異。圖西族人的飲食以奶製品為主，偏好湯汁類而不是固體食物。一頓飯通常包括：烤製的甜香蕉片，用高粱米做的麵包，還有牛奶。他們很少吃肉，如果吃的話，也盡可能將肉剁成碎塊並且煮熟。與之相比，胡圖族人在飲食方面很不講究，他們吃肉的次數要多於圖西族人。他們喜歡吃一種用蠶豆、豌豆與玉米做成的粥。他們大量食用甜薯，而圖西族人對甜薯卻不屑一顧。特瓦族人不管什麼時候都喜歡盡可能多進食，因為他們的食物供應很不穩定。他們的食物一般來源於狩獵得來的獵物，或是歌舞表演中別人慷慨的施捨。這三個民族之間的飲食差異大致如此。事實上這些飲食差異與他們所謂的「優等」、「劣等」的思想觀念是密切相關的。圖西族人的行為表明相對於飲食而言，尊嚴要來得更重要一些。他們認為必須私下進食，他們為朋友提供啤酒或是牛奶，但是卻從不邀請朋友從頭至尾吃完一頓飯。一些年長的圖西族人以僅為朋友提供液體食物而感到驕傲。要是圖西族人出遊少於三天的話，他們會粒米不進。身為游牧民族，他們表現得好像並不依賴於胡圖族人所生產的糧食。少吃一些，並且吃得與眾不同，是他們提高自身品位、使自己比其他同類優越的一種方式。圖西族人中流行一種說法，說他們來自另一個世界，雖然也是人類，但是與貪吃的胡圖族人和特瓦族人不是一路人。

在理想世界中，人們也需要營養，但食物的來源並不是肉類。亞當和夏娃在墮落之前也是素食主義者。在道教的極樂世界中，人們甚至不食用植物，在他們疲勞與飢餓的時候，他們只須飲用河水就可以恢復精力。距今較近的一部關於世外桃源的著作寫於唐朝，書中描述了具有孩童一般活力的人們，他們以魚類為生，不吃四足的哺乳動物，因為上蒼不容許他們食用四足的哺乳動物。「他們爬上樹枝，縱身跳入水中去捕捉各種各樣的魚類。」㉒奧林帕斯山諸神均為素食主義者，他們優雅地享用專供神仙享用的美味佳餚與瓊漿玉液。人類為什麼不能與諸神保持一致呢？在古希臘那段神奇而燦爛的黃金歲月中，自然為人們提供了充足的食物，所以他們不用殺生就可以求得生存，他們也不必在進食時狼吞虎嚥。他們輕輕鬆鬆地就實踐了希臘至高無上的道德規範——中庸之道。殺生是一種暴力行為，是對中庸與和平的極端侵犯。繼這段黃金年代之後，是田園社會與農耕社會。雖然人們認為田園社會比農耕社會要溫良一些，但它引發了人們對物質無節制的占有慾，這種占有慾導致人類產生了好爭鬥的思想。在農業社會中這種欲望極度地膨脹起來，並成為了戰爭的導火線。人們馴養牲畜，屠戮動物，食用肉食，這些都助長了人類天性中的暴力成分。

古希臘社會中盛行齋戒，原因有很多，其中一個原因是，古希臘人認為，動物與人一樣也擁有「靈魂」，動物曾一度與人共用一種語言。人類與動物的這種準平等關係，使得食肉成為一種很不道德的行為。古希臘的這種信念引發了一場令人難堪的爭議。為了消除這場爭議，古希臘人又認為並不是所有的動物都具有靈魂。他們宣稱，與動物相比，人類擁有更高的智慧，可以與天庭的上帝溝通，這就更加擴大了人類與動物之間的距離。然而，為了要實現與上帝的溝通，人類必須先擺脫自身動物性的束縛。希臘人認為動、植物之間，人、獸之間，肉體與靈魂之間的距離會隨著時間的進程而加大。這一觀點在古希臘哲人畢達哥拉斯（Pythagoras）那裡得到很好的體現。他逝世後，其信徒在著作中進一步宣揚這一觀點。精神高於肉體的觀點在古希臘哲學家柏拉圖（Plato）那裡也發展到極致。柏拉圖的觀點曾在西方的世俗社會、宗教思想領域中，占據著絕對的統治地位，這種情形一直延續到當今我們這個反等級制度的平民時代。柏拉圖積極地向哲學家們倡導素食主義，並不是因為他對動物有友愛之情，而是出於他對於人們「像是未被馴服的野獸」一樣擺脫不了暴飲暴食的飲食方式的厭惡㉓。

中世紀，基督教定期齋戒的緣由眾多：健康、贖罪、撫慰，甚至是做為一種祈求豐產的準魔術手段。其根源基於一種現象——在自然界當中，歉收之年之後，豐收之年也隨之發生。可以斷言，禁慾的基督徒也會設法約束自己的肉體，使其天使般高貴的精神閃爍出更加純潔的光芒。經院學者「列舉了《舊約》中大衛、以斯帖、猶滴等人的範例。這些人透過齋戒來淨化靈魂，侍奉上帝」。此外，古典派學者包括畢達哥拉斯在內也引用了此類例子。對於齋戒，亞歷山大城的克雷芒（Clement of Alexandria）發表如下看法：「齋戒使骯髒的靈魂得以淨化，使肉體與靈魂變得清澈明亮，從而能更好地接受神的旨意。」而修士尼盧斯（Nilus）做了更為簡潔明白、樸實無華的陳述，他認為齋戒可以助人祈禱，而飽食終日會讓人精神困倦。七世紀，塞維利亞的聖伊西多爾（Isidore of Seville）概括並歸納出許多基督教的傳統，他認為齋戒「是通往天堂的必經之路，是未來的形式。齋戒之士可以透過齋戒這種神聖的方式與神結為一體，從此擺脫塵世的束縛與煩惱，進入純潔而高尚的精神境界」[24]。

進餐昇華為神聖的儀式

儘管我已在前文對齋戒的精神性做了一些闡述，人們還是會問：飲食對靈魂的超度究竟有沒有益處？這尤其是基督徒必須面對的問題，因為基督教中最神聖的儀式就是行聖餐禮。耶穌與其門徒的最後晚餐雖然強調了共同進餐的意義，但是依然存在著與其積極意義相牴觸的地方。一方面，最後的晚餐戲劇性地反映共同進餐能夠增進人們之間的關係；而另一方面，在共同晚餐的過程中卻發生著背叛的行為。背叛的行為並不總是與聖餐相隨的，而且更為重要的是，如果沒有背叛，就沒有人類最終的解放。善源於惡是基督教所信奉的信條之一。但是，由於非宗教的原因，最後的晚餐還是引發人們的另一種共鳴，那就是，**人類經常打著增進友誼的幌子來共同進餐，其實卻是為背叛創造機會。**

最後的晚餐還有另外一層涵義，如果能正確地理解這層意義，那麼在基督教的西方世界內將會發生有關吃肉觀念的革命性和根本性的改變。何以如此？看一下在最後的晚餐上都發生了些什麼？在座的人吃的是餅，喝的是酒，毫無疑問這些都是用植物做成的食物；但問題的關鍵並不在於是否是素食主義。吃肉還是不吃肉是個讓人猶豫不決的問題，《福音書》並沒有透過最後的晚餐這則故事使人們做出最終的決定；恰恰相反，耶穌對其門徒所說的話令人震驚不已。他說晚餐上的餅與酒是用他自己的肉與血做成的。因此，進餐又回到可惡的動物性上。可以斷言，對基督教吹毛求疵的評論家會指責基督教信徒吃人肉的傾向。最後的晚餐所要反映的其實與這種血腥的動物性剛好相反。當時的進餐及以後為紀念它而舉行的進餐儀式其實是完全精神化的，它基本上不再是人們日常生活中所指的動、植物的消費行為。這樣的進餐已經昇華為一種神聖的儀式，在這一儀式中需要有一人（如耶穌）無償地付出（「甚至是生命」），別人接受這份付出的禮物，接受者必須明白，做為回報說不定有一天他自己也會把自己的血肉之軀奉獻出來做為別人的食物。

先破後立

在伊甸園或是天堂裡，進食不是必須的，因為嚴格地說，以植物為食也是一種暴力。然而在地球上，獵食另一種有機體畢竟是動物獲取能量、維持體力的唯一方式。在文化領域中也是一樣，通常是破先於立。在建立某物之前必須先將另一物「破壞」。講故事則是一個特別的例外，因為講故事時幾乎不需要先破壞什麼就可以進行。而做其他精美的藝術品（從編織到雕塑）時，必須先對原材料進行一定程度的破壞。我們參觀專業工藝者的工作室，它看上去更像是一個屠宰場，只不過其中沒有被撕扯成碎片的動物內臟。那裡的一塊塊大理石、木頭、彎曲的金屬以及銼屑大都是沒有生命的㉕。一般而言，即使是精湛的工藝品與高超的藝術品也需要先進行一定程度的破壞才能建成。鄉村、城鎮、城市是更為大型的文化產品，人類在構建它們的同時，必然伴隨著破壞的發生。這種破壞所涉及的範圍之廣、程度之深，令人無法想像。此外，這種破壞還會使人產生道德敗壞的感覺。一些人（包括當今的生物學家）希望回到以前那種較為簡單、較為純樸的生活方式中。但是，人類到底應該返回到多久遠的年代？怎樣簡單的生活方式才是最純潔的？這種極端的兩難境地困擾著人們，而且不要忘記了：人體也是由動、植物兩種成分構成的。

人類在飲食中所反映出來的動物性被文化掩飾得如此之好，以至於我們這些凡夫俗子對此已不再做任何反思。吃飯嗎？若被問及這個問題，我們會惱怒地答道：「人當然要吃飯，我們畢竟是食物鏈上的動物。」我們不但喜歡吃，還喜歡看他人進食。設想一下，有哪一位廚師不因客人的狼吞虎嚥而快樂、而驕傲？身為母親，最大的滿足就是看著孩子們津津有味地吃著自己精心烹調的食物。我們一旦將披掛身上的文化掩飾一層層剝掉，去思索進食這種殘酷而又最本質的暴力形式的道德寓意時，我們很難再為自己犯下的罪惡開脫。當進退兩難的境地觸及到我們日常生活的核心部分時，我們將無從逃避。

性與繁衍

和動物一樣，人既要吃飯，也要做愛。但是，對人類而言，吃飯與做愛是完全不同的兩回事。人在進餐時若能發揮無限的想像力，就會使這一餐顯得更加豐盛，因為藉著想像的力量會引發更高層次的感官享受，但是這種享受很少觸及靈魂。阿蘭．布盧姆（Allan Bloom）認為：「暴飲暴食不是最壞的惡習，只不過是最令人鄙視的一種惡習罷了，因為暴飲暴食是思想狹隘的表現。人們可以幻想一頓豐盛的晚餐，但是，如果說一個人的想像力僅限於此的話，那實在是不值一提，因為無論是從道德層面上講，還是從審美層面上說，這種想像力都是極其有限的。」相反地，「性，從本質上講，並不比飲食高尚多少……它既可以使靈魂自在翱翔，也可以製造出可怕的悲劇」㉖。

要想讓生命得以延續，飲食與性行為都是必不可少的。二者都要使用到暴力。只不過在飲食過程中，需要將動、植物進行分解、咀嚼，而在性交過程中發生的粗魯撕咬，則更像是一種嬉戲玩耍，這種近似瘋狂的愛，不會給自己或者對方帶來絲毫的傷害，相反地卻會給纏綿的雙方帶來無盡的快感與享受。在進食過程中，隨著食物一點兒、一點兒地消耗，食慾也逐漸減退，最終消失殆盡；與此相反，極其亢奮的性交之後，雙方雖筋疲力盡，卻融為一體。這也暗示在性交的過程中，雙方都付出了努力，釋放了活力，滿懷著成就感，因為一個新的生命有可能在此時此刻受孕。獨自用餐或與他人共同進餐，都是自我補充能量、自娛自樂的過程，這就是飲食的意義所在。而性交則必須由兩人共同完成，即使是手淫也是必須在頭腦中假想出一個特定的對象。這些能否解釋性交是有精神向度的，而飲食卻沒有？不雅的進食僅僅被當做一種粗俗的舉止，而除了與愛人在私下性交之外的一切性交，都被公認為是不道德的猥褻行為。

偷窺與猥褻

從本質上講，性是極為私密的行為。當動物進行最隱密的性活動時，歷史人類學家卻可以毫不猶豫地以科學的名義闖入，並觀察、記錄下牠們的性活動。在前文中，我曾提到在動物園中最受遊人歡迎的節目是餵食。當遊人看著獅子使勁地咀嚼生肉，毫無保留地展現獅子強有力的動物性時，會感到非常興奮。動物園中一般都沒有猴子籠，裡面有很多猴子上躥下跳、蕩來蕩去。孩子們非常喜愛看猴子，但是你能說我們大人就不喜歡看嗎？下面要討論的是靈長類動物，牠們是人類的近親，在許多方面與人類很相似，但歷史人類學家在觀察與測試其不自覺的性活動時，卻發現牠們與人類存在著根本的差別。

在觀察非洲黑猩猩求偶期的活動時，研究者是否真的能保持冷靜與科學態度？對於自身所存在的強烈性交欲望和因此產生的生理表現，人類會不由自主地感到難為情，而靈長類動物卻不僅不以為然，反而表現得相當誇張。非洲的雌性黑猩猩非常陶醉於在發情高潮期向雄性炫耀自己的生殖器，以此來取悅雄性；與之相比，人類在發情期卻表現得很有節制，很有道德感。在有關動物性行為的一般專著中，對於性交總是輕描淡寫、一筆帶過，只有在色情作品中才會對性行為有露骨的描述。讀者在閱讀有關專家對動物性行為的描寫時，能否保持一顆平常心呢？試試讀讀下面這段描述，對於這樣的場景，你會做何感想？「雄性黑猩猩在與雌性交配時，通常要檢查一下雌性的生殖部位。牠們會彎下腰來靠近雌性，用鼻子聞聞雌性的下半身，或是用食指直接戳戳雌性的外陰部位，再用鼻子聞聞最裡面的部位，反覆這樣兩、三次。」這樣戳戳點點地檢查雌性生殖器的行為完全無視雌性的尊嚴，若這樣的行為發生在人類身上，就會被視為一種猥褻。這讓我想到一個不甚禮貌的問題，那些將雙眼盯著動物的這種性行為的行為研究者，還有那些在頭腦中想像這幅情景的讀者，是否也應該感到羞愧？在這個問題上，科學是不是拿來用做一種很好的掩飾或藉口㉗？

雌性黑猩猩富有進攻性地公開展現自己的性器官，雄性黑猩猩也是如此。牠們用各種方式努力吸引異性，使對方注意到自己成熟的生殖力。牠們或昂首闊步，或搖擺樹枝，而最直接的方式就是讓陰莖迅速勃起，而平時其陰莖是軟綿綿的，被皮膚包裹著，隱藏在下腹及大腿之間的空白肌膚之中。與黑猩猩這種毫無克制、惹人注目的性交相比，人類在各種行為規範和道德規範的約束下，其性行為是極為克制的。事實上，在性交過程中人類幾乎不能像黑猩猩那樣肌膚緊密而徹底地貼在一起。在做愛時，男性只是匍匐在女性的背上，將陰莖插入女性的陰道中。與插入這一動作相比，撫摩則更接近於男性用手抓住女性以保持自己匍匐姿態的動作。或許黑猩猩在性交時會極度亢奮（靈長目動物學家對此並不十分肯定），牠們在興奮中肯定會氣喘吁吁，甚至會高聲尖叫，但牠們絕不會表現出「極妙的精神瘋狂」——激情過後汗流浹背，筋疲力盡，自我陶醉，將世界置之度外[28]。其實，性行為看起來只是在行使一項必要的功能，是一種日常行為，而且必然伴隨著一定的快感，這種行為只是順應了繁衍以使物種延續的目的而已。因此，最終我們可以得出這樣一個結論：動物在性活動的過程中，儘管在生理上會做出一些誇張的表現，但是其中並沒有什麼神祕性可言。這一點，對於那些好色的偷窺者來說，是很掃興的，對於那些想在行為學家的專著中尋找刺激的好色讀者來說也是如此。

閱讀也是一種偷窺，人們透過印刷出來的文字在腦海中想像出畫面。作者用語言來描述，當他在描述進食和性的時候，遇到的是不同的挑戰。作者可以不偏不倚地描述進食，但是在描述性的時候卻做不到這一點。一些很普遍的字眼，如「手」、「鼻子」、「肩膀」等表示的是身體的某些部位，不帶任何的感情色彩，但是對於身體的其他部位卻不可能做到這樣直接的描述。英國作家魯易斯（C. S. Lewis）將中產階級用到的性詞彙劃分為四大類：「幼兒用語、文言、平民用語以及科學用語」。人們無論是使用嬰兒的語言，還是引用重要的演講，還是借用下流的語言，還是運用專業的術語，都很難做到平鋪直敘。一些普通的字眼，由於長期以來一直被人們用來表示「侮辱、嘲笑、打諢」等相關的意思，所以早已打上「淫穢」的烙印。在貧民區、兵營或是男校中說這樣的話顯得更有男子氣概㉙。這樣的字眼已經超越了它們本身所要表達的人體結構學上的意思，而更具有挑釁的意味。使用這些字眼冒犯了人的尊嚴，將人貶低為一種簡單而低等的器官。人們在這類字眼的侵犯下（常常是不自覺地）產生一種被奴役的感覺。對於沉湎於性愛中的男、女雙方，無論其性行為方式是親暱溫和的，還是粗暴激烈的，都不能將其視為猥褻的行為。猥褻是距離作用的結果，一張圖片或一個詞都有可能讓其使用者變成下流的好色之徒。這個人若要擺脫可能給人們造成的好色印象，就要憤怒地說：「看看這些呻吟著的汗漬漬的動物的小丑們！」

像「猥褻」、「色情文學」這樣的字眼會遭到人們的唾棄，這是源於清教徒式的西方價值觀，而在其他時期或其他文化中並不一定適用。我懷疑事實是否果真如此。任何一個社會在某種程度上都會建立一套文明的行為規範，這種行為規範超越了淫穢、無恥、動物性與醜惡。現代學者則走入了另一個極端，他們傾向於將任何對性的非難，都看成是維多利亞時代的假正經，無論藝術中展現的性多麼過分，他們都認為是健康而坦率的。對此，我本人持懷疑的態度。他們的這種態度其實是對以往那種經不起考驗過分的道德說教的矯枉過正。道德準則也許是一種策略，當坦率或許造成傷害的時候要避免坦率。美國著名作家霍桑（Nathaniel Hawthorne）再三指出：「真實些吧！」「如果你不是在向世界展示你最壞的表現，那麼就自由地向世界展示吧！但透過你所展現的可以推斷出你最壞的一面。」㉚我認為他的道德已經淪喪。真誠地看待和對待他人，這其實是一種苛求。我們大多數人會在閒談中漠然地說出一些話，而這些話正好暴露了他們的動物本質和性本質。問題的關鍵在於我們在不迷失人性的前提下，到底能走多遠。喪失人性，並不意味回到了先前的純真動物性狀態；相反地，人性的喪失導致的最終結果是：人會墮落到既不是人，也不是動物的畸形世界中，這個世界所刺激的是自私的快感，更邪惡的是它似乎在向全世界宣告人的真實本質：渺小而怪異。人到底是什麼？根據日本七、八世紀流行的印刷品來推斷，若是揭開男人身上所披著的高尚文化外衣，其實他們就是一種好色的野獸，其陰莖泛著血腸般令人作嘔的腥紅色彩，掩蓋在半撩起的華麗絲質和服之下。

性與多產

從史前時代開始，生殖器就象徵著多產。中國的祖先牌位、歷史久遠的名門望族的血統，起初是不是一種生殖器崇拜㉛？換言之，虔誠是人類的一種崇高情懷，人類一開始是不是只想借助這種對祖先生殖力量的崇拜來達到傳宗接代的目的？雖然這一點在中國文化中還不是十分清晰，但是在印度文化中，男性生殖器形象的意義與普遍卻無庸置疑；同樣，那些陳列在古希臘等公共場所的碩大陰莖，雖說並不很奇特，卻十分引人注目。大地女神同樣代表著旺盛的生育力——偉大的土地之后得墨忒耳（Demeter），不需要人性化的男性做其配偶就可以生育。男性和女性在生育力上表現出巨大的差別。女性的整個身體都表現出旺盛的生育力量，而對於男性而言，生育力量卻只集中在陰囊、陰莖上。這一點就解釋了為什麼天神烏拉諾斯（Uranus）那斷下來的生殖器，能夠自行與大海結合，產下愛與美之神——阿芙洛狄忒（Aphrodite）㉜。與女人相比，男人一向更加擁護色情文學、藝術與偷窺行為。或許原因就在於兩性在性興奮上所表現的重要差異，即女性會將興奮擴散到全身，而男性則將興奮集中在生殖器這一個地方。男性似乎可以將自身與生殖器分別對待，甚至會受生殖器的控制。或許可以認為生殖器本身就具有強烈的意願。生殖器崇拜曾一度遍布於世界各地。陰莖之所以為社會所接受，甚至為社會所崇拜，是因為它在生育中具有神奇的象徵地位。隨著生殖器崇拜的衰敗，微微腫大的陰莖遲早會喪失以往神聖的地位，落得個不光彩的結局，就像殘牆上粗俗的圖畫、粗劣的塗鴉，雖然它極力想吸引人們的注意，想從挫敗與孤獨中解脫出來，卻無法擺脫最終頹敗的悲慘結局。

除非將多產運用於動、植物，否則多產本身就會籠罩一層撲朔迷離的色彩。繁殖也是如此。在人類社會中，「繁殖」一詞受到人們的質疑，原因就在於這個詞的蘊意極其龐雜，是不和諧的混合體，裡面既有動物性的衝動，又牽扯到技術上可引導和可操作的意識力。即使在最上流的社會中，如果人們想讓一對青年男女結婚，他們就會厚顏無恥地調動所有的社會力量與社會技巧，讓這對新婚男女進行交配。他們很少坦率地說他們究竟在做什麼，他們更不會坦言他們這樣做僅僅是為了實現某種物質上或政治上的共同利益。為了滿足別人的某種利益而進行性交，這是最令人羞恥的事情。奴隸在田地裡辛勤勞作的情形已經夠糟糕了，但更糟糕的情形卻發生在生產奴隸的農場裡。農場主人不僅對奴隸進行身體上的摧殘，而且對其精神進行慘無人道的凌辱，這必將導致社會最終的墮落。例如，穆斯林於十九世紀在達爾富爾（Dar Fur）（蘇丹）建立了一個生產奴隸的農場，專門用來繁殖黑奴，就像繁殖牛羊一般，並賣掉奴隸以大發橫財㉝。

上帝對人類說：「要生養眾多，遍滿地面。」（「神就照著自己的形像造人，乃是他照著他的形像造男造女。」）（《聖經．舊約全書．創世記》1．27—28）不僅僅是由猶太—基督教傳統演化而來的社會重視生育，幾乎在所有的社會中，生育都極受重視。天主教時常宣稱，生育是性交最崇高的理由，甚至是唯一的理由。但是，事實並非一直如此。在不同的時期，性交的另一些價值也會得到更加顯著的體現。據《聖經》記載，上帝希望亞當有一個伴侶，這種伴侶關係的特徵就是一位男子可以離開自己的父母，「與妻子連合，二人成為一體」（《聖經．舊約全書．創世記》2：24），這裡強調的是伴侶關係，而不是生育機能。英國國教徒一直以來被教導「夫妻身、心、靈的結合，是上帝為了愉悅夫妻雙方而特意而為」，這裡首先提到的是雙方的愉悅，之後提到的是互相幫助，最後才是「上帝的願望」在於生小孩。在神聖的婚禮中，夫妻雙方對肉體的欲望被轉化為一種愛，「銘記於心，就像是肩上的斗篷，頂上的王冠」，這是一幅多麼莊嚴而神聖的圖畫啊！但是，比這更莊嚴、神聖的是高尚而偉大的思想，把男人與女人的婚姻視做一種象徵，象徵「正如基督愛教會，為教會捨己」（《聖經．新約全書．以弗所書》5：25，28—30）。

獨特的人類：色情與愛情

對性貪得無厭、殘忍和不同尋常的暴力是人類所獨有的。各種奇妙的、富有激情的性與愛的方式，也是人類所獨有的。它們之所以為人類所獨有，是因為人類的想像力在其中發揮著無比重要的作用，它引導、調節、加強人類的動物性傾向和衝動，無論這種作用的結果是好是壞。當想像力發揮作用的時候，讓我們注意一下性行為與進食行為有何不同。無論是動物或是人類，進食就是進食，只不過人類品嘗食物所用的時間更久一些，同時還要講究餐桌禮儀，以此證明自己與動物有所區別；但是在性行為方面卻不是如此。人類不僅對生理的衝動有積極的反應，而且還會對身體裡跳動的某種興奮的情緒做出積極的反應，更糟糕的是，這種興奮的情緒可能更有破壞力且更加邪惡。撫摩對人的作用比對其他任何動物的作用都大，包括與人類擁有同一祖先的黑猩猩。造成這種差異的一個顯著原因就在於人有一雙強壯卻又無比柔軟、敏感的手，而人體被一層敏感的皮膚所覆蓋，皮膚對愛撫有很強的敏感性，而皮膚也非常期待著愛人的撫摩㉞。撫摩的超級感受就從雙手撫弄蓬鬆的髮絲開始，往下到堅實的胸部，再到柔軟的腋窩、大腿的肌肉、膝蓋骨。就這樣，愛撫記錄了愛人從乾冷的鼻尖到濕熱的腹股溝的全部訊息。

每一次愛撫都會強化自己的快感與欲望，同時也會引發愛人的快感與欲望。當看到愛人也同時產生了快感，就會更加深自己的快感，尤其是當陰莖插入陰道之時，雙方結合為和諧的一體，這種快感就達到了前所未有的感受。從某種角度來說，撫摩已經讓手不再是手，而是轉變為一種性器官；人類，也只有人類才會順應這種性行為方式。使人完全投入自我的正是將陰莖插入陰道的一上一下動作，而不是性高潮。這正是人類性交的最奇妙所在。根據羅洛·梅（Rollo May）的說法，性愛雙方都會有這種體驗，他們充分發揮著想像力，回想並品味當時那無比美妙的感受。熱戀中的人們都渴望能進入對方的體內，或是渴望對方進入自己的體內，這種渴望使他們的身、心都激動得顫抖起來，並讓他們的情緒達到了燃燒的頂峰，隨後而來的性高潮也不會讓這種顫抖消失，因為正是在戀人最親密的接觸中，他們的感官反應才是「最原始、最獨特、最真實的」㉟。

愛撫同時也是被愛撫，在這一相互接觸的過程中，個體更加沉浸在自我的美妙感受中，她彷彿感覺到自己擁抱了整個世界，並且成為了這個世界。「就像」觸摸到花瓣的絲般光滑柔軟，石頭的粗糙厚重，溫暖幸福的感覺從心底汩汩而出，流遍全身，令人回味無窮。如果說投入自然的懷抱就會享受到這種極大的幸福，那麼，投入愛人的懷抱所產生的幸福感就會更加熱烈。英國作家萊辛（Doris Lessing）小說中的一位人物曾經說道：「從他的肩膀有一股溫暖傳遞到我的手心。此時此刻，我生命中的全部歡樂都蕩漾在我的心中，我真的好幸福，好幸福。我坐在我的房間，觀賞著投射在地板上的陽光——寧靜而欣喜，一切都是那麼自然與和諧。插在花瓶裡的那一朵小花，雖說僅僅是一朵小花，但其舒展的花瓣卻擁有足以推動宇宙的偉大力量。」㊱

在性愛的過程中，人的臉又扮演著什麼樣的角色呢？直到現在，我盡量不去討論人的臉，因為我希望從動物本身開始討論，從肌膚相親開始討論。那麼，人的臉又有什麼用途？就我們目前所知，臉是人身上最善於表達感情的部位。這一點在世界各地的藝術作品與文學作品都得到充分的證實㊲。臉能反映出一個人的整體狀態，身體是否疲憊、思想是否崇高、靈魂是否深刻，都會在臉上有所體現。一張美好的臉就足以贏得真愛。這裡用「愛」這個詞，看來是最恰當不過的；要是描述身體的其他部位，就不敢肯定這個詞是否合適。手能否博得愛？也許會，因為人的手既獨特，也善於表達感情。那麼胳膊、肩膀、雙腳能否博得愛？當人們對這些部位產生無法抑制的興趣時，「戀物癖」或是「貪婪」這樣的詞就會浮現在人們的腦海中。將情人的頭像做成圖畫掛在壁爐之上，這是非常常見的；但是，要是你將情人身體的其他部位做成裝飾品掛起來，就很令人匪夷所思了！不言而喻，將生殖器用相機拍下來以供私下玩賞，或是為了勾起自己的性慾，則是一種很放蕩無恥的行為。

由於臉部具備身體其他部位所不具備的力量，所以它更有可能反映出一個人的整體狀態。從某種角度看，臉也是十分脆弱的，尤其是眼睛。眼睛被譽為「心靈之窗」，但是人的雙眼完全暴露在外面，極易受傷害。但從另一個角度來講，臉，尤其是眼睛，卻支配著人的整個世界。注視著一個人的臉，其實指的是注視著這個人，而不是他的臉。想像一下吧！當你睡著或是處於無意識的狀態時，身體的其他部位，甚至是整個身體是多麼的不真實。性器官可以發揮出無比的威力，同時也極易被攻擊。性器官表現出來的力量是原始的、沒有掩飾的，但令人奇怪的是，這恰恰也是其脆弱的根源。情人的出現會讓陰莖不自由自主地勃起。臉會欺騙，也會掩飾，而陰莖不會，這時陰莖就顯得是那麼純真無邪㊳。

人都會墜入愛河。「墜入」表明了人在意識上的不由自主、不知不覺。「一見鍾情」更是如此。愛情具有偉大的力量，且無比曼妙與神奇，凡此種種都表明「墜入」一詞使用得合情合理；而一旦人們意識到愛情的複雜性，這種說法就難免顯得有些誇張。正如美國當代性愛大師歐文·辛格（Irving Singer）提及，墜入愛河與其說屬於本能的範疇，倒不如說屬於概念的範疇，與其說是本能的偏好或是受荷爾蒙的驅使，倒不如說它是在當時社會和藝術影響下而形成的某種傾向[39]。當然，這種傾向需要被激化，或者說它是一種可以膨脹的熱望。一旦這種傾向被激化（一次有感覺的會面說不定就能激化它），淒涼的情緒就會走出憂鬱，這時刻代表著新生活的開始，過去的一切都成為歷史，一去不復返了[40]。有情人對過去生活的種種怨恨，都會在這個時刻全部釋懷，並驚奇地發現他（或她）非常容易地就原諒了曾經傷害過他（或她）的人。在有情人還沒有完全沉浸於此時此刻，還沒有完全沉浸於未來美好生活的憧憬中時，他們就已經不再對過去耿耿於懷，過去的種種已經撒滿了明媚的陽光，熱戀中的人會手牽著手漫步在對過去美好的回憶中。

情人眼裡出西施，這話一點也不假。在情人的眼中，戀人不但漂亮、善良，就連他（她）的缺點和弱點也都變成了優點，讓人欣賞。所羅門（Solomon）在《雅歌》

（*Song of Songs*）（6：8—9）中唱道：「有六十王后，八十妃嬪，並有無數的童女，我的鴿子，但我只愛她一個（原文為：我的完全人只有這一個）。」以前人們一直以為，只有在現代西方才存在浪漫的愛情，其實並非如此。在任何時期、任何地方，無論是在中國、印度、墨西哥，還是在肯亞，人們都會墜入愛河，都會將自己的情人理想化㊶。但是，與其他地方相比，現代西方人在墜入愛河的過程中更發揮豐富而積極的想像，因為在情人的心目中，是對方迷人的個性深深吸引著自己，這種個性不是勇氣之類的美德，也不是藍眼睛之類的外表，而是情人那種與眾不同的感知方式與生活方式。一個男人確實會認為自己「擁有」了情人的藍眼睛，卻不能肯定自己是否已經擁有了情人的一切經歷——而只有這些經歷才是情人的真實世界。他只能以嘉賓的身分進入這個世界，並與情人分享，卻不能占有它㊷。

神聖的歡娛與世俗的歡娛

戀愛之中的雙方都會不由自主地產生兩種感覺，在自覺脆弱的同時，又感到自己無比強大，與愛人的分分合合，使其情緒一會兒低落，一會兒高漲。高漲時的情緒發自內心深處，非常令人歡悅，是對客觀存在的種種美好所懷有的感恩之情。這種感情與人們與神會面時所激發的情感是一樣的。對於大多數人而言，性交過程中潮漲潮落般的情緒波動之後，會出現令人狂喜的高峰，這是雙方身心結合的結果。很自然地，世界文學和藝術，特別是印度、中國以及西方文學認為異性的結合是得體的、恰當的。性交是沒有掩飾的，身心沒有被割裂開來，而是融為完整的一體。由於身心沒有被割裂開來，所以身體也會與情感產生共鳴。在西方世界，所羅門在《雅歌》中提出了一種為人所熟知的早期模式，使人們了解性愛語言是如何喚起男女雙方神聖結合的激情與曼妙。西方神祕家與西方詩人屢次引用這個模式，尤其是西班牙聖衣會（赤足加爾默羅會）神父聖十字約翰（St. John of the Cross）。他在作品《靈頌》（*Spiritual Canticle*）中所塑造的意象，足以令著名的近代詩人奧登（W. H. Auden）震驚不已㊸。雕刻藝術中有男神與女神奢侈逸樂的場面，還有赤裸裸的性愛場面：成群的女孩追逐著象徵豐收和幸福的神——克利須那神（Krishna）。這些內容豐富、雕刻精美的畫面就裝飾在印度教廟宇的外牆上㊹。古典時期到十七世紀西方的雕塑作品與繪畫作品也幾乎是這種自然風格一統天下。裸體這一藝術形式一再被做為精神崇高與完美的象徵。中世紀，雕塑家們認為用異教徒（非基督徒）涅瑞伊得斯（Nereids）來代表通往天堂的神聖靈魂沒有什麼不妥。宗教狂熱時期，尤其是十六世紀，神聖的狂喜和世俗的狂喜之間界線十分明確。聖徒勇敢而毫無掩飾，非常幸福地將目光對準天堂。米開朗基羅（Michelangelo）的作品《復活的耶穌》（珍藏於溫莎公爵府邸）展示了全裸的耶穌，畫面中耶穌將羞處完全暴露在外面。藝術史學家肯尼思·克拉克（Kenneth Clark）認為這可能就是「藝術世界中處於狂喜中的最完美的裸體」㊺。

超越

在欣賞優美的人體畫時，能否真正做到只是欣賞而不會激起任何的性慾？英國著名詩人霍普金斯（Gerard Manley Hopkins）認為裸體耶穌會強烈地引誘人幻想性愛㊻。生活在維多利亞時代受壓制的神父霍普金斯可能被解職，因為他擁有超凡的想像力，即使是最純潔的事物，也能煽起他無比豐富的想像。我忍不住要問，就像書籍中的語句是作者的思想之窗一樣，受性控制的人體能否成為人的精神之窗？在精神世界的象徵是抽象的（例如圓和十字、光明與黑暗、垂直與水平），或是取自非人類的自然（例如山脈與森林、獅子與羚羊）的情況下，這些象徵最沒有可能使想像偏離預期的軌道。人的裸體卻不屬於上述情況，不過嬰兒的裸體除外。雖然人的裸體也屬於自然，但是自成一類。

在西方文明或其他文明中存在著一種根深柢固的傳統，這種傳統對人類的身體持有很深的懷疑態度。這種傳統認為，身體是放縱與色慾之源，是無知與幻想之源，是疾病、痛苦、墮落與死亡之源。正如我在上文提到的那樣，古希臘人沒有這樣的偏見。對於他們而言，體態完美的人體（特別是人的裸體）是美好的象徵，也是唯一的象徵（從審美角度看），人不由自主地被美好的人體所吸引。但是，在希臘思想中仍然存在著道德上的約束。柏拉圖更強調這種思想。這種思想警告人們不要停留在對人體的美學欣賞上，因為這有可能導致思想的束縛，甚至於墮落。一個人必須將注意力從關注個人的美好，轉變為關注全人類的美好，從關注所有美好的形式，轉變為關注所有美好的行為，最終轉變為關注絕對美好的真與善本身。這就是著名的「第俄提瑪之梯」（Diotima's ladder），順著這個梯子一階一階地向上爬，從一個美的身體、兩個美的身體上升到所有美的身體，再從所有美的身體上升到美的操持，由美的操持上升到美的種種學問，最終從各種美的學問上升到僅僅認識那美本身的學問，認識美之所在。發展是向上的，從具體的、物質的到一般的、抽象的、從腐朽、變化到永恆的完美，從想像到真實（柏拉圖《會飲篇》211—212）。這種階梯也是逃避的方式，每向上前進一步，就意味著越靠近真實。

希臘人給予人體充分的尊敬，甚至於基督教思想中有一個重要的信條說人體是

「靈魂的聖殿」，這一個信條反映了對人體的相當尊敬。然而，卻是另外一個基督教信條統治著基督教，這個信條重視人的身體，重視人的色慾。即使不能說這種重視含有徹底的否定意思，至少也含有很強的不置可否性。保羅（Paul）就因為這第二信條而常遭非議。他受到非議的原因不在於他認為婚姻中男、女雙方的性結合是錯誤的，而是在於他認為天國就近在眼前，這種男、女結合意義不大。忠實於自己的配偶或是後代，這種做法在一定的範圍內是值得推崇的，但是另一種更崇高的呼聲將人們的注意力轉移開來，這就是禁慾。禁慾是上帝賜予的禮物，它讓保羅之類的神職人員將自己的全部心血奉獻給神的事業。保羅知道像他們這樣的人只占很少的一部分，大多數信徒並不禁慾，他們甚至認為：「與其慾火攻心，倒不如嫁娶為妙。」（《哥林多前書》7：9）顯然，保羅認為婚姻生活並不是最好的。雖然，他對人類自身所有的脆弱性日益感到失望，但是在為神獻身的道路上，他還是走得更遠一些。他開始用貶義詞如「獸肉」來代替「身體」，認為「獸肉」是「靈魂」的對立面㊼。保羅態度的改變對基督徒的道德教育產生了重要的影響。如果說保羅的改變是不經意的，那麼繼保羅之後有影響、有威望的三位傑出新教領導者安布羅斯（Ambrose）、奧古斯丁（Augustine）和哲羅姆（Jerome）則是在經過一番深思熟慮之後才做出這樣的決斷。他們無一例外地將性與罪惡緊密地聯繫在一起，將罪惡與墮落、死亡緊密地聯繫在一起，與此同時他們也將純潔與英雄般的品質、永恆的生命聯繫在一起㊽。

垂死與死亡

歸根究柢，人也是一種動物，注定是要死去的。這個眾所周知的事實，卻引發了很多的疑問：哪種動物稱呼自己是動物？又有哪種動物會談論死亡之類的話題？動物是否知道自己有朝一日會死去？這種對死亡的清醒意識是否意味著人可以從肉體的腐朽中獲得永生？我已經提出，進食與性行為將我們的道德置於一個進退兩難的窘迫境地，因為我們有能力跳出我們自身，觀察和反思我們真面目。但是，對於垂死與死亡，我們也會反思嗎？答案並不很確定。反思會將進食與性行為變成一個難題，一個擺在我們面前需要解決的難題，同樣反思也會將垂死與死亡變成一個難題，擺在我們面前等待解決；但是這兩者之間存在著驚人的差異。討論一下被人觀看這種情形。在進餐的時候我們是不願意被人觀看的，性愛的時候更是如此。但是垂死之時情景又會如何？想像一下你即將死去，那麼的無力與無助，就如同嬰兒一樣無時無刻也不能離開別人的照顧，這時的你一直被人觀看與照料著，你是否願意如此？我需要感覺到我的人生價值在不斷地得到提升而不是遭到貶抑。與放縱下流地觀看性行為截然相反，觀看死亡——守候在垂死者或是已逝者的身邊——是優良的傳統，是文化上的成就。事實上，對垂死者或已逝者不管、不顧，是會遭到公眾的譴責的。

雖然同是生命活動，進食與性行為同垂死與死亡之間存在著根本性的區別。與進食和性行為相比，垂死通常是漸進、不可逆轉的。它是如此之漸進，以至於我們都沒有意識這一過程正在發生，我們沒有將其視為生命中必須承受的一種經歷，直到生命臨近結束的關鍵時刻，當痛苦磨去了我們生命的所有光輝，噬咬我們的肉體和靈魂時，我們才明明白白地意識到我們正在經歷垂死的過程。說到死亡，它本身並不是一種個人經歷——並不是人人都可以「經受」的。吳爾芙（Virginia Woolf）認為死亡是「我根本不會去描述的人生經歷」，而在飛蛾到底如何死亡這個問題上，她曾做過非常專業化的描述㊾。不管怎樣，**人類擁有的想像力使其能夠細細琢磨死亡，因而死亡這一生命終點具備某種神祕的魔力，它在人的一生中神出鬼沒地顯現，並豐富了人生。**

死亡的陰影

設想一下死亡神出鬼沒地糾纏生命的幾種方式。在這裡，我用「神出鬼沒地糾纏生命」這樣的描述，而不用「豐富人生」，是想暗示死亡所具有的否定意味。而我正是要從這個否定意味入手討論死亡。在人的一生中，會時常在頭腦中出現死亡這個概念，其出現的頻率與範圍取決於下列幾個因素：個性、反思的習慣、個體在其成長過程中所浸淫的文化等，事實上，文化（群體價值）或許是其中最重要的因素。然而，我不想著手討論個體或群體對死亡所持有的不同態度，我想透過一定的人類所共有的經歷與傾向來揭示死亡的哲學根源。

如前所述，人們無法直接弄清楚死亡究竟意味著什麼。正如古希臘哲學家伊比鳩魯（Epicurus）說的那樣：「**當我活著的時候，死亡不存在；當死亡來臨時，我已不存在。**」㊿我們經常看到死亡降臨到別人的身上。它隨時會不期而至，今天發生在他的身上，說不定明天就會發生在我的身上，或者發生在我所至愛的人身上。生命的光輝令人敬佩，但是卻不能持久。況且，生命的光輝是否真的值得人敬仰？我珍視自己的生命，珍視感官上愉快的享受，但是要想獲得這些享受，就必然要傷害其他的生物。如果我明知道死亡正一步一步地走向我，而我又不想用自殺的方式來結束生命，那我就會減少進食，從而減少對其他生物的傷害與殺戮。這是經過一系列觀察和生活經驗而獲得的常識，其中並沒有什麼深奧的哲理。食物能夠維持生命，還能讓人產生無窮的回味，但這與死亡也有著千絲萬縷的聯繫。在前文中我已談到進食會將人類置於道德上的兩難境地，在此不再贅述。那性又如何？性是僅次於進食的人的動物性的第二強烈需求。性使生命得以延續，而且還不會給誕生的新生命蒙上一層陰影。然而，生命與死亡是分不開的，它們交織在一起，緊密相連。在人類社會中，生命的誕生與損耗是相等的，無論是從現實還是從思想角度分析都是如此。性行為本身——精液的射出必然會使人有所失去，性交之後悲傷的景象，預示著個體必死的命運，即使此時他們是在孕育下一代。

生命的成長過程中充滿了被動——即使得到了更多的東西，也會失去更多㉛。在生命螺旋式上升的過程中，人們或許只感受到不斷地得到，前面的世界越來越廣闊，我們的生命與經歷越來越豐富，成長的道路充滿著力量和奇妙，似乎從未錯失什麼。而在生命弧線下降的階段，失去得越來越多，直到有一天人們不能再忽視這種失去。世界萎縮了，換句話說，人、物、地方在眼前紛紛撤退、離開，只剩下一個人，孤零零的。死亡，是最終的孤獨與徹底地被拋棄，但是在它真正來臨之前的很長一段時間內，死亡的陰影其實已經向我們籠罩過來。死亡的侵襲可能是輕微的，也可能是猛烈的，這取決於一個人的個性與當時的文化氛圍。我舉一個中國的例子，由於中國社會普遍缺乏必勝信念的撫慰，缺乏嚴肅堅韌的哲學慰藉，所以，當中國人面臨死亡時，他們表現得很虛偽，這就是我以中國為例的原因所在。東晉著名田園詩人陶淵明在一首以輓歌形式所作的詩中，就抓住了中國人這種虛偽的心理。輓歌是人們掛在靈車上哭送死者到墓地過程中所唱的哀悼歌謠。然而，人們不願意將自己置於哀悼者的地位，這已經夠讓人壓抑的了——儘管人們會因為隨後舉辦的葬禮盛宴而得到一定的補償。詩人從亡者的觀點寫道：

親戚或余悲，
他人亦已歌。
死去何所道，
託體同山阿[52]。

成長的過程中必然會發生一些損失，人們不會因此而感到遺憾。全世界的人們都會慶祝童年時代的過去和成年的到來。說實在的，生命的任何一個階段都會伴隨著痛苦與疾病，提不起精神的情況也時有發生。即使是處於繁盛的青年時代，人們也有可能會經歷生命中沉痛的打擊，提前品嘗到死亡的滋味。但是這些都不會讓人覺得恐怖。生命的再生力量很強大——在生命的任何時候都充滿著希望。有可靠的證據顯示：人康復了，生命的力量再次復甦，不再感覺到那種鑽心的疼痛，而過去這些疼痛就像是在炎熱的仲夏時節突然刮來一場寒風一樣讓人痛苦不堪。人們往往錯誤地認為痛苦是死亡的徵兆。與死亡不同的是，痛苦持續的時間會很長，而且它的變化形式也與死亡有所不同。此外，痛苦畢竟也是一種生活，甚至可以說它是生活的一種強有力的表現形式，痛苦設法阻止人們做白日夢，事實上，它積極地鼓勵人們做白日夢。觀看頭腦快速閃現的一幅幅圖畫，其實也是一種逃避，但是如果它能幫助人們緩解暫時的痛苦，那又何樂而不為呢？當然，做白日夢也會讓人沉溺其中，不能自拔。人們會透過做白日夢成為幻想世界的常客，而不僅僅是偶然的過客。在這個幻想世界中有很多欺騙人的承諾，其中最誘人的莫過於消滅死亡，使死亡看起來只不過是遭遇痛苦而已。

愛爾蘭美國作家艾瑞絲．默多克（Iris Murdoch）指出，比起疾病與痛苦，意外事故更可提醒人們想到死亡[53]。意外事故充分表現出與死亡相似的被動性。從定義上講，意外事故是指意料之外發生的事情；從統計學上講，意外事故是無法逃避的。

意外降臨之時，儘管局面有可能會向好的方向發展，但更常見的情況是局勢不斷地惡化——突然衰敗，最終結果極有可能是死亡。眾所周知，氏族社會就把死亡與意外混為一談，認為死亡是一種意外，而不是生命的必然規律㊹。死亡本不應該發生，但是它就是發生了，即使人們極不情願，但也許就在一剎那間發生了。在吃過腐爛食物的數分鐘之內，人有可能就此死掉，像餐廳的垃圾一樣等待著被清除出這個世界。死亡擁有絕對的權力，意外事故可以準確地預示這種權力，這是一種宿命，一種想像力無法掩飾的宿命。當然，大多數意外事故微不足道，但即便是這些微不足道的意外事故（即便是偶然遇到的），也會給我們平靜的生活造成無情的重創。

死亡的禮物

隨著死亡的到來，還會有禮物奉上。你對此觀點很驚訝吧！**死亡能夠給人撫慰，能夠給生命增添不同滋味，它是培育美德的溫床。**若人們將死亡視為邁入天堂的入口，那麼死亡就有慰藉的作用。基督教與伊斯蘭教將死亡視為逃避各種職責與事務的路徑，這一點也是眾所周知。死亡意味著到達終點，因而具有慰藉的作用。著名的阿根廷作家博爾赫斯（Jorge Luis Borges）曾經說過他年老體弱的母親在每天早上起床之後都要哭泣，因為她與最美好的願望相反，她還活著；逃避再一次困擾著她㊺。當八十多歲的老人被問到長壽的原因時，他回答說：「哎，運氣實在太糟了！我還活著！」大衛是一個失去免疫力的小男孩，必須在消毒無菌的房間裡度過他的生命。在他十二歲那年即將死去的那一刻，他說：「我們這裡有很多管子，也做過很多試驗，但是都沒有什麼作用。我已經疲倦了。為什麼不把這些管子拔掉，為什麼不讓我回家？」㊻哲學家胡克（Sidney Hook）曾這樣描述過死亡的作用：

死亡使我們確信沒有永遠的罪惡和痛苦。人類一直都在忍受著各種各樣的醜行和不公平待遇，身體飽受殘害，思想飽受折磨。無數的人們經過種種痛苦的折磨後，最終選擇以墓為床，或是在黑暗中沉默。死亡是一種有益的解脫，而不是令人悲傷的苦惱。只有死亡才能將地球洗刷得乾乾淨淨，除此之外別無他法。有許多允諾告訴人們，人的來生完美無瑕。這種安慰人心的允諾，效果微乎其微，絕大多數人都再不能活著看到來生新的一天太陽從東方冉冉升起㊼。

死亡的絕對性提升了生命的意義。如果沒有死亡，不僅生命中發生的是「接踵而至的糟糕事情」，就連死後的生活也會如此，那是一個接著一個的「該死的美好事情」。著名的哲學家波柏（Karl Popper）這樣寫道：「我不期望生命永恆，相反地，生命永遠存在，對我來說絕對是一件可怕的事。我認為，那些想像力豐富到足以應付無窮世界的人，是會贊同我的觀點。」他認為：「死亡賦予人生價值，在某種程度上這種價值無限大。而人類肩負著一項緊迫而極有魅力的任務：用我們的生命為他人成就某些事情，成為他人在知識與藝術世界的協作者。這項事業或多或少體現了生命的價值所在。」[58]英國作家波伊斯（John Cowper Powys）是位特立獨行的英國威爾斯作家，他也持有相似的觀點，但他表述的方式有些不同，他更強調快樂是人間最美好的情感，而且對此深信不疑。對於波伊斯來說，華茲華斯的那句話「生命的本身就是快樂」是不變的真理，其前提是我們必須對死亡的存在保持清醒的意識。快樂？「**我可以坦言，人類所有的快樂都是基於對死亡的思考。**」[59]

至於美德，如果沒有死亡的威脅與考驗，它又有什麼意義呢？葛加提（Oliver St. John Gogarty）這樣寫道：

若無恐懼
何來英勇？

汝愛為何，
徒增阻撓⑥⓪？

英勇與愛是兩種積極向上的美德，但是如果人們能夠敏銳地意識到自身所存在的局限性，那麼至少還能塑造出一種值得讚美的消極品質，那就是對世界的壯麗和境況，持一定的冷漠態度。年邁時的馬格里奇（Malcolm Muggeridge）這樣寫道：「現在死亡的陰影籠罩在每一個人的頭上。我像是在海上航行快要接近終點的一個人。在我一上船的時候，我就急迫地尋找帶有舷窗的船艙，為自己是否能夠被邀請坐上船長邀請的首席而擔心，因為接受邀請坐在首席的客人將會被視為最有魅力、也是最重要的人。但是在我即將登岸之時，這些都變得毫無意義⑥①。對於生命的旅途而言，死亡的陰影一直存在，而不只是在接近死亡之時才會出現；任何時候我們都有可能接到離船上岸的通知。接受這個現實可以讓我們用更好的方式來度過在生命這條航船上的時光：觀賞夜晚群星閃耀的星空，結識同行有趣的乘客，拜讀偉大的著作，而不是關心是否能夠得到虛妄的物質享受和政治聲望。

超越死亡：虛無、陰暗與腐敗

神祕主義者也許會說人死後是要墜入萬丈深淵的，那裡黑暗、虛無，而黑暗、虛無正是萬能的上帝。這一論點無法得到證實，而且在結尾之處扯上上帝，讓這聽起來更像是安慰人的鬼話。我們唯一「能夠」確定的是著名思想家巴特（Karl Barth）的主張：「人因消極而被否定。」㊷被否定意味著被徹底地毀滅。虛無，是人類最大的恐懼，人類是否要用其聰明才智將其掩飾起來？一七七八年四月十五日，蘇厄德小姐（miss Seward）與山繆・約翰遜博士之間進行了一場嚴肅的對話。當時約翰遜博士已是六十九歲的高齡。

蘇厄德小姐：「害怕死亡，無疑是荒唐的，這種害怕源於對毀滅的恐懼，而毀滅只不過是一場無夢而甜美的睡眠而已。」

約翰遜：「死亡既不美妙，也不是睡眠；它什麼也不是。只要是存在，比虛無強得多。俗話說：『好死不如賴活著。』」㊸

虛無等待著每一個人。當我接近這個在劫難逃的定數之時，虛無可以償還我們一生所有的奮鬥和付出，而我們奮鬥與付出的目標這時已顯得蒼白而沒有意義。愛爾蘭詩人葉慈（William Butler Yeats）曾這樣表述過，我們為它們做了長期的準備，或接受了長期的教育，而它們最終卻終結於虛無。我認為，這就像約翰．韋斯萊（John Wesley）在給他哥哥查爾斯（Charles Wesley）的一封信（一七七六年）中坦言的那樣：「如果說我有一種恐懼，那並不是害怕墜入地獄，而是害怕墜入無邊的虛無。」64 地獄至少表明我生前所做的事情最終有個了結；生命中的每一個時刻都可能是至關重要的、有意義的；但是如果既沒有天堂、也沒有地獄，如果死後沒有棲息之地能讓我以快樂或悲傷的心情審視我在生前所作所為所帶來的最終結果，那我該怎麼辦？任何事情——比方說坐在船長的首席，或是欣賞繁星閃耀的夜空——或多或少都可能是走向偉大虛無之前的頗有成就的享受？

人類的思想不能真正地面對「虛無」這個命題，因此，即使人們將死後的局面設想得十分消極，他們還是不能將死後的世界想像為虛無，而是將其想像為某種東西——生命的投影。他們將地下的世界想像得越是淒涼，就越是欣賞地上世界無比的幸福。閃族人（Sumerians）就是很好的例證。他們珍視的東西是什麼？「財產與所有物、豐厚的收成、貯存富足的穀物、滿欄的牲畜……在平原上成功地狩獵、在海上安穩地打漁。」⑥⑤總之，他們就是要用豐厚的物質財富來對抗死後的缺乏。古希伯來人（Hebrews）將冥府想像為一處陰暗之所，所以他們更加珍惜今生的恩賜。通常人們願意得到充足的物質享受。對於非哲學家而言，「美好」就是有益於生活、可以觸摸到東西；在大多數社會中，其弦外之音是指「富足」——起初是指自然資源的豐富，之後是指製造品的充足。在特定的文化中會有一些明顯的例外，英雄文化就是這樣一個例子。古希臘的戰士當然欣賞美好的事物，並且為之奮鬥，但是他們更加珍視榮譽，為了榮譽他們可以冒死拚搏。但是，他們同樣認為冥府的境遇是非常淒涼的，為了逃避這種淒涼，即使是他們視做生命的榮譽，也會被他們拋到腦後。瞧瞧，就連這些最勇敢的人也會害怕死後生活的淒涼，並因此而蒙羞！霍默（Winslow Homer）在一幅很有名的畫中將死亡比喻成在巨穴中拍打翅膀並驚聲尖叫的蝙蝠。據說阿基里斯（Achilles）的靈魂寧願在世上做窮人的農奴，也不願做冥府的統治者⑥⑥。即使是農奴也可以曬曬太陽，可以有泉水來解渴，可以吃上一口麵包。如果一個人所擁有的遠遠超過這些，比方說他還有一份收入不錯的工作、一個美滿的家庭、一個可愛的孩子，就像我們大多數人所擁有的一樣，情況又會如何？在這種情況下，一旦發生損失，無疑將會是巨大的。這使得我們很容易理解為什麼小說家喬伊斯．卡里（Joyce Cary）在其健康狀況逐步惡化時，他的精神也同時崩潰了。

他的孫子盧修斯，在他的請求之下，站在臥室敞開的門旁邊，以便能聽清楚鋼琴的伴奏，唱這首〈小伯利恆之歌〉。當他唱完後，喬伊斯已是淚流滿面。是生活的無情，是正在消逝的智慧，最終打敗了他⑰。

緊隨死亡之後的是讓人無法忍受的屍體的腐敗。其實，早在死亡之前，腐敗就已經開始發生了。奧地利精神病學家弗洛依德（Freud）患喉癌時發出的難聞氣味，就連他最忠誠的狗也厭惡得躲開。他本人及他的親人在死亡來臨之前就已經嗅到了死亡的氣味。人類的整個文明化進程都可以被視為一種努力，人類在努力地埋葬死亡這個事實和各種死亡的預兆。人類努力把視覺與嗅覺所能感受到的污濁物清理乾淨，如處理動物及人類的屍體，照顧病人（這並不總是一件讓人高興的任務），清除各種腐爛的氣味。而無論是那些從塞滿腐爛有機質的沼澤中散發出來的瘴氣，還是那些從城市墓地中散發出來的氣味，還是那些污穢的、擁擠不堪的貧民窟中散發出來的氣味，都曾一度被人們認為是死亡的氣息。「清潔與神聖為伴。」約翰・韋斯萊引用這句古老的諺語，因為他認為潔淨、沒有氣味的身體是不朽的標誌。

永生

人們通常認為，古人希望透過身體和精神的復活來逃脫死亡的威脅，從而享受天堂的美好；然而事實卻並非如此。人種學與歷史學的證據都顯示了絕大多數人都生活得很卑賤，他們不斷遭受生活的侮辱、傷害與沉重的打擊，他們生活在可怕的貧窮中，四周的環境污濁不堪，以至於他們並不幻想有朝一日能生活在光輝燦爛的天堂之中⑱。如果一個人要在這樣惡劣的環境能成功地生存下去，那麼他必須有堅強的個體意識，相信自己此生正在從事一項極有價值、極其英勇的偉大事業。在準平等主義社會中，偉大的狩獵者，比如說伊格魯利克（Iglulik）人，他們的理想是死後能生活在月亮之上⑲。這通常是可以理解的，因為狩獵者都是極其英勇的個人主義者；在他們搜尋獵物的過程中，經常要一個人面對危險採取行動，有時他也會與同伴一起合作。而農民更傾向於集體活動，他們的生活方式注定他們很少有單獨活動的可能⑳；或許正是因為這一點，個體的永生並不是他們世界觀的一部分。如果一個人有偉大的英雄功績，那麼，該個體必然會產生永生的希冀。在階級社會中，起初只有上層統治者和上層武士才傲氣十足地祈求死後能夠流芳百世。後來，隨著下層人民生活狀況的不斷改善，他們越來越為他們自己、為自己所從事的職業而感到驕傲，於是他們也就自然而然地幻想死後能夠在另一個世界繼續過著富裕而舒適的生活。當然這也僅僅是他們在精神上的幻想而已。

那麼，死後的極樂所為何物？人類挖空心思也設想不出一幅有實際價值的圖景。前面我已經介紹了一種觀點，這種觀點認為來世是一個陰暗的所在，沒有什麼快樂可言。在像世系社會之類的社會中，人們透過祭祀為來世準備豐盛的祭品，儘管如此，來世仍然是今生的蒼白複製品而已。人們為生活在來世的先人提供食物及其他生活必需品，像他們在世時那樣問候他們，讓他們居住在生前熟悉的建築當中，但是，他們到底過著怎樣的生活？他們到底在享受著些什麼？對此人們依然沒有明確的答案⑪。最初關於死後場景的描述更像是地獄而非天堂。人類對於恐懼的想像要比對於幸福的想像豐富得多。地獄有現實的衝擊，有現實的質地；但是對於天堂我們僅僅知道那裡沒有痛苦與污穢，有的是美麗的田園風光，或是神仙般的極樂，在天堂中，「幸福的人兒倚靠在柔軟的沙發靠椅上，侍者將盛滿清冽的泉水的高腳杯端到他們的面前……他們與雙眸黑亮、害羞而純潔的少女們坐在一起」。文學家們必須努力為這些感官圖像、情愛圖像賦予一定的象徵意義。他們的申明最為強悍有力，他們認為天堂的召喚可以清除人們在身體上的欲望和訴求，而將注意力轉向抽象的審美與智慧，就像但丁在《神曲》中描述的那樣，或是轉向光之舞、色之舞、聲之舞，就像在宏偉的大教堂中那樣，雖然抽象，卻能對感官產生直接的誘惑力[72]。

逃避是對生命過程的潮漲潮落所做出的一種回應。遷徙者決定橫渡大西洋到新大陸開始新的生活。之所以產生這種大規模的活動，是受到了新大陸就像天堂一般美好的說法的吸引，而不是受到家鄉悲慘境地的推動。天堂承諾已經消滅了死亡，然而，沒有死亡並不是最重要的推動因素。思維正常的人不會選擇自殺，即使死後的生活對他們具有不可抗拒的誘惑力。說來奇怪，虛無這種想法真的具有吸引力，甚至能對某些並不十分相信虛無的人也產生吸引力，而這些人在心裡其實只有一個深深的願望，希望來年能夠有一個豐美的收穫。死亡的絕對性會對人們造成一種審美／道德的完美吸引力，這種吸引力是天上掉餡餅之類的模式所不具備的。

古典時期的斯多葛派（Stoics）持有相當嚴肅的生活態度。他們認為必須在人生中保持高尚的精神，才能抵達生命的彼岸。他們雖然非常尊重命運的安排（這也就意味著被動），與此同時，他們也相信自己可以把握命運。他們的方法是時刻保持一種有道德的生活，僅此一項就足以顯示出他們的尊嚴與高尚。只有當他們無法直接面對現實之時，他們才會嘗試用一丁點兒可憐的幻想來逃避現實的無奈。天性堅忍的人或時刻約束自己要堅忍的人，無疑存在於各個時代，當然也包括我們這個時代。但是可以斷言，這種人總是占據社會的一小部分，在我們這個時代更是如此。原因何在？這裡我要提出兩點。首先，即使是忠實的現代世俗論者，他們也極想得到某種形式的永生，因為他們懷有一種迫不及待的願望，想看看他們絕頂聰明的後代究竟在做些什麼。不管人的信仰是什麼，希冀永生都是其精神信仰的一個不可或缺的構成因素，這一點不能完全被抹殺掉。就這一點再進一步探討，這種永生的願望顯示出與以往觀點的重大差異，即現代社會的紅男綠女都對要遵從命運的安排這種觀點非常反感，特別是當直視命運的「被動性」與自己渴望與命運做英勇鬥爭的意願發生激烈碰撞時，這種反感就表現得越發強烈。對於他們而言，即使是在遭遇「意外事故」而不得不接受命運的安排時，他們也仍然認為命運這一觀點已經過時。對於控制這一說法，他們完全認同，而斯多葛派所說的控制，是為了讓身體健美，保持良好的生理狀態，而不是為了滋生欲望。現在，健康問題日益成為人們關心的焦點，因為人們有史以來第一次有理由相信醫學的發展能夠遠遠超出常規，從而使人類獲得更加良好的健康狀態。

人的生命究竟能夠維持多久？是否存在理論上的極限？科學能否使死亡的到來無限期地向後推遲？很少有人認真地思考最後這個問題，它聽上去更像是科幻故事所要研究的主題，而不是科學所要探索的命題。這一問題深深地觸犯了一定的道德／宗教準則，也引發了這方面的一些爭議。基督教對西方的控制力已經大大減弱，但是這種控制並沒有完全消失；渴望生命永存的想法與人們長期以來所持有的觀點有根本上的偏差。長期以來人們一直認為，人的肉體終將回歸塵土，然後才能獲得最後的復活。此外，除去神學上的問題之外，人們心中也存有疑問：人畢竟是生物體，人的力量是有限的，而且也應當有所限制，因此，人們希望有朝一日可以無限期地延長生命這個觀點看上去是對神權的最終侵犯與篡奪，而這將會帶來最可怕的後果。

征服自然，征服死亡

二十世紀，西歐與北美的文化界廣泛地對科學技術領域的成就持有批評的態度，有的人甚至開始杞人憂天。此時的西歐與北美已在科學技術方面十分進步，科技水平遙遙領先世界，那裡人們的生活也是當今世界上最有保障、最富裕的。的確，近幾十年，大西洋西岸拋棄了以往那不可一世的傲慢，轉而進行更積極的環保運動，甚至提出口號——「不要征服自然」。自然的象徵，被人類濫用後，已經變成稀少脆弱的地表覆蓋物，更需要人類的保護。因此，如果我們想要為二十世紀西方世界的狂妄自大和不可一世（西方對文明進程有更強烈的意識）找一個最具代表性的例子，我們就必須將目光東移，看看前蘇聯。直至二十世紀八〇年代，「征服自然」依然是前蘇聯政府的一個強烈號召。

自然，就意味著生生死死，既孕育生命，也在摧毀生命。從歷史角度看，在人類的意識中占據最主要地位的是他們一直認為自然是吝嗇的、是致命的。人類將自然視為一種難以忍受的背景，亦或是一種直接的威脅，無論哪種都不容忽視。**人類歷史中發生的很多事件，其實都是出於逃避自然的壓制、逃避自然威脅而發生的。**使天氣變好，保證充足的水源，讓牲畜與人類的生產豐富，確保充足的糧食供應，這些都是社會生活中的基本事務。過去是，現在還是。在這些領域內一次又一次的進步，構成了人類社會的進步。人類經過一點兒、一點兒的努力逐漸擺脫自然的限制。託科學的福，人類在科技水平上有了突破性的飛躍。樂觀主義者看到大片大片的貧瘠土地，在河水引流與灌溉的作用下變為肥沃良田。遺傳科學的進展造就了人類對生命力量的直接控制。這種絢麗美好的前景——在大西洋西岸正受到人們的質疑——完全符合馬列主義的思想。在前蘇聯解體之前，前蘇聯政府一直擁護這種前景。

在前蘇聯的樂觀主義者面前擺著這樣一個問題，即人類對自然的征服，究竟能夠持續多久？人類苦苦地探尋奮鬥的最終目標，結果卻發現是在為戰勝死亡而奮鬥。人類能否永存？馬列主義思想的擁護者這樣說：人類能夠永存，在人類偉大的成就中，在未來一代的記憶中，人類獲得了永存。這種說法其實歪曲了這一問題的本質。這一問題的關鍵在於個體能否真正得到永生，在於死亡是否應該發生，在於康復的可能性究竟有多大。儘管馬列主義思想的擁護者不願意談及個人永存這個話題，但是他們卻不能完全否定個體永存的可能性，因為如果他們否定個體永存的可能性，就會被扣上一頂反對征服自然的大帽子。共產主義思想中也存在著漏洞，正是因為這個漏洞，前蘇聯的文人們引入了關於希望的基督教思想⑬。在共產主義的烏托邦世界中，沒有貧民窟，沒有貧窮，很有可能也沒有污穢，沒有疾病，沒有擺脫不掉的痛苦。如果人類能夠實現的目標就止於此的話，那人們可能要說，是啊，這項工程真可以算得上是雄心勃勃，而且也不能說完全沒有可能實現。然而，不管你在哪一個目標上止步，其結果都等於承認人類的無能與軟弱，而馬列主義思想是不會承認這一點的，因此人類必須在征服的道路上一直走下去。未來是不是會消滅腐爛、消滅下水道的異味？消滅死亡？詩人的答案是肯定的，這些答案展現出詩人比任何一個政黨都要開闊的視野、寬廣的胸懷。在詩人的烏托邦世界中，有豐厚的收成，公園裡孩子們快樂地玩耍，社會既公平又公正。不只這些，還包括更多的東西；他的烏托邦世界所包含的東西比伊甸園和天堂加起來還要多。在這個世界中，拉撒路走出了墳墓，耶穌從死亡中獲得重生。這些宗教的圖景與世俗的理想化藍圖之間存在著重要的差異，即前者僅僅是設想，僅僅存在於詩人的美麗詩篇中，而藍圖則是人類計畫好並要實施的方案。人類按照這個藍圖去建造漂亮的建築物、花園，去戰勝貧窮與疾病。這些都是透過努力可以實現的。除了上面提到的那些自然對於人類的不利面之外，**自然最險惡的地方在於——腐爛和死亡。我們夢想著逃離我們的生理環境，即我們的動物性，但我們到底能夠逃離得多遠？**

注釋：

①麥克斯法考爾（Larissa MacFarquhar），〈臉面時代：整容手術是否可以將人變成一件藝術品？〉，載於《紐約人》，一九九七年七月二十一日，pp. 68-70。

②注意「人類」一詞本身的意義就相當模糊不清。我們常常忘記「人類」（human）與「腐殖質」（humus）、「謙卑」（humility）等詞的詞根（hum）是一樣的。

③維耶（Edward Moffat Weyer），《愛斯基摩人：其環境和社會習俗》，p. 72。紐黑文：耶魯大學出版社，一九三二年。

④特恩布爾（Colin Turnbull），〈俾格米人的教訓〉，載於《科學美國人》，pp. 1-11，一九六三年一月。杜菲（Kevin Duffy），《叢林中的兒童》，pp. 161-166。紐約：Dodd, Mead & Co.，一九八四年。

⑤特恩布爾（Colin Turnbull），《圍牆之後：穿越中國的旅行》，pp. 182-184。倫敦：海里曼出版社，一九八七年。

⑥關於古羅馬的縱酒狂歡有個冠冕堂皇的解釋，可參見彼特羅紐斯（Petronius），〈與特立馬喬進餐〉，選自《諷刺文集》，pp. 38-84，由埃羅史密斯（William Arrowsmith）翻譯成英文。紐約：門特書局出版社，一九六〇年。

⑦沙瑪（Simon Schman），〈瘋牛和英國人〉，載於《紐約人》，p. 61，一九九六年四月八日。

⑧費得斯 （Nich Fiddes），《肉食：一個自然的標誌》，p. 16。倫敦和紐約：羅德里奇出版社，一九九一年。

⑨民族誌方面的例子可參見以下文獻：道格拉斯（Mary Douglas），〈卡塞河流域的勒勒人〉，該文發表在福德（Daryll Forde）編，《形形色色的非洲人世界》，pp. 1-26，倫敦：牛津大學出版社，一九六三年。紀立生（Gillian Gillison），〈基米人大腦中的自然印象〉，載麥克瑪（Carol MacCormack）和史翠珊（Marilyn Strathern）合編的《自然、文化和種族》，pp. 143-173。哥倫比亞：哥倫比亞出版社，一九八〇年。肖斯達克（M. Shostak），《尼莎：一名恭族婦女的生活與話語》。密德爾塞克斯郡的哈蒙德斯沃斯：企鵝出版社，一九八三年。查農（N. Chagnon），《雅諾馬馬人：暴躁的人類》，pp. 29, 33，倫敦：霍特、萊恩哈特和溫斯頓出版社，一九七七年。

⑩曼耐爾（Stephen Mennell），《飲食禮儀大全：中世紀到當代英法的飲食與風味》，pp. 31-32。牛津：布萊克威爾出版公司，一九八七年。

⑪庫柏（Charles Cooper），《歷史與文獻記載中的英國餐桌》，p. 3。倫敦：Sampson Low, Marston and

Co.,。

⑫張光直（K. C. Chang）主編，《中國文化背景下的飲食：基於民族誌和歷史的透視》，pp. 7-10。紐黑文：耶魯大學出版社，一九七七年。

⑬同上，pp. 37-38。

⑭安德森（E. N. Anderson），《中國飲食》，p. 114。紐黑文：耶魯大學出版社，一九八八年。

⑮孔子，《論語》，引自《四書》，p. 130，理雅各（James Legge）英譯。紐約：Paragon Reprints，一九六六年。

⑯牟復禮（Frederick W. Mote），〈元朝與明朝〉，載張光直主編，《中國文化背景下的飲食》，p. 238。

⑰葛瑞芬（Jasper Griffin），《生與死的信使》，pp. 19-20。牛津：克來爾頓出版社，一九八六年。

⑱塞內特（Richard Sennett），《公眾人物的垮台》，p. 182。哥倫比亞：哥倫比亞大學出版社，一九七五年。

⑲李文森（Joseph R. Levenson），《梁啟超與現代中國思想》，pp. 117-118。柏克萊：加利福尼亞大學出版社，一九七〇年。

⑳古勒維治（Philip Gourevitch），〈來自盧旺達的信件：有計謀的種族屠殺之後〉，載於《紐約人》，pp. 78-94，一九九五年十二月十八日。

㉑瑪奎（Jacuqes J. Maquet），《盧旺達不平等的許諾：關於中非王國政治關係的研究》，pp. 10, 18-19。倫敦：牛津大學出版社，一九六一年。我在以下兩段中也引用了該作品。

㉒李文森（Joseph Levenson）與舒爾曼（Franz Schurmann），《中國：一個解釋性的歷史》，pp. 114-115。柏克萊：加利福尼亞大學出版社，一九七一年中所引的詩歌。

㉓東布羅夫斯基（Daniel A. Dombrowski），《素食主義哲學》，pp. 19-74。阿默斯特：麻省理工大學出版

社，一九八四年。

㉔李貞德（Caroline Walker Bynum），《神聖的盛宴和神聖的齋戒：在中世紀婦女眼中飲食的宗教意義》，pp. 33-47。柏克萊：加利福尼亞大學出版社，一九八七年。

㉕事實上，在東亞一個學者兼藝術家的工作室似乎相當完美，但是這僅僅意味著他掩飾得更為巧妙。

㉖阿蘭・布盧姆（Allan Bloom），《愛情和友誼》，p. 45。紐約：西蒙─舒斯特出版公司，一九九三年。

㉗珍古德（Jane Goodall），《岡貝的黑猩猩：行為模式》，p. 138。劍橋：哈佛大學出版社，一九八六年。

㉘同上，pp. 447-448。

㉙魯易斯（C. S. Lewis），〈假正經和哲學〉，載於胡珀（Walter Hooper）編，《現代關注》，pp. 88-89。聖地牙哥：Harcourt Brace Jovanovich，一九八六年。

㉚引證自特利靈（Lionel Trilling），《真摯與真實性》，p. 5。劍橋：哈佛大學出版社，一九七二年。

㉛高本漢（B. Karlgren），〈古代中國的某種表示豐饒的標誌〉，載於《遠東古代遺物博物館通訊》，pp. 1-21，一九三〇年第二期。

㉜布倫戴爾（Otto J. Brendell），〈希臘／羅馬世界中色情藝術的範圍與氣質〉，載於林保怡（Theodore Bowie）與克里斯坦森（Cornelia V. Christenson）合編的《色情藝術》，p. 12，紐約：基礎圖書出版社，一九七〇年。

㉝戴維斯（David Brion Davis），〈伊斯蘭教的奴隸〉，載於《紐約書評》，p. 36，一九九〇年十月十一日。評論的對象是路易斯的著作《中東地區的種族和奴隸制：一個歷史詢問》（紐約：牛津大學出版社，一九九〇年）。

㉞蒙塔古（Ashley Montagu），《觸摸：人類皮膚的重要性》。紐約：哈珀與羅出版公司，一九七八年。

㉟羅洛・梅（Rollo May），《愛與意志》，p. 75。紐約：諾頓出版社，一九六九年。

㊱萊辛（Doris Lessing），《金色的筆記本》，pp. 479-480。紐約：西蒙—舒斯特出版公司，一九六二年。

㊲利格特（John Liggett），《人類的種族》。紐約：Stein and Day，一九七四年。

㊳斯克魯頓（Roger Scruton），《性慾：性的道德哲學》，pp. 26, 150-151, 154。紐約：自由出版社，一九八六年。

㊴辛格（Irving Singer），《追求愛》，pp. 19-20。巴爾的摩：霍普金斯大學出版社，一九九四年。

㊵阿爾貝隆尼（Francesco Alberoni），《墜入愛河》，pp. 29, 30, 35。紐約：藍登書屋，一九八三年。

㊶賈科維雅克（William Jankowiak）編，《浪漫的激情：是否是一種普遍的經歷？》。紐約：哥倫比亞大學出版社，一九九五年。

㊷盧曼（Niklas Luhamann），《愛做為一種激情：隱私被編撰成法律》，p. 21。劍橋：哈佛大學出版社，一九八六年。

㊸帕斯（Octavio Paz），《雙重的火焰：愛和性慾》，p. 19。紐約：布雷斯公司出版社，一九九五年。

㊹庫瑪拉斯旺米（Ananda K. Coomaraswamy），《印度和錫蘭的藝術和工藝品》，p. 65。紐約：午時出版社，一九六四年。

㊺克拉克（Kenneth Clark），《裸體畫：理想形式的研究》，p. 307。普林斯頓：普林斯頓大學出版社，一九九〇年。

㊻馬丁（Robert Bernard Martin），《霍普金斯：一種極其隱私的生活》，p.114。紐約：普特南，一九九一年。

㊼布朗（Peter Brown），《個體和社會：早期基督教中男人、女人和性的再結合》，pp. 47-48, 53-64。紐約：哥倫比亞大學出版社，一九八八年。

㊽瓦勒（Marina Warner），《她所有的性孤獨：處女馬利亞的傳奇和禮拜》，pp. 54-55。紐約：維塔奇書局

出版社，一九八三年。

⑲貝爾（Anne Olivier Bell）編，《弗吉尼亞・吳爾芙的日記》，p. 117，第三章。紐約：Harcourt Brace Jovanovich，一九八〇年。

⑳伊比鳩魯（Epicurus），〈致美諾書信〉。參見貝利（Cyril Bailey）的譯著《伊比鳩魯：現存的遺跡》。牛津：牛津大學出版社，一九二六年。

㉑查爾丁（Teolhard de Chardin），《神聖的環境：關於內心世界的一篇散文》。紐約：哈潑出版社，一九六〇年。

㉒沃森（Burton Watson），《中國的抒情詩體：二～十二世紀的詞》，pp. 49-50。紐約：哥倫比亞大學出版社，一九七一年。

㉓默多克（Iris Murdoch），《美好的主權國家》，p. 99。紐約：Schocken Books，一九七〇年。

㉔小阿倫德（Alexander Alland Jr.），《文化進程中的適應：醫學人種的方法》，p. 160。紐約：哥倫比亞大學出版社，一九七〇年。

㉕博爾赫斯（Jorge Luis Borges），《同博爾赫斯的二十四次談話（含詩選）：會見（一九八一～一九八三年）》，p. 4，由阿里法諾（Roberto ALifano）選編。馬薩諸塞州的霍薩托尼克：拉斯科出版商，一九八四年。

㉖載於《紐約時報》，一九八四年二月二十四日。

㉗胡克（Sidney Hook），〈實用主義和生活的魔幻之感〉，載於史密斯（John E. Smith）編，《當代美國哲學》，p. 179。倫敦：艾倫—昂溫出版社，一九七〇年。

㉘波普爾（Karl R. Popper）與埃克爾斯（John C. Eccles），《自我及其頭腦》，p. 556。海德堡、倫敦與紐約：施普林格出版集團，一九八一年。

⑲波伊斯（John Cowper Powys），《快樂的藝術》，pp. 46-47, 74。倫敦：連恩（John Lane）、海德（Bodley Head），一九三五年。

⑳葛加提（Oliver St. John Gogarty），〈面對死亡〉，載於《葛加提詩歌集》，p. 191。紐約：Devin-Adair，一九五四年。

㉑馬格里奇（Malcolm Muggeridge），《重新發現耶穌》，p. 106。紐約：雙日出版社，一九六九年。

㉒巴特（Karl Barth），《政府的職責》。引自厄普代克（John Updike），《分類齊全的散文》，p. 282。紐約：諾夫出版社，一九六五年。

㉓鮑斯韋爾（James Boswell），《約翰遜的生活》，p. 394。芝加哥：大英百科全書出版社，一九五二年。

㉔巴迪（W. Jackson Bate），《約翰遜》，pp. 451-452。紐約：Harcourt BraceJovanovish，一九七九年。

㉕克雷默（S. N. Kramer），《閃族人》，p. 263。芝加哥：芝加哥大學出版社，一九六三年。

㉖《奧德賽》，p. 24-25 及其以後。參見鮑勒（C. M. Bowra），《希臘人的經驗》，pp. 50-52。紐約：門特書局，一九五七年。

㉗達文（Dan Davin），〈五扇黑暗的窗戶：喬伊斯．卡里的回憶〉，載於《相遇》，p. 33，一九七五年七月。

㉘詹姆士（E. O. James），《宗教的起源：一個介紹性與科學性的研究》，p. 129。倫敦：哈欽森大學出版社，一九五〇年。

㉙雷斯繆舍（Knud Rasmussen），《伊格魯利克愛斯基摩人的思想文化》，載於《第五次北極遠征報導》，pp. 73-75，一九二一～一九二四年第七卷第一期。哥本哈根：Gyldendalske Boghandel, Nordisk Forlag，一九二九年。

㉚貝瑞（John W. Berry），〈提姆人與愛斯基摩人的知覺技巧〉，載於《哲學國際期刊》，pp. 207-229，一

九六六年第一卷。

⑺這是一個關於死後沉悶社會生活和建築的例子。參見艾亨（Emily M. Ahern）的著作《一個中國鄉村死者的祭典》。史丹福：史丹福大學出版社，一九七三年。

⑿賽耶斯（Dorothy Sayers），〈但丁筆下天堂的特性〉，載於魯易斯（C. S. Lewis）編，《致威廉姆的散文》，pp. 30-31。密歇根，格蘭得拉皮茲：Erdmans，一九六六年。貝克（E. J. Becker），《對中世紀天堂和地獄景象比較研究的一個貢獻》。巴爾的摩：約翰墨菲出版社，一八九九年。邁克丹尼爾（Colleen McDannell）和朗（Bernhard Lang），《天堂：一種歷史》，紐黑文：耶魯大學出版社，一九八八年。

⒀德里克（Irene Masing-Delic），《廢除死亡：俄國二十一世紀文獻中的一個拯救性神話》。史丹福：史丹福大學出版社，一九九二年。

3 人／分離與冷漠

PEOPLE / Disconnectedness and Indifference

《幸福歸來的日子》（*Many Happy Returns of the Day*），畫家為威廉・鮑威爾・福瑞斯（William Powell Frith）。此作品現藏於英國哈羅蓋特市的莫瑟爾藝術畫廊。

我已將注意力轉向文化，**而文化正是逃離自然的產物；逃進「自然」本身，其實也是逃進文化世界當中，這是一個由「鄉村」、「景觀」、「荒野」之類蘊意豐富的詞語所構建出來的文化世界**。前面我已經討論的自然指的並不是外在的客觀環境，而是我們人類自己的身體；透過討論我們應該對於我們人類做為一種文化產物是如何逃避自身的動物性有所了解，而這種動物性也可被視為他性①。現在我再來探討一下除了動物性及人性之外的人類第三個本性，這一本性根植於我們的生理天性之中，但又不僅限於此，這就是每一個人類個體所具有的獨特性。正是由於這種獨特性，使得我們即使置身於熟悉的環境中，也會常常感到孤獨與分離；這種分離的感受雖然很少產生，但卻是造成世界的冷漠和世界的他性的根本原因。

文化實際上也是一種逃避，在討論這一點時，我必須賦予文化一種不斷發展與變化的涵義。我將著重討論人們是如何制定計畫、如何敘述故事，如何執行儀式、如何遷徙以及如何改變的。從這裡可以看出文化就是一系列的活動，同時，文化還是一系列活動所產生的最終結果或產物。活動的產物包羅萬象，有故事、儀式，還有住宅等。它們既能保存下來，又非常穩定；於是乎，這些產物理所當然地轉變成一種環境和常規。從這個意義上講，文化使我們不再關注我們曾努力掩飾或是逃避他性這樣一個事實；它創造出輕鬆、愉快的氛圍，使我們感到「我們是美好的，我們所處的環境也是美好的」。輕鬆是我們感覺良好的基礎，記憶的短路也就是健忘是其先決條件。文化使我們忽視他性給我們造成的威脅，我們透過建造房子躲避惡劣的天氣，從而讓我們不再想到天氣這個他性所具有的危害性。但是，文化在健忘、在給個體帶來安逸方面的最根本的貢獻，是它創造出了「我們」這個詞。「我」或許勢單力薄，而「我們」的力量卻強大無比。古今中外，人們都喜歡使用「我們」而非「我」。直到十六世紀，「我」這個詞才在歐洲國家備受推崇。當今世界，很多人認為自己可以將生活安排得井井有條，甚至可以去改變現實，使現實更符合自己的理想。這些人自豪地使用著「我」。然而，「我」的道德意味仍然值得懷疑。「我」含有自私與攻擊的意味；而相反地，在「我們美國人」、「我們環保主義者」、「我們民族」這樣的表述中，「我們」卻含有十足的正義感②。

獨特性：在你我眼中，玫瑰是否一樣鮮紅？

單個的個體極易受到攻擊，因此我們很容易理解為什麼個體要努力尋求集體的力量。然而，每個人類個體又相當地與眾不同，甚至是世間獨一無二的。獨一無二，難道不是所有人都無比渴望的嗎?答案既是肯定的,也是否定的。獨特性在任何地方都會受到質疑。人們既想擁有獨特性,又不想擁有,就這樣在想與不想之間猶豫、徘徊。隨著文化的不同與個性的不同,這種願望的強烈程度或是達成這種願望所採取的方式也會有所差異。在美國,誰都期望與眾不同。大多數美國人希望透過自己獨特的個性、在集體中無人能比的重要性來獲得他人的認可,並且他們還期望因此而得到相應的回報。而在其他的社會中,尤其是一些傳統社會中,人們並不太想脫穎而出。在這樣的社會中,誰也不想被視為一個自負自大的人,不願意因此而成為眾矢之的(當出人頭地的意願開始在頭腦裡蠢蠢欲動時)或遭來別人的妒忌(當他取得卓越的成就時)。儘管如此,人們還是透過各種方式使自己與眾不同,甚至是獨一無二。這種意願與希望得到他人的尊重是一樣的,這也是人的本性。人類的另一個本性卻是期望自己平凡,即使是最爭強好勝的人,也有希望自己鋒芒內斂、氣沉丹田的時候。表現突出是一種自我炫耀,其結果卻往往令人不堪重負、筋疲力盡。它不僅使一個人暴露於公眾睽睽之下,還會因為其所具有的與眾不同的價值觀而被公眾孤立起來,有些人會因此而感到生活無趣、精神憂鬱③。

造成人類個體獨特性的原因很多。最根本的一個原因來自於人類的生物學特徵。

在大都市中，人與人在體型、體態、膚色上都存在著差異，這種差異有時還會表現得非常顯著。再細心一點兒觀察，就會發現個體之間的體味與指紋也存在著差異。從外觀上看，人與人之間的差異是那麼大；而從人的內在來看，正如生物化學家威廉斯（Roger Williams）所描述的那樣，每個人胃的大小與形狀上的差異，要比鼻子、嘴之間的差異大得多。如果鼻子按照胃的尺寸擴大的話，那麼某些人的鼻子看上去會像黃瓜，而另一些人的鼻子就會像南瓜。人們通常認為長有六個指頭的人是不正常的，可是人類心臟動脈上的支血管數卻從一到六不等。如果一個人的食道窄，他吃藥就會很困難；而食道寬的人可以在不經意間吞下一副假牙。野心勃勃的政治家的胃口通常很大，他們能夠在進餐的同時喋喋不休。

即便是常人，其感官的敏感範圍和敏感程度也存在著很大的差異。人耳只對一定頻率範圍的聲音敏感，而對其他頻率的聲音幾乎毫無察覺。正因為人耳能分辨各種聲音，所以在日常繁雜的生活中就要忍受各種噪音。人可以選擇性地接聽別人的談話，當然也可以欣賞美妙的音樂。人類在視力方面也存在很大的差異。雖說沒人經常測試自己的視力，但是人與人之間視力上的差異還是顯而易見的。這種差異影響到人們的體育活動、駕車、開飛機，或許還會影響到讀書的快慢與舒適④。顯然，顏色辨別是人類視覺上的一個特性，但是對顏色的深淺與飽和度的敏感性卻存在著很大的個體差異。「在你我的眼裡，這朵玫瑰是否一樣的鮮紅？」當親密的戀人手拉著手在花園中漫步的時候，會產生這樣的疑問。但是這個問題不僅僅屬於哲學的範疇，也屬於神經學的範疇，問題在於你是否了解在X染色體上控制視覺的色素基因究竟有幾個⑤。

人類個體之間在生理上最顯著的差別在於大腦的差別。任何一項測試都顯示出人類大腦方面存在著令人無法想像的差異性。正是大腦的差異使得每個人真正的與眾不同、舉世無雙，這是人自豪的根源，同時也是孤獨的根源、煩惱的根源。棋壇奇才或許在幾何方面沒有那麼出色的表現。一個人在數學的某個領域表現得非常出色，並不能保證他在教學的其他領域也能夠有超凡的表現。法國的天才數學家哈達瑪（Jacques Hadamard）承認，他很難掌握李群（Lie group，數學名詞），似乎他將其全部的精力都用在自己的專業領域上，對其他的數學問題無能為力⑥。有人在談到某些話題時口若懸河，而當涉及其他話題時卻啞口無言。比如說一個人在談起詩歌時侃侃而談，而對散文卻知之甚少。有些人在書寫句子的雙重否定時或許不知所措，但他們的聽力與口語表達能力卻非常出色。到底人類的造句能力有多強？這裡，舉一個很極端的例子：有一個家庭，由於遺傳基因方面的問題，這個家庭的成員在遇到複數的情況下，總是結結巴巴，但是如果沒有干擾，他們說說寫寫都與正常人一樣流利⑦。

人類的冷漠

人類生理方面的獨特性會造成相應的後果。即使與那些血型相同、喜好相近的人在一起，人們也會常常發覺自己與他人很不相同——別人已經吃完飯了，自己卻仍在用餐；別人覺得酷熱難耐時，自己卻覺得有點兒冷；別人已經聽明白一句話的真正涵義，自己卻還在那裡百思不得其解。日常生活中這樣的例子不勝枚舉。人們很清楚，當一個人意識到自己的個體差異之時，個人和社會之間就會彼此施加壓力與影響。這方面的教訓很早以前就有了。家庭成員接受教育，學會如何團結起來。儘管從年齡、性別、能力與性格上講，每一個人都生活在一個獨特的世界中，但是人們反覆強調的卻是家庭成員應該團結成為一體，相互依賴。然而，正是在家庭中，孩子們才第一次懂得什麼叫分離。分離這種感覺的產生或許正是前面我討論的人類個體生物學特徵的差異所導致的結果，但是也不能一概而論。事實上，孩子與成年人個頭大小的差異，不僅沒有使他們疏遠，反而會使得他們更加親密。孩子們可以爬上母親的膝頭，依偎在她溫暖的懷中，體會什麼是幸福和滿足。造成他們思想分歧的原因不是生理上的個體差異，而是他們在意願與計畫上所產生的衝突。孩子們知道，就像他們會根據他們的年齡、能力與經驗特徵而制定相應的計畫一樣，母親也會根據自己的年齡、能力與經驗特徵而制定相應的計畫。當小孩自豪地創作好一幅圖畫、興沖沖地拿給母親看時，母親卻因為他打斷了自己的思緒而顯得不耐煩，雖然這種不耐煩轉瞬即逝，但對孩子那敏感的心卻造成了極大的傷害⑧。

有一種人敏感且善於言詞，他們對於實事的評論言詞激烈，從而使人們對社會的現狀感到沮喪，他們不是特別受社會的歡迎，因為社會上普遍認為多一事不如少一事。在文明社會裡，我們在將一些不好的事或讓人難過的事公諸於眾時，往往非常小心翼翼，時刻體察他人脆弱的心理，這種脆弱的心理來自於幼年時代對他人的長期依賴。這種依賴的本性隨著人的逐漸成長而不斷發生變化，但是有些依賴性不能得到徹底的根除，在人與人交往的過程中，時常會給人帶來卑微、沮喪的感覺。這裡，我再舉一些例子。這些例子可以讓我們設想一下，如果我們在日常的生活中沒有實現預期的目標，那麼狀況會如何？沒有活力，一切都是那麼沉悶。例如，嬰兒在飢餓的時候，努力想要吮吸母親的乳頭，而此時此刻母親卻轉過身去並進入了甜美的夢鄉；當孩子意識到自己迷戀的對象不過是在敷衍他時，他們彼此間的距離就會突然拉大⑨；一位職員，無論她做出怎樣的努力，始終被大家所排斥；講述者津津樂道，而聽者卻無動於衷；生活中充斥種類不同程度的背叛，但即使是最小的背叛，也會讓我們的生活黯然失色⑩。人們都很清楚良好與和諧的人際關係，對維持正常的生活至關重要，但同時也了解現實往往是非常殘酷的，並不能總是稱心如意。正如卡繆（Albert Camus）所說的那樣：「他人和我們相處，並不是希望我們處境不好，而是他們對此『根本』就是漠不關心。」⑪俗話說得好，「眼不見，心不煩」，這雖是一句俗話，其中卻蘊藏著深刻的哲理：雖然我們明白死亡隨時會把我們從人世間帶走，不僅僅帶走我們的肉體，還會帶走我們的思想與靈魂，但是我們卻不得不為繼續生存而努力奮鬥。

動物與植物

世界是由人、其他生物以及無機物等組成的。如果人類自己都不能夠了解自己的同類，反而感覺他們不可理喻，那又如何指望人類能夠與植物、動物、岩石或風進行很好的交流與溝通呢？慶幸的是，人們一般很少會思索這樣的問題。人們想當然地認為這個世界是可以被了解的，而且這個世界是會有所反應的。設想一下這樣一個常見的場景：一個人和他的狗。這個人在讀報，而狗在他的腳邊搖著尾巴。這隻狗能否真正了解主人此時此刻在想些什麼，能否了解他過去和將來所居住的環境；而牠的主人能否運用其超凡的想像力去了解狗的嗅覺世界？人和狗之間有沒有可能做到真正的相互理解和相互交流？幾乎沒有這種可能。雖然人與狗真誠地相待，有著良好的夥伴關係，但他們之間存在著巨大的鴻溝。狗是最早被人類馴化的動物，如果說就連人和狗之間都存在著巨大的鴻溝，那麼人類與其他野生動物之間的關係又將如何？比方說人與在黑暗中穿過廚房迅速跑掉的蟑螂之間的關係。人類與植物或無機界之間的關係又將如何呢⑫？

英國外交官尼科爾森（Harold Nicolson）在一九三九年的日記中這樣寫道：「這是本性。有人去世了，而白楊樹依然挺立在那兒，並不關心人類世界所發生的不幸；當我在湖裡洗澡時，我幾乎不敢想像天鵝會對二次世界大戰產生興趣。」⑬這句話表明他是個具有現代詭辯思想的人。二十世紀人類在擺脫幻想的道路上前進了一大步，然而到底前進了多少，仍沒有一個確定的答案。現代科學技術倡導人們以冷靜與抽象的眼光來看待自然，但是即使是科學家和技術人員在離開他們實驗室的嚴肅環境後，仍然會相信山間歡快地流淌著的溪流，還有天上閃爍的繁星，它們也具有某種超自然的智慧，可以對我們人類的所作所為有相應的回應。我就堅信這一點。

從歷史的角度來認真思考，我們會發現歷史總是穩步地朝著擺脫幻想的方向發展，其程度之深，令人不可思議。在十七世紀末和十八世紀初的西方出現了一種新的科學觀點，它將自然狹義地歸納為數字與函數，而浪漫主義則將形體、顏色、溫暖和感覺等重新納入自然的範疇中。解析學認為將自然成分與其自然背景分離開來，就可以更理解自然。即便這已經成為科學研究中普遍應用的方法，但是倡導自然具有整體性和目的性的神佑學說，仍然受到人們的廣泛歡迎⑭。那麼，在當今這個世界科學領域究竟採用什麼樣的分類法呢？植物和動物之分類的分類法已經不再適用。雖然人們一如往常地偏愛採用這種傳統的分類方法，但是由於受到解析學的影響，像「植物」和「動物」這樣的分類法正逐漸淘汰，最後取而代之的是極為抽象和客觀的遺傳學和分子生物學分類法。這時，生態學將會承擔起恢復世界平衡與和諧的重任，因為生態學強調各種生命形式與它們的無機環境共同組成一個穩定的生態系統。從這一點可以看出生態學強調事物之間的聯繫性。生態學的研究方向是尋找事物之間的相互依賴性，而不是分離性。因此，雖然說生態學僅僅是一門技術科學，但它也能給渴望逃避孤獨的現代人一點兒慰藉。

若是從廣義的角度來理解生態學，那它就不僅僅是一門科學，它還是一種頗受大眾歡迎的新信仰——從猶太—基督教這一舊宗教中產生出來的信仰。該信仰中存在兩個突出的信條。一個是「生活網」這樣充滿詩意的信條，而另一個信條則堅信除人類以外的其他生物，幾乎也有與人類一樣的敏感性與意識力⑮。第二個信條有可能使人覺得自己與動、植物在感情上更緊密一些。即使植物不會以人類那富有智慧的方式做出反應，動物也會。生活網不僅指各種生物相互依賴而交織成複雜的聯繫網這樣一個客觀狀態，它更強調一種積極合作，甚至是有意圖的合作。**如果連自然主義者或是愛好自然的人，都認為這個世界是冷漠的，那麼我們人類剩下的就只有應該受到譴責的自負與愚蠢**⑯。

無機界

現在讓我們來看看無機界。現代天文學向人們揭示了一個幾乎沒有生命存在的浩瀚宇宙。即使是在地球這顆行星上，生命也只是在一個很小的範圍內存在。從根本上講，無機界——不僅包括外太空或冷或熱的物質，還包括地球上堅硬的岩石——對人類的計畫、健康以及生命毫不關心。儘管從現代的觀點看，這一論點很合理，但是過去人們一直沒有提起這樣的論點，即使是在當今這個社會人們也很少對此進行討論。過去人們傾向於將天體看做是動物和植物，現在仍然如此。即使是哥白尼（Copernicus）也認為太陽有著觀測宇宙萬物的眼睛，從而指引眾行星有條不紊地運行。當今的伊斯蘭學者也這樣認為。西方社會中，人們更傾向於運用抽象的思維，但這早晚會讓自然失去其原來的屬性。至於非西方的社會，也有很多表現出這樣的傾向。他們在勾畫一張具有概括的宇宙圖景時，就會表現出這樣的傾向。他們在上面標出星球的基本方位、恆星的運行軌道以及四季更替的圖表。這種富有創造力的抽象思維的結果如何？是否鼓勵消除個人的感受，將一切歸於抽象？答案並不是很清楚。因為在這種宇宙圖景中，太陽以及其他恆星並沒有像美索不達米亞諸神和奧林帕斯諸神那樣被擬人化，然而卻對人類儀式和祈禱做出反應。這種抽象的圖表並不是冷冰冰的，無足輕重的，它們不僅與人類重要的生命活動密切相關，還對這些活動產生深刻而長遠的影響。此外，宇宙的一切井然有序地運行著，這也反映了上帝對人類的關心。因此對人類來說，宇宙不僅有慰藉心靈的作用，還促進並增加人類的勇氣與信心。由此可以理解為什麼世界上會如此廣泛地運用這種抽象的概念模式⑰。但是擺在我們眼前的現實又是怎樣的？現實是殘酷的。只要想想惡劣的氣候、氾濫的洪水、嚴重的乾旱、海上猛烈的暴風雨、洶湧的火山噴發、強烈的地震，我們就會不寒而慄，深深地感受到現實的冷酷無情。季節確實會像我們先前預計的那樣有規律地交替運轉，但是在時間或程度上總是與預計的有所偏差。春天的到來或早或晚，夏天時而太乾，時而又太冷，全然不管人類的生存需要。

相對於自然的殘酷來說，冷漠更加可怕。自然的冷漠使人類難以忍受，以至於人類要在全世界的範圍內征服大自然，這種狀態一直持續到現代科學技術的出現。為了對付大自然的變化無常，人類或是用言語來恐嚇，或是舉行祭祀活動來祈禱。但是對於人類的懇求與恐嚇，大自然置若罔聞，依然按照自己的方式運行著。在這樣的情況下，人類該怎麼辦？即使是在科技飛速發展的今天，人類仍然面臨著種種難以掌控的局面。一場偶然降臨的大暴雨，會讓一場正在舉行的足球賽被迫取消，球迷們沮喪、惱怒，憎恨地詛咒著老天爺，認為這是老天爺在故意跟他們作對。自然按照自己的意願我行我素！它不僅造成巨大的破壞，而且有時還故意尋找特定的目標來破壞。一九九六年製作的電影《龍捲風》（*Twister*）不僅把颶風看做是追擊人類的惡棍，而且還將此視為一場追逐著人類的遊戲。即使是國家氣象局也接受了這種擬人化的模式，氣象學家將熱帶風暴叫做卡米爾、雨果、弗蘭或是安德魯，現代人對此已司空見慣，一點兒也不會覺得有什麼好奇怪的。

大自然中充滿著種種未知、突然而猛烈的改變，都會給人類造成殘酷的重創。而自然界偉大的亙古不變，體現在「永恆」的山巒、「永恆」的溪流、「永恆」的森林，以及「永恆」的沙漠，但是它們同樣也會給人類殘酷的教訓。正因為這種偉大的永恆不會被中斷，也不會明顯地侵入人類的生活，所以它給人類帶來的教訓更不易被人察覺，更容易被人們忽視。在西方，大自然的冷漠成功地掩藏在泛神論的信仰中。從十八世紀開始，浪漫主義非常絕妙地掩飾了大自然的冷漠性。**浪漫主義詩人認為人類在哭泣的時候，柳樹也在哭泣；人們在沉思的時候，山脈也在沉思。**然而，詩人也不總是以這種方式來思考問題，也不總是沉溺於評論界所謂的「感情的誤置」中。我們來看看古代西方最偉大的詩人——荷馬。他認識到大自然的冷漠性。他提出了一些響亮的話語——「像葡萄酒一般黑的大海」、「魚肚白的破曉」、「海神的地震」等，正如路易斯所表述的那樣，已經「為海洋、諸神、清晨和山脈定了型」，已經「使我們看起來不是在創作詠物詩歌，而像是在創造這些事物」。荷馬的感動是深刻的，因此閱讀他的作品能深深地感動著我們，這種感動「來自於一種強烈的碰撞，是人類深厚而美好的情感與巨大而冷漠的背景環境之間的碰撞」⑱。

戰勝分離

我已經注意到了分離與冷漠的存在，我要討論如何去戰勝它們，也可以說如何去逃避它們。很難只討論其中一個而不涉及另一個，因為分離意味著某種聯繫，冷漠也暗含著關切。我已經多次提到，文化是人們從一種狀態轉到另一種狀態最常用的方式。但是人們很少意識到文化的「這種」重要特性，因為人們將所有的注意力都放在更加緊迫的直接需求和目的上。比如說，獲得一個豐美的收成是他們最關注的。於是儀式便「發明」出來了，他們透過舉行這些儀式來確保有一個好的收成。這是儀式之所以存在的原因。一種非公眾、非官方的觀點認為，儀式做為一種藝術形式，具有某種神祕的審美力量，它能夠引發和提升人們的審美情趣。至於儀式能夠使社會秩序合法化這個觀點，除了少數批評社會科學的文學作品認可外，社會並不廣泛認可。儀式的功效幾乎將它最重要的功能掩蓋了，那就是儀式戰勝分離的作用，它將人類個體與大自然實體緊緊地聯繫起來，並融合成為一個更大的整體。

讓我再舉一個大家司空見慣的例子，它可以幫助我們強化理解上面這個觀點。

想想郊外的房子。當想到自己的房子時，自豪的女主人很可能只是想到了房屋建築上的某些優點，或是房子所代表的威望，或是它所體現的價值。她理所當然地認為房子最基本的功能就是遮風避雨。而房子潛在的另一項功能，即將個體及其活動一體化，則更易被人們忽視。人類所生產的產品會具有某種潛在的功能，不為人知，除非由於某種特定的原因才會被公諸於眾。出於什麼樣的原因才會將其潛在的功能揭露出來呢？這是一個很有趣的問題，因為將這種功能揭露出來的結果是好是壞，並不能確定。要知道有些時候，知識所帶來的好處並不能完全補償無知所造成的損失。

身體接觸與合唱的幸福感

社會文化活動方式多樣，同樣，逃避自我的方式也不少。一種慣用的方式就是「身體接觸」。這一種最直接的方式，是一種生理上的本能，差不多也是一種社會風俗。在前現代時期，身體的接觸更加頻繁，而在經濟水平不富足的群體中，身體的接觸就更為普遍了⑲。在狩獵群體中，身體上的接觸不僅僅發生在大人和小孩之間，成年人之間也非常頻繁。他們經常挨擠在一起，撫摩對方、親吻對方。尤其是小伙子們，喜歡成群地睡在一起，就像戀人一樣，將自己的胳膊和腿搭在別人的身上。身體上的接觸建立起一種牢固的整體感覺，這種牢固的聯繫甚至超過了親密的血緣關係⑳。音樂學者蘇克康德（Victor Zuckerkandl）說，大家同唱一首歌也可以有類似的效果。在文字產生之前，在上層社會和民間群體中，人們經常聚在一起唱歌，美好和諧的聲音在他們的四周蔓延，讓他們感覺很安心㉑。這裡只有歌者，沒有聽眾——沒有外人來評價誰唱得好或是不好，因而也就不會讓歌者感到難為情。視覺通常會產生距離感，所以在合唱時他們通常會閉上雙眼，這會提升沉浸在美妙歌聲中的幸福感㉒。

如果說歸屬感是人類唯一的目標，那麼沉默不語就可以達成所願。然而，人卻不僅強烈要求同他人進行感情上的交流，而且還希望同非人的動、植物、岩石和風進行感情上的交流。蘇克康德認為，要想進行感情上的交流就必須使用語言。就像是在日常生活中講話一樣，僅僅用語言就可以捕捉到很多訊息，使他們覺得自己是這世界的一分子。但是，由於人們在交流中缺乏足夠的理解，所以造成了所捕捉到的訊息不夠準確。但如果是滿懷深情地唱出這些語句，那人與人之間、人與物之間就能在思想上達成共鳴，人與人之間、人與物之間就架起了一座溝通的橋樑，從此天塹變通途㉓。

群體活動

所有的群體活動都會對個體產生某種程度的壓制，尤其是那些需要協調配合的群體活動。比如說在田地裡勞作的農民、聽從軍樂隊指揮而前進的士兵，或是在儀式中扮演某個特定角色的人。對他者（這裡的他者意味著冷漠而敵對的外在現實世界）的了解可以進一步強化群體的聯合行動，軟化個體之間相互分離、相互隔閡的感覺。對於群體勞作的農民而言，要犁的地和要除的草就是他者；對於士兵而言，他者就是被明確定義的敵人。但是，對於從事一項集體活動或是共享一種生活方式的人們來說，他者總是清楚地或是模糊地擺在人類的面前。或許宇宙儀式是一個例外，大致而言，宇宙儀式包羅萬象，但還是有一樣東西落在此儀式之外，那就是混沌。混沌，就是宇宙儀式要抵抗或要馴服的對象。

戰爭是人類的毒藥。它像其他所有集體活動一樣，也能提供歸屬感，而且比其他方式要有效得多，這也是它能夠一直存在的理由。軍事訓練為逃避個人壓力提供了所有合適的成分。我已經討論到他者所具有的不可調和性，還提到了步伐一致的行軍，在這樣的行軍中個體的個性會被壓抑，這種壓抑會在心裡積聚起來，最終會導致個體的沉淪與毀滅。除此之外，人們還會穿上整齊劃一的制服，不假思索地服從上級的命令，齊聲高喊口號，甚至舉行一些令人蒙羞的儀式。在軍事命令的指揮下，個體感覺到自己是無關緊要的，是脆弱的，當面臨真正的選擇時，個體感到更多的是迷茫，而不是高興，而其最終會在集體自由與集體力量中獲得拯救，而這種集體自由與集體力量最終導致的卻是破壞、是殺戮㉔。其他的心理回報還包括個體認為自己處在正義的一方，因而具有正義的感覺。這種精神態度會產生很多的影響，其中一個影響人們很少提及，那就是它允許士兵保持個體的尊嚴，即便是個體已融合在大集體當中。其他競賽群體成員，比如說體育場上競技的運動員、上街遊行的抗議者之類，也能享受同樣的心理回報。但是，其中存在著一個重要的差別。戰場上的士兵被允許徹底地毀滅敵人，對有敵意的他者——敵軍士兵以及他們的國家——施以最徹底的毀滅，勝利的一方確信他者是絕對邪惡的，因而他們會缺少起碼的人道主義精神；在他們的眼中，所有的建築物看起來都是碎石，所有的人看起來都只是行屍走肉，這一點無庸置疑。最後一點或許也是最險惡的一點，戰爭使得士兵對他人切腹取腸或是引爆他人這樣的暴行合法化㉕。正是個體的內在本質，而不是他的外貌或公開行為，使其與眾不同、獨一無二。這種內在的品質即使連最親密的夥伴，也無法接近、無法掌握。這種內在的本質——全部的情感和思想——在暴力中「展露」無遺。

建築環境與整體性

從本質上來講，文化是一種活動，就像禮節、儀式、戰爭遊戲一樣。文化還是活動（技巧）的最終產物——一種有形的人工製品。雖然我們很容易就會發現人類的某些特定活動可以促進集體成員團結在一起，但是我們卻很難發現人工製品也能有這樣的作用。讓我們來觀察一下建築環境。以一個房間為例，它無時無刻不在影響著人類的行為和團結，而且這種影響非常微妙，因此一旦人們認識到這種影響時，無不感到驚奇㉖。在家中，每個家庭成員都在做著不同的事情，他們居住在不同的房間裡，相對獨立，每個人的世界觀也很不相同，嬰兒在客廳的地面上爬來爬去，十幾歲的少年在學習拉丁文，母親在書桌前算帳，父親在電視機前打瞌睡。但是，他們並沒有感覺到彼此分離；相反地，他們感覺他們畫成了一個緊密聯繫的家庭，他們是一個和諧的整體。我相信，任何一個外人看到此情此景，也會得出相同的結論。屋內的空間充滿了令人愉快的明亮，黑暗被隔絕在房屋的外面，這更加激起他們彼此聯繫的感覺。同樣地，牆上掛著的圖片，一件件組合起來的家具，都證明了他們這個整體的價值與意義，比每個部分相加在一起的總和還要大得多。這種現代的家庭模式裡很少有身體上的接觸。或許是由於建築空間和家具已經足以傳遞溫暖團結的感覺，因此就不再需要肌膚相親了。

再舉一個日常生活中的例子：教室。教室與家不同，在教室中，假定所有的學生都從事同樣的活動，也就是專心聽講。由於他們都在專心聽講，所以他們或許會感覺大家是「一個人」。教授也傾向於將教室裡的學生們視為一體，之所以會產生這種感覺，是因為環境的影響。教室裡所有的椅子幾乎一模一樣，整整齊齊地擺放成列，這就激起了教授的幻想，認為在座的所有學生都是一樣的，學生的體型和體重大致相同，五官長相也差不多，思維和智力水平也相差無幾，更為重要的是他們在以相同的方式吸收著教授的知識。當教授看到他們的考試成績時，將會有怎樣的震驚！

房間之外的情形又將如何？我們會怎樣來評價房屋、住宅區、鄉鎮、城市對人的整體意識所起的作用？我會說影響是肯定存在的，只是這種影響是視覺和意識相互作用的產物，因而更加複雜，影響的層面也更多。一間房子，比如說一個中產階級的家，是由一個個的房間組成的，每一個房間都可設計用做不同的用途，以供不同的活動使用。這樣的房間不但促使生活中各個獨立區域的形成，同時使得每一個區域之間保持一致性，待在一個房間裡的人能夠了解其他房間所發生的活動。房屋本身是一個建築整體，尤其是從外部看的時候，這一點更明顯；房屋在感官上的整體性，巧妙且強烈地提醒同一個屋簷下的居住者，他們不是彼此分離的，他們同屬於一個整體。整個房屋不但是一個安身立命的港灣，還是一種象徵，將內在和外在、「我們」和「他們」分立兩極；在每一極中，房屋又能夠弱化個體之間的差異——導致衝突的異質性。做為更大規模的住宅區和城鎮也有同樣的作用。住宅區建築風格的與眾不同正是其集體特徵的反映。透過日常的觀察，一個住宅區的居民清楚地知道自己在什麼時候、什麼地方曾經越過了「我們」和「他們」之間的界線。一個城鎮即使沒有形成自己獨特的建築風格，仍然能使其從周圍環境中突顯出來。城鎮界線最明顯的標誌就是設在兩地之間的地標。地標豎在那裡供人們察看，人們可以用地標將兩個城鎮加以區分。一個城鎮若是豎立了紀念碑，這種象徵物就會給當地人帶來強烈的思想共鳴；若是在紀念碑周圍舉行有意義的儀式，或是關於紀念碑還有一段美好的故事或悠久的傳說，這種思想上的共鳴就會更加強化㉗。

「儀式」，一詞讓我們更認識到文化是一種姿態、是一種活動；文化並不僅僅指各種建築物或是產品，而是指人類一切活動及其所創造出的所有事物之總和。從餐桌禮儀到農業生產儀式，到戰爭儀式，都是人類的活動。前面我曾討論過這些人類活動。我還想著重談論一下講故事。**「講故事」對人類來說是至關重要的，因為語言是人類文化的核心。如果沒有語言，很難想像人類是如何改造世界、如何掩飾和如何逃避的**㉘。

語言與聯繫

語言在人與人之間建立起聯繫的紐帶。當人們使用同樣的詞彙來討論同一事件時，由於他們所採取的說話方式很相似，他們就會確信自己與他人生活在同一個世界中。我不是植物學家，但是我仍然想知道我觀察的花叫什麼名字，這是為什麼呢？當別人告訴我，我觀賞的是紫羅蘭時，我又能得到什麼更多、更有用的訊息呢？沒有。知道紫羅蘭這個名稱讓我感到很安心，原因不在於我又多認識了一種植物，而是因為我又可以和他人多分享一個植物術語，這會讓我感到我可以與他人多分享一點兒這個世界。如果人們想要保持自己與他人處在同一個世界當中這種感覺，他們就要盡可能使用固定不變的詞彙㉙。在現代社會中，儘管人們喋喋不休、說個不停，但是在每一天的談話中，人們幾乎不肯冒險使用不尋常的詞彙，即使使用，數量最多也不會超過一百個。如果一個集體形成了一種與眾不同的發音和行話之後，該集體中各個成員之間聯繫的紐帶就會強化；語言學家斷言一個緊密聯繫的集體都會有自己獨特的談話方式，從而使其與其他集體區別開來。事實上，當我們探尋集體之間文化的最顯著差別究竟表現在哪個方面時，答案既不是食物、服飾或居住環境，也不是親屬關係之類的東西，而是語言。世界上語言的種類遠遠超過生活方式的種類。兩個部落生活在同一個地理區域，分享許多共同的文化特徵，但是一旦語言不同，口頭交流——人類清除分離的獨特方式——幾乎就無法進行。儘管現在世界上語言數目驟減，**但是在二十世紀中葉人們使用的語言還有三千到五千種，而且語言學家相信在人類早期語言的種類還要多。**寫到這裡，我的思緒不禁馳騁到了那個久遠的古代。當時，每一個個體都有自己特定的說話方式，人們極力保護這種說話方式，避免受到外界的侵擾。能夠與另一個集體進行交流，使人們的經驗得以拓展，使人們足以在危機重重的自然環境中生存下來。但是在過去，或許更迫切的需求是內部的凝聚力——一種基於封閉世界的統一感和歸屬感，這個封閉世界之外是不被了解的他者㉚。

我前面說的是「過去」。現在很多應用範圍小的地方語言正在消亡，最近幾十年間，世界各地出現了一些強勁的運動來復興這些地方語言，伴隨這些活動同時進行的是地區意識與民族意識的復興。在當今差別日益減少的全球化社會中，人們還有保留或是復興自己文化的願望，這種願望轉化為卓有成效的政治活動。現在人們廣泛認定地方主義或愛國主義是一個很好且能夠實現的政治目標。這種政治活動還會產生重要的衍生效益，但是這一衍生效益並沒有被人們認識到，而且還在活動的過程中受到了壓制。這一重要的衍生效益是指那些孤立且不知如何闡釋自己的人可以從廣闊的世界中逃離出去，逃向語言的家園。在那裡，每當說話的時候，他的自我意識都得到認可和鞏固，而他下意識地清楚他在說話時，行使著一種能力，使自己可以自由地進出這個集體。還有一個更大的好處是：儘管語言將人們結合成一個集體，但個體透過發展一種特殊的語言習慣或是語言技巧，總可以在集體當中建立起獨特的個人風格。生活在這樣的世界中會讓人安心，因為無論在什麼時候，只要是這種獨特性——無論如何總不會過分——使個體感到孤立或不舒服，他就可以將獨特性隱藏起來，悄悄地溜回到公眾言論的溫暖懷抱中。

講母語的愛國者或許會說語言一定要得到保護和振興，並不是因為語言為那些想要逃避令人寒心的自我意識的人融入社會提供了可能，而是因為語言是詩，是一種觀察世界和了解世界無法形容的獨特方式。或許真的如此。對於任何瀕臨滅絕的語言種類，人們都應該將其視為受人類思想與情感激發的不可替代的產物而予以有效的反思。此外，我還想提醒大家不要走向過激的浪漫主義。從表面上看，這一群過敏的浪漫主義詩人在講話時抑揚頓挫，富有韻律，不時還會在演說中加入一些令人鼓舞的話語，但這群詩人實際上是靠不住的。人種學的證據以及我們與外國人交流的經驗證明，我們無法像講母語一樣道地地用外語來表達思想與情感。對一個想學好但是尚未入門的外語學習者來說，當她閱讀外國詩歌時，會發現其中有許多表達方式對她來說都是第一次接觸；而事實上對身為講母語的人來說並不是如此，甚至有時候這些表達方式陳舊得令他們生厭。不論何時何地，包括大學社團中那些博學的學者在內，無論他們使用哪種語言，在社交場合下都不會採用詩化的評論性腔調，而是用最淺顯易懂的語句，這雖然會有些世俗，卻很平常。他們會說，「把鹽遞給我」，「孩子們還好嗎？」，或是「某某沒有被評上成為終身教授」等這些人們常說的話，而不會說那些煽情的語句。

語言不僅將人類個體緊密地結合在一起，還將人類個體、人類群體與非人環境緊密地結合在一起。透過「比喻」和「隱喻」這兩種語言中普遍的手法，不費吹灰之力就可以卓有成效地將之結合。人類常用動物或植物來比喻自己：「我是一隻狐狸；你是一頭豬；他是一株多刺的仙人掌；她是一朵荷花。」在清楚了解自己到底是誰的過程中，人類也逐漸意識到自己與其他生物之間的緊密聯繫；這兩個過程不可分割，透過語言相互融合在一起㉛。對無機界的事物而言，由於運用了一些解剖學上的比喻，比方說山麓、海岬、山脊、河口、懸崖面，使它們看起來更加親切，也更具有個性。語言會誘使人們在某種程度上相信高地山谷、風與河流這些事物是有生命的。由於人類與其語言是同時代的，因此在每個時代裡，語言都會讓人產生有效的安心感覺。語言是有生命的，語言能將人類聯繫在一起，這是語言最原始、最有力量的兩種效應。從人類發展的歷史來看，人類所面臨的問題並不是生命是如何從沒有生命的宇宙中產生出來的，而是如同德國哲學家尤納斯（Hans Jonas）所言，人是如何從一個溫暖的、活潑的生命變成一具冷冰冰的屍體。平常的語言無法不偏不倚地去談論死去的事物。死是基於生命這一先決概念之上又一個複雜的命題㉜。

我們認為我們正在喪失比喻的表達技巧。以散文為例，權威人士認為散文正變得越來越沒有個性。沒有個性的散文與樸素的散文之間存在著重要的差別。倫敦皇家協會在其理論全盛期就認識到這一點，他們甚至用最少量的比喻修飾，就能寫出樸素而有邏輯性的散文來，這麼高的造詣實屬罕見。無論在哪個年代，大多數人都做不到這一點。除了八股文統治的年代外，正如古代的人們一樣，我們這些現代人也都是「詩人」。我們在演講中使用我們自己所做的詩歌，只不過那並不是什麼好詩；儘管我們不能使用新穎的比喻，但是在我們的日常談話中，還是充滿了各種明喻、暗喻以及文字遊戲。「你是豬」、「嗨，寶貝」、「狂暴的天空」、「牛市」，諸如此類的比喻現在已經不再新穎、不再別致。但是只要運用這類的表達，就能使自己和自然之間保持親密的聯繫。自然是冷漠的，這是事實，但通常我們並不這樣認為，在人們的心目中，只有在一些可怕的情況下，自然才會變得冷漠。

語言與孤獨

在大部分的人類歷史中，語言可加強集體凝聚力。無數的神話和傳說都假定事物之間存在著親密的聯繫——在彼此之間達成感情和語言上的某種相互理解。然而，語言不僅僅是社會的黏合劑，也是批判性反思的一種工具。以特定的方式說話，能讓人洞察自身的社會特性，對其將團隊拔高到自然法則高度的傾向提出質疑，對其掩飾世界分離與冷漠狀態的能力提出質疑。有一種尖銳批判或科學的說話方式，並沒有使用什麼語言上的修辭技巧，卻不費吹灰之力地將非人世界與人類世界聯繫在一起。由於科學的講話方式講究的是求真，所以將人類聯繫的欲望擱在一邊。具有諷刺意味的是，正是這樣一種科學語言，比方說化學語言，在其使用者之間建立了特有的聯繫。化學家在自己與研究的自然對象之間設定了或許有些令人生畏的距離，但是化學家之間卻能保持著非同尋常的緊密聯繫，依賴這種緊密的聯繫，化學家共同研究工作，化學家之間這種緊密的聯繫，有效地填補了其與自然之間那種令人生畏的距離。化學家們透過這種只有他們自己才能理解的說話方式，忘記了他們多面、甚至衝突的個性。他們扮演著專家那種更為簡單的角色。他們雖然在所持觀點上有些差異，但卻能保持彼此欣賞的溫暖氛圍。在這樣一個獨特的群體中，大家的生活極其愜意，只有在其他現實因素無禮地闖入時，這種愜意才會被破壞。

在一個精心設計的房間內，手扶椅、沙發型長椅、落地燈以及櫥櫃，它們看上去似乎在彼此進行著「對話」，有時一個紳士就會對是否從其中穿過猶豫不決，因為他怕打擾它們之間的談話。當人們站在一塊兒談話的時候，也會因為靈魂與靈魂之間的激烈碰撞而彼此惺惺相惜，在他們之間創造出一份和諧，此時此刻他們是否也不應該受到一丁點兒的打擾呢？我說是，然而，持否定意見的人居多。事實上，在社交場合，甚至在絕大多數的場合中，人們很少真正用心去交談或是用心去傾聽別人的訴說；他們陳述的是自我，每一個個體引用別人的話僅僅是為了做為自己演講的開場白。人們通常會說：「好吧，在過去，當朋友和家人圍坐在溫暖的壁爐旁時，他們會打開心扉，真誠的交流。而在當今這個浮躁的年代，我們把大部分時間花費在看無聊的電視劇，我們現代人已經遠離了談話這門藝術。」托爾斯泰（Tolstoy）或許不會同意這種說法。談話所創造出的幸福的黃金時刻——當然，做其他一些事情也會創造這樣幸福的黃金時刻——是生命中的奇蹟。「我不了解在過去的歲月中，人們是怎樣生活的，」他在文學事業的早期這樣寫道，「但是談話絕對沒有……談話失敗並不是因為缺乏智慧，而是因為自負。每一個人都希望談論自己或是自己感興趣的話題。」㉝這又讓我想起了法國作家紀德（Andre Gide）。他相信人們對他要說的並不一定真正感興趣，因此紀德有一種想趕緊結束談話的傾向，這一點甚至表現在他的著作中。對此，他用一個事例來說明：他在向大家講述故事的時候，卻被一個電話打斷，當他打完電話回來後，卻從來沒有一個人問他：「接下來的故事如何？」㉞

或許問題的關鍵真的是由於人類的自負。雖然自負絕不僅僅是某些人的道德缺陷。從某種角度來說，它具有一種普遍性，一部分原因取決於人類生理、思想與經驗的獨特性。在任何一個人類集體當中，都存在著相當嚴重的冷漠；儘管這種冷漠可以被令人眩目的文化外衣巧妙地加以掩飾，但還是會導致周期性的衝突，因而令人沮喪、失望。個體本身總是在一些大大小小的方面一再受到阻礙，他們對自己的生存保持高度的敏感性。他們感傷地問自己，儘管時常是自言自語：「為什麼沒有人注意我？為什麼沒有人尊重我？」

此外，人類還擁有各種各樣的計畫，這是使自負得以膨脹的肥沃土壤。這裡提到的計畫不僅指雄心勃勃的個體所追求的宏偉計畫，還包括日常生活中無數有目的的小計畫。想想紀德那雖然悲哀卻是明智的體會——沒有人真正願意聽自己說話。傾聽需要無私的奉獻。為了照顧到別人，我必須放棄自己的想法、自己的計畫。但是這一點說起來容易，做起來卻很難。在西蒙．馬爾蒂尼（Simone Martini）的祭壇裝飾畫《聖母領報》（*The Annunciation*）中，上帝的天使在說話，馬利亞卻一邊傾聽，一邊繼續看她手中的書。天使的使命無疑是重大的，但這似乎與她無關；她的傾聽帶有一絲勉強，因為她正在專注於別的事情。在契訶夫（Anton Chekhov）的劇本《三姐妹》（*The Three Sisters*）中，主人翁內心無比的苦悶，他們對侍者或者天氣橫加指責，做出痛苦的吶喊。現代文學著作中流行一個普遍的主題，那就是在熟悉的環境中不被大家理解或遭到大家的誤解——在家庭中或是在朋友中。比如說，一個快樂的人遇到一個苦悶的人；說出的話不被他人所理解；雖然發出了不幸的信號，卻遭到了冷漠對待。人類並沒有加大自以為是的程度，只是更加意識到自己的自負，意識到自己不願用心去看或用心去聽，而這種意識要部分歸功於諸如契訶夫、托爾斯泰這些不計其數的偉大作家及其作品㉟。

如果說用少量固定的詞彙和常用的陳腔濫調，就可以促進人與人之間的相互理解和團結，那麼語言／智力上的成熟與老練就會產生相反的效果。人們在表達自己的見解時，知道得越多，感覺越敏感，聽眾就越少，個體就會越發感到孤獨。不但泛泛之交之間會出現這種情況，親密的同事之間和朝夕相處的合作者之間也是如此。讓我用下面這個例子來展示這種情況是如何在學術生活中發生的。研究生雖然生活在設施簡陋的宿舍裡，但卻共享著一幢智慧之屋——馬克思（Karl Marx）、葛蘭西（Antonio Gramsci）、博柯（Michel Foucault）以及其他天才思想家都曾經住過的智慧之屋㊱。學生們在走廊碰面時會在體內流動著一股暖洋洋的歸屬感。他們用共同的語言對話，口令是「主要構成」、「霸權」、「權力的威脅」等。這種語言使他們之間牢牢地建立起一種同志關係。時光飛快地流逝，在學生們的智力成熟之時，他們就會離開宿舍的共享生活，搬到周邊的出租公寓裡。這些公寓彼此鄰近，朋友之間仍然可以自由拜訪。互訪之時，全部的生活空間充滿了歡歌笑語，他們不僅回憶歡樂的少年時光，還經常討論他們曾全心全意擁護的思想與學說。最後，這些學生自己也成為教授。他們開始謹慎地構建自己的智慧之屋，並不斷為它添磚加瓦，因為每一個智慧之屋都是個人學術成就的見證，是個人極大滿足感的源泉。若是某個學者在專業領域內不再有所建樹，事業開始走下坡路，又有誰會去造訪他？如果真有一個同事或是朋友來拜訪，為什麼他不能老實地待在一個房間內與主人深入地探討問題，而是四處亂看呢？

社會學家聲稱，廉價的公寓這個公共空間，雖然狹窄，卻是暖意融融。人們在這裡晾曬衣物，坐在一起盡情地聯歡。相反地，在郊區，由於房子孤零零地立在那裡，因而顯得冰冷且不友好。我想要說的是：當人進入一個更寬廣的精神世界，情況也是如此。兩種形式的遷居——社會經濟生活的遷居和精神生活的遷居——都顯示很成功，但是對於遷居者而言，這兩種遷居都會造成損失，即遷居者的孤獨感會劇增。

納瓦霍族父親的細繩遊戲

儘管文化掩飾通常是有效的，但是幾乎在每一個社會都會有一些擅長沉思的個體時，不時地去揭開這些文化掩飾。於是乎，那些曾被掩飾的分離和冷漠所造成的矛盾，諸如現實的混亂這一類的東西，就會浮出水面。思想是一把雙刃劍，如果說思想作為建設性的智力可以創造出很好的文化掩飾，那麼當它做為批判性的智力時，它又會徹底地破壞這些文化掩飾。我相信很多人都會極力維護這些文化掩飾，即便我們懷疑這種掩飾不過如此，我們還是會極力維護。下面是取自民族誌文獻的說明，雖有一定的啟迪，卻並非很奇特。一個納瓦霍族（Navajo）的父親在教自己的孩子如何玩細繩遊戲時，透過細繩遊戲將人類生活與星座聯繫起來，以此做為講述山狼故事的開場白。遊戲和傳說本身或許是用來娛樂的，但它們還具有更深一層的用意。我父親解釋說：「我們必須擁有多種思考方式，去維持事物的穩定、健康和美麗。我們努力活得長久一些，但是還是會有很多事情發生在我們的身上。因此我們必須用這些遊戲使思維正常運轉，用這些故事使生活正常運轉。我們必須把生活與星星以及太陽聯繫起來，和動物以及所有的自然聯繫起來，否則我們就會變得瘋狂或是不舒服。」㊲

這位納瓦霍族父親贊成要進行積極的思考，因為積極的思考有暫時抵擋無序的力量。然而許多社會還認為，如果大腦的思考沒有產生什麼直接而實際的結果，那就會造成不愉快，而思考本身其實正是不愉快的有力證據。快樂的人沒有理由去思考；他們是在生活而不是在質疑生活。對於因紐特人（Inuits）而言，思考意味著發瘋，或者意味著擁有力量去持有獨立的見解。這兩種思考都有害於社會，都是令人悲痛的。人們無意中聽到一位因紐特婦女用義正詞嚴的語調說：「我絕不思考。」而另一位婦女正在抱怨讓她產生思考的第三位婦女，因為這會縮短她的壽命㊳。即使在現代的美國，思考也受到人們的質疑。思考是懶惰而好奇的人，或是對社會不滿的人所做的事；思考會破壞已經建立的價值觀，削弱人與人之間的凝聚力，促進個人主義思潮的抬頭與氾濫。所有的這些譴責都多多少少地反映出現實的狀況。美國現實主義文學大師厄普代克（Updike）在他的一部小說中寫到，一位工人階級的父親正在考慮是否讓兒子讀書的事情。讀書這件事讓他覺得自己和兒子的關係被切斷了。「父親不知為何一看到兒子讀書就坐立不安，就好像兒子要做出什麼圖謀不軌的事情。別人勸我應該鼓勵讀書，但他們從不說為什麼要這樣做。」㊴

我選擇用「孤獨」、「冷漠」這類字眼來描述基本的人類感受與經驗。別的人會選擇其他的字眼和概念，其中最常用的就是「混沌」一詞，這個詞援引了分離、孤獨、冷漠的終極意義。即使在那位納瓦霍族父親用細繩遊戲向他的兒子展示人類的命運是如何被拴在星座上時，他還是能感覺到混沌的侵襲，並且對此非常恐懼，就像伊格魯利克愛斯基摩人（Iglulik Eskimo）阿瓦（Aua）一樣。當丹麥探險家克努德．拉斯默森（Knud Rasmussen）試圖讓阿瓦清晰地闡述其哲學體系時，阿瓦回答說辦不到，不僅如此，阿瓦還認為這樣做簡直是膽大妄為，就像是讓他們去建造一處精美的露營地一樣，既放肆又無用。無論人們說什麼，無論人們願意相信什麼，在經歷自然所帶給他們的震驚與痛苦之後，他們都會明白自然是冷漠的、是混亂無序的。阿瓦在筆記中這樣寫道：「為了更好地狩獵、生活，人們需要溫和的氣候。可是為什麼溫和的氣候只有在暴風雪之後才能來臨？人為什麼會生病，為什麼要遭受痛苦？」個人的不幸看起來和行為的好壞沒有直接的關係。「我的一位大姐，就人們所知她沒有做過什麼壞事。她活了很久，而且生了一個健康的孩子。但是，在生命快要結束的時候，她卻必須忍受巨大的痛苦。為什麼？為什麼？」「你看，」阿瓦對拉斯默森說，「當我問你生活為什麼是現在這個樣子，你也不能給出一個明確的回答。這樣看來，生活就必須是這個樣子。」在充滿不確定性的世界中，伊格魯利克人在他們從前輩那裡繼承的規則中找到了安慰。再引一句阿瓦說的話：「我們不知道這些規則是如何制定的，我們也說不出其中的緣由，但是我們遵守它們，並過著無憂無慮的生活。」這話與那位納瓦霍族父親的觀點非常相似㊵。

我們可以這樣來定義反思的個體，他們懷疑他們所洞悉並竭力想維持的秩序和意義，只不過是人類孤注一擲的手段罷了。阿瓦就是其中一員。另外一個代表人物也是伊格魯利克人，他叫歐庫塔古（Oqutagu）。他立志長大後要成為一名巫師，但在訓練的過程中，他卻改變了自己原先的想法。他對自己的親戚說自己還不夠好，但同時他又向友好的局外人克努德・拉斯默森解釋道，他不當巫師的真正原因在於，他開始懷疑師傅對自然徵兆的解讀以及師傅關於和有用的靈魂建立聯繫的主張。他認為這種主張雖然說得很好聽，卻是謊言和欺詐，以使膽小的人安心㊶。人類學者莫妮卡・威爾遜（Monica Wilson）曾問非洲村莊的婦女為什麼要在儀式中設置特定的裝備，是不是她們能透過它們對外界世界施加真正的影響力?她們的答案是相同的：她們舉辦這種儀式是為了在人的內心達到某種效果——「阻止人們發瘋」，而不是為了達到外在的效果㊷。這又讓我想起奧登（W. H. Auden）的憂鬱詩歌〈死亡的回聲〉（Death's Echo）。他在詩中這樣寫到，仿照古希臘的說法，沒有出生或許最好，但一般都是次佳的狀態，也是正常的狀態，就是採用「舞蹈的方式」。為了使生活保持理性，防止發瘋，我們已經擁有一種現成的逃避手段，即一旦條件允許，我們就跳舞㊸。

艾瑞絲・默多克這樣寫道：「未熨平的手帕可能會讓人發瘋。」㊹社會必須維持一定的秩序。傑出的人類學家李維—史陀（Claude Lévi-Strauss）動情地宣稱，在世界令人迷惑的複雜性面前，人類是蒼白無力的。他一直因為化約主義以及認為結構分析論有能力闡釋人類的經驗和社會現實而遭到人們的譴責。李維─史陀「雷霆大怒」地否認這一點，他說：「我是絕不可能這樣認為的；相反地，對我而言，社會生活以及周圍的經驗現實大多是雜亂無章地展現出來。」李維─史陀形像地指出，無序主宰著我們社會生活中「龐雜的經驗事實」。正因為如此，他只是研究「這個龐雜的組織中零星的部分」而已；此外，這些零星的部分不是「人們要做的事情，而是人們相信是說過必須要做到的事情㊺」。

人們試圖使物質世界和精神世界維持有序的狀態，但是如果說必須在這兩者之間做出選擇的話，無庸置疑，人們肯定會認為精神世界的秩序更加重要，更需要繼續加以維持。當實際的房屋倒塌之後，人們還可以在臨時遮蔽處繼續生存；無論如何，只要能重新獲得資源，人們就可以重建房屋。但是信仰大廈和道德大廈就不會如此。道德的腐蝕、墮落、敗壞，要比建築物的毀壞嚴重得多；而且，信仰大廈與道德大廈一旦坍塌就難以重建。像阿瓦、歐庫塔古以及那位納瓦霍族父親這些沉思的個體對萬物之本都提出了根本的質疑，這直接威脅到信仰大廈的穩固。我們可以理解，所有的社會都試圖讓這樣的沉思個體保持沉默。唯一的例外可能就是當今的西方社會。在當今的西方社會，對基本信仰與風俗提出嚴厲的質疑不再是奇怪的偶然事件。這種質疑一般由勇敢而有天賦的個體在特定的環境中發起，比方說他在接受局外人的採訪時，而這個局外人恰好與他在思想上有所共鳴，他就很容易暢所欲言，從而將他的質疑披露出來。但是相當普遍的情況是，這種質疑源於寬鬆的思想氛圍，而且得到社會的承認，至少從表面上看來是這樣的。

連續長時間進行思想上的深刻分析及激烈論斷，會導致玩世不恭或絕望。在西方這一點還沒有發展到顯著的程度，其中一個原因，也是一個很具有諷刺意味的原因，就是嚴厲的質疑腐蝕了傳統的文化掩飾物，但同時又促使西方人創建出另一種全新的文化掩飾物——讓人眼花繚亂、目不暇給的光怪陸離的科技世界，它所具有的強大力量使人有所遮護、有所娛樂，又有所不安。此外，在過去的兩個世紀裡，批判性的反思方式無疑已經對人類思想產生了深刻的影響，人類用這種思考方式來探尋世界的真相以及人類關係的本質，對人與人之間、人與動、植物、岩石、沉寂的廣漠宇宙之間關係的真正本質提出質疑。有時候，西方人會因為思想的過分激烈而受到攻擊，而動搖根本的質疑是不是造成他們思想激烈的另一個原因，這或許還是一個最深層次的原因？除了有明顯缺陷的帝國主義、種族主義、物種主義之外，西方社會還認可另一種思維模式，這種思維模式會對文化掩飾物與逃避路徑造成獨特的破壞作用，不僅對其他民族具有破壞性，對本民族也不例外。

風景畫與人類的分離

將文化視為一種掩飾的同時，也就賦予了文化消極的內涵。但是，這種觀點極其片面且曲解了文化的內涵。文化不光有掩飾的作用，也有暴露的作用；講話除了使事態模糊之外，也能使事態得到澄清。此外，文化還為這個世界創建了一批新的事物——有用的人造物和美觀而真實的藝術品。文化偶爾也會創造出一些代表人類傑出成就、備受人類推崇的物品，人類本身十分推崇這些物品，不光是因為這些物品使人們得以生存下去，將人類不願看到的掩飾起來，還在於這些物品甚至於像科學規律一樣，能夠準確地描繪出非人現實的一面。一件藝術品不但讓人們得到感官上的愉悅，還會傳授給人們觀察世界與思考世界的新方法和新角度，比如說風景畫。當然，其他類型的藝術品或許也會顯示同樣的功效。如果說在這一點上我以風景畫為例，而沒有選取肖像畫、木刻、雕塑等為例，那是因為風景畫恰巧可以支持本章的重要論點。本章的重要論點是：雖然整個世界看上去是緊密地聯繫在一起的，但是在這個世界上，人類仍然處於彼此分離的狀態。

繁榮的社會背景是創作風景畫的一個必不可少的條件。這個社會可以最大程度地控制大自然㊻。風景畫在中國繁榮昌盛的唐朝，發展成為一種獨特的繪畫類型，並在宋朝達到了輝煌的頂峰。唐、宋時期，藝術、科技以及區際間貿易等方面都有長足的發展。在歐洲古代的希臘、羅馬時期出現了風景畫，而在黑暗的中世紀時期卻消失了，大約在一四〇〇年前後的文藝復興時期，它又再度出現㊼。但是，人們是否從一開始就認為在高處觀看山峰、山谷、森林、草原是一件賞心悅目的事？顯然不是如此。對全景欣賞似乎是後天習來的審美品味，這是一種很難得的藝術品味。渴望從藝術品味中捕捉到風景的美好更為難得。渴望準確描繪出他們雙眼所看到的景象（這與思想中了解的景象存在顯著的差異）最為難得。只有歐洲人一直渴望能做到這一點，他們如此渴望，以至於他們花費了大約四個世紀的時間去改善這門藝術，不僅如此，歐洲人還將這門藝術視為一門嚴謹的科學。要深刻地理解和把握透視、明暗下的色彩變化、山脈的形狀與結構以及距離遠近所產生的影響，只有這樣才能夠準確地描繪出他們所關注的現實世界，他們忠實於自己的視覺感受㊽。

一幅美好的風景畫最關注的是和諧的整體布局。風景畫要顯示出不同物體在大小比例上要相互協調，但是對於那些生活在那裡卻專注於直接需求的人來說，他只會留意整體中的一小部分。風景畫顯示出距離上的優勢，只有處於一定的距離才能觀察到整體結構，才能在個體與現實之間，建立起一種冷靜而富有情感的特定關係。但是，從遠處看，生命與環境之間的和諧本身與觀賞者所看到的和諧並不是一回事。在他或她看來，或許這個世界不連續，彼此孤立，甚至冷漠。當然，這樣的觀賞者為數並不多，那些成群結隊去觀看名勝古蹟的旅遊者絕不會這樣來看待世界。但是，還是會有一些富有洞察力的人是這樣看待世界的，其中一些是古典大師們。奧登為古典大師們的風景傑作撰寫了一篇著名的頌詞，在這篇頌詞中，他這樣來說明這幅風景傑作是如何表現的：其中的主題是一群成年人恭敬地等待著基督的降生；然而他又特別注明，就在同一時刻，一群孩子卻在樹林邊已結冰的池塘上滑冰，他們好像並不是特別期盼基督的降生。勃魯蓋爾（**Pieter Brueghel**）在油畫《伊卡洛斯》（***Icarus***）中描繪了一個性急的青年從天空墜落的故事，在提到這幅畫時，詩人要我們記住：

如何回首那一切
完全輕鬆地告別那場災難；那個耕田的人或許
已聽見落水聲和絕望的呼喊，
但對於他這不是一個重要的失敗㊾。

注釋：

①斯皮克爾（Stuart F. Spicker）編，《個體哲學》，芝加哥：Quadrangle Books，一九七〇年；馬丁．布伯，《我與你》，紐約：Scribner's，一九五八年；范德比爾（Paul Vanderbilt），《景觀和他者之間》，巴爾的摩：霍普金斯大學出版社，一九九三年。

②李（Dorothy Lee），〈文圖人思想中的語言反映〉和〈印第安文圖人中的自我概念〉，載於《自由和文化》，pp. 121-130, 130-140。新澤西州的英格爾伍德克里夫：Prentice-Hall，一九五九年。梅貽寶（P. Mei），〈中國社會思維中的個體〉，載於摩爾（Charles A. Moore）編，《東西方的個體地位》，pp. 333-348。火奴魯魯：海灣大學出版社，一九六八年。斯涅耳（Bruno Snell），《思維的發現：歐洲思想的希臘根源》，p. 60。劍橋：哈佛大學出版社，一九五三年。段義孚（Y.-Fu Tuan），《撕裂的世界與自我：群體生活和個體意識》，pp. 82, 139-167。明尼阿波利斯：明尼蘇達州大學出版社，一九八二年。

③這一章引用了我以前的論文〈孤立的自我：冷漠世界中的人類分離〉，載於《地理評論》，pp. 229-239，一九九五年第八十五卷第二期。我感謝美國地理協會允許我引用此文。

④威廉斯（Roger Williams），《你是獨一無二的》，紐約：藍登書屋，一九六七年；〈滋養的個性〉，載於《人類自然》，pp. 46-53，一九七八年六月。

⑤M．志內（M. Neitz）與J．志內（J. Neitz），〈控制正常紅綠色視覺的色素基因的數量和比率〉，載於《科學》，pp. 1013-1018，一九九五年二月十七日第二百六十七卷。

⑥哈達瑪（Jacques Hadamard），《數學領域中的發明哲學》，p. 115。普林斯頓：普林斯頓大學出版社，一九四九年。

⑦加札尼加（M. S. Gazzzaniga），《自然的思維：思維的生物起源、情感、性、語言和智力》。紐約：基礎

圖書出版社，一九九二年。

⑧厄普代克（John Updike），《自我意識》，p. 105。紐約：諾夫出版社，一九八九年。

⑨鮑恩（Elizabeth Bowen），〈常青藤羈絆了雙腳〉，載於《故事集》，pp. 707-708。倫敦：Jonathan Cape，一九八〇年。

⑩亨利（Jules Henry），《通向瘋狂的道路》，p. 88。紐約：藍登書屋，一九七一年。

⑪卡繆（Albert Camus），《工作筆記（一九四二～一九五一年）》，p. 37。倫敦：哈米什·漢密爾頓，一九六六年。

⑫世界是冷漠的。這一觀點最初由科拉柯夫斯基（L. Kolakowski）在其著作《傳奇的展現》（芝加哥：芝加哥大學出版社，一九八九年）中提出。

⑬尼科爾森（Harold Nicolson），《戰爭歲月：一九三九—一九四五年》，p. 30。紐約：雅典娜神廟出版社，一九六七年。

⑭哥拉肯（Clarence J. Glacken），《海岸的痕跡：從古代到十八世紀末西方視野中的自然和文化》，pp. 375-428。柏克萊：加利福尼亞大學出版社，一九六七年。

⑮這方面有很多的實例，其實一個就是維基·赫恩（Vicki Hearne）關於馬匹感知力和智力的相關報導。參見維基·赫恩，《亞當的任務：呼喚動物的名字》，紐約：諾夫出版社，一九八六年。

⑯納什（Roderike Nash），《自然的合理性：環境倫理學的歷史》。麥迪遜：威斯康辛大學出版社，一九八九年。埃弗頓（Neil Evernden），《自然的社會創造》。巴爾的摩：霍普金斯大學出版社，一九九二年。

⑰諾沃特尼（Karl A. Nowotny），〈宇宙觀簡史文集：象徵與世界趨勢〉，載於《維也納文化史與語言文集》，一九六九年第十七卷。維也納：Rerdinand Berger & Sohne，一九七〇年。要了解關於世界結局的正、相反的兩個案例的研究情況，參見奧堤茲（Alfonso Ortiz）的著作《新視野》（阿爾伯克基：新墨西

哥大學出版社，一九七二年）以及韓德森（John B. Henderson）的著作《中國宇宙觀的發展和衰敗》（紐約：哥倫比亞大學出版社，一九八四年）。

⑱魯易斯（C. S. Lewis），《失樂園的序言》，pp. 22-31。倫敦：牛津大學出版社，一九六〇年。在這裡，我情不自禁地要講述另一個關於冷漠的故事，這個故事在我的腦海中久久盤旋，揮之不去。這個故事就發生在當代，故事梗概如下：四個朋友乘遊艇到地中海旅行。那天風和日麗，海面平滑如鏡。遊艇停在海面上。午飯前，幾個朋友決定在海裡游泳。他們在水中快樂地嬉戲，餓意漸生，他們想到船艙的桌子上還擺著雞肉和美酒，便決定爬上遊艇。但是，令其極度恐慌的是，他們無法爬上遊艇，因為遊艇沒有下錨，而且遊艇外面又沒有拴著繩索，無法讓他們拽著上船，因而他們最終全部溺水而亡。我彷彿看到他們在垂死前那絕望的目光，漸漸下沉的臂膀也帶走了生的希望。此時，天空依然湛藍，海洋依然寧靜，它們冷漠地觀看這一悲劇的發生。小說家斯通（Robert Stone）聽到這個真實的悲劇之後，表示了他「極度的『驚訝』」。出於我的需要，我對這個故事做了適度的加工。參見韋伯（Bruce Weber），〈見證危險的眼睛〉，載於《紐約時代週刊》，p. 19，一九九二年一月十九日。

⑲我一直認為人們在日常的生活中渴望與他人愉悅地進行身體接觸。而今，身體接觸卻讓人倍感壓抑。例如，在紐約的交通尖峰期的輕軌中和擁擠不堪的公車中，或是在日本交通流量非常大的時段。一個評論家的相關評論提醒我注意到了這一點。

⑳亨利（Jules Henry），《林中民族：巴西高原的坎剛部落》，pp. 18, 33。紐約：奧古斯丁出版社，一九四一年。特恩布爾（Colin Turnbull），〈姆布蒂人不同性別間潛在衝突的儀式化〉，載里考克（E. Leacock）與李（R. Lee）編，《集體社會的政治與歷史》，p. 137。劍橋：劍橋大學出版社，一九八二年。

㉑蘇克康德（Victor Zuckerkandl），《操控音樂家》。普林斯頓：普林斯頓大學出版社，一九七三年。

㉒特恩布爾（Colin Turnbull），〈局限性：主體與客體經驗的合成〉，載於謝喜納（Richard Schechner）和

阿佩爾（Willa Appel）編，《以表現為手段：劇院與儀式的跨文化研究》，p. 56。劍橋：劍橋大學出版社，一九九〇年。

㉓蘇克康德，《操控音樂家》，pp. 27-28。

㉔格雷（J. Glenn Gray），《勇士：戰爭中人類的反映》，p. 45。紐約：哈潑火炬圖畫出版社，一九八七年。

㉕吉布森（James William Gibson），《勇士的夢想：越南戰爭之後美國的暴力與男子氣概》，pp. 108-109。紐約：希爾和王出版社，一九九四年。

㉖伍德（Denis Wood）與拜克（Robert J. Beck），《家庭規則》。巴爾的摩：霍普金斯大學出版社，一九九四年。

㉗關於地方與人類之間關係的研究，薩克（Robert David Sack）所做的分析最嚴格，也最為廣泛。參見薩克，《人類地理學：作用、意識與道德關注的框架》，pp. 60-126。巴爾的摩：霍普金斯大學出版社，一九九七年。

㉘段義孚（Yi-Fu Tuan），〈語言與地方的創建〉，載於《美國地理學家協會年刊》，pp. 684-696，一九九四第二期第八十一卷。〈城市與人類的語言〉，載於《地理評論》，pp. 144-151，一九九四年第二期第八十四卷。

㉙B．懷廷（B. B. Whiting）與J．懷廷（J. W. B. Whiting），《六種文化背景下的兒童：心理文化研究》，pp. 170-171。哥倫比亞：哈佛大學出版社，一九七五年。

㉚喬治．斯坦納（George Steiner），〈擁有語言的動物〉，載於《相遇》，pp. 7-24，一九六九年八月。

㉛費爾南德斯（James Fernandez），〈表現主義文化中隱喻的使命〉，載《當代人類學》，pp. 119-145，一九七四年第十五卷。

㉜尤納斯（Hans Jonas），《生活現象：面向哲學生物學》，pp. 11-12。紐約：Harper and Row，一九六六年。

㉝貝利（John Bayley）編，《托爾斯泰作品簡本》，pp. 37-38。紐約：維京出版社，一九七八年。維根斯坦曾刻苦閱讀過托爾斯泰的作品，他或許受到這個俄國人的影響，才會做出以下的表述：「如果一件事物很重要，也很有意義，那麼為什麼它又讓主體感到頗為費解呢？並不是說主體在理解這一事物之前，一定要進行什麼特殊的訓練，這一事物之所以讓人費解，是因為大多數人在理解事物與他們所設想的，存在著矛盾的衝突，正是這種衝突使事物變得讓人難以理解。因此，最淺顯易懂的事物往往就變得最讓人難以理解。你必須用意志去戰勝困難，而不是用智力去戰勝困難。」載於《文化和價值》，p. 17。芝加哥：芝加哥大學出版社，一九八〇年。

㉞格林（Julian Green），《日記，一九二八～一九五七年》，p. 63。紐約：Carroll and Graf，一九八五年。據他描述，由於生物個體之間存在著巨大的差異，一個人不可能和一條狗進行深層次的交流。在人與人之間沒有如此巨大的差異，然而，雖然人類擁有共同的語言，但是人與人之間不能經常有效地交流，其中的原因似乎是由於人的自負——人類在道德上的一個缺陷。

㉟狄爾曼（Ilham Dilman），《愛與人類的分離》。牛津：布萊克威爾出版社，一九八七年。

㊱從二十世紀六〇年代開始，一些重點大學的社會學科和人文學科的研究生的知識取向，已轉向左翼和馬克思主義。

㊲引自托爾肯（Barre Toelken），《民俗的動力》，p. 96。波士頓：Houghten Miffin，一九七九年。席爾科（Leslie Marmon Silko）曾討論過景觀與群體本身、個體本身之間的緊密關係。參見他的文章，〈內部景觀和外部景觀：普韋布洛人的遷移故事〉，此文載於湯普森（George F. Thompson）編，《美國的景觀》，pp. 155-169。奧斯汀：德克薩斯州立大學出版社，一九九五年。

㊳布里格斯（Jean L. Briggs），〈因紐特人價值社會化的諸方面〉，人類信使國立博物館系列，載於《加拿大民族誌通訊》，p. 6。第五十六期。渥太華：加拿大國立博物館，一九七九年。

㊴厄普代克（John Updike），《野兔是充足的》，p. 116。紐約：諾夫出版社，一九八一年。

㊵雷斯繆舍（Knud Rasmussen），〈伊格魯利克愛斯基摩人的思想文化〉，載於《第五次北極遠征報導，一九二一～一九二四年》，pp. 19, 69，第七卷第二—三號。哥本哈根：Gyldendaskske Boghandel, Nordisk Forlag，一九三〇年。

㊶同上，p. 59。

㊷特魯里（J. Drury），《天使與泥土》，p. 52。紐約：麥克米蘭出版社，一九七四年。

㊸奧登（W. H. Auden），〈死亡的回聲〉，載門德爾松（E. Mendelson）編，《詩集》，p. 153。紐約：Vintage Books，一九九一年。

㊹默多克（Iris Murdoch），《一個文字孩童》，p. 45。倫敦：Chatto and Windus，一九七五年。

㊺李維—史陀（Claude Lévi-Strauss）與厄爾邦（D. Erbon），《與李維—史陀的談話》，pp. 102-103。芝加哥：芝加哥大學出版社，一九九一年。

㊻科斯格羅夫（Denis Cosgrove）和丹尼爾斯（Stephen Daniels），〈風景畫〉，載科斯格羅夫（Denis Cosgrove）和丹尼爾斯（Stephen Daniels）合編，《景觀的寫生畫法》，pp. 1-10。劍橋：劍橋大學出版社，一九八八年。

㊼赫胥黎（Aldous Huxley），〈沒有修飾過的景觀〉，載《相遇》，pp. 41-47，一九六二年十月。

㊽丹托（Arthur C. Danto），《藝術的哲學剝奪》，pp. 89-91。紐約：哥倫比亞大學出版社，一九八六年。貢布里希（E. H. Gombrich），《藝術與幻覺：圖畫再現心理學的研究》，pp. 9-12。倫敦：菲登出版公司，一九六二年。

㊾奧登（W. H. Auden），〈馬賽美術館〉。載於《作者精選作品集》，p. 61。密德爾塞克斯郡的哈蒙德斯沃斯：企鵝出版社，一九五八年。

4 地獄／想像的扭曲與限制

Hell / Imagination's Distortions and Limitations

《農神吞吃其子》（*Saturn Devouring His Son*），畫家為弗朗西斯科．戈雅（Francisco de Goya Lucientes）。此作品現藏於西班牙布拉多美術館。

文化是想像的產物，無論我們要超出本能或常規做些什麼，總是會在頭腦中先想像一下。**想像是我們逃避的唯一方式**。逃到哪裡去？逃到所謂的「美好」當中去——也許是一種更好的生活，或是一處更好的地方。對於過去的大多數人來說，甚至對於很多現代人來說，「美好」通常意味著滿足基本物質生存的需要，當然也包括超出基本物質生存的一些額外的需要。為了確保滿足這兩種需要，獲得有形物質的欲望就產生了：綠色的牧場、豐厚的收成、堅固的屋舍、財產、很多孩子等。美好因而還可以解釋為物品；太多的生命是為了物品，而不是為了美好在努力奮鬥。

即使物質條件非常充足、富裕、個體依然很脆弱。從心理學上來講，互相幫助可以讓人產生安全感，在群體中隱藏自我、忘記焦慮、沒沒無聞，也可以讓人產生安全感。不過，還有一種很冒險、很極端的方式，也可以讓人產生安全感，即無須在群體中喪失自我，只要能把自己包裹在權力和威望的華飾之中，也能獲得安全感。權力和聲望是社會性的，尋求它們需要積極地投身於社會活動中。這時，要想出盡鋒頭，就需要借助於高超的想像。從這一點來看，追求美好對這些人來說，遠不只是為了滿足基本的生存需要。實際上，有權力、有自信的人對物質生存不以為然，僅僅將這看做是達到生物生活的低等水平；而一個人威望的大小，則是要用高出這一水平的多少來衡量。人類的脆弱不僅僅來自於人類必須要遭受肉體的痛苦、面對不滿的現實狀況卻又無能為力、最終不管採用什麼方法都無法擺脫死亡的命運，它還來自於人類內心空虛的感覺，這種空虛感腐蝕性很強，人們盡力想用酒精和毒品所產生的飄飄欲仙的幻覺，來逃避內心令人絕望的空虛感，或者透過社會工程和娛樂活動來填補這種空虛感。但最重要的是要有別人的陪伴，透過一些閒談來堵塞每一條通向不祥的空虛感的寂靜通道。我們需要他人，不僅僅是做為精神支柱來抵禦外來的恐懼，而且也需要透過他們來分散內心的空虛感。

人們嚮往真實的「美好」，這是人們緊緊抓住物質的原因所在。但是，儘管物質可以提供直接的滿足，但光憑這一點還不夠。物質若想真正得到重視，還需要賦予想像的價值。想像的價值需要社會力量來支持，在被視為人類文明驕傲的傑出藝術品當中，有形的價值與想像的價值之間的差距最大。在一定程度上可以這樣說，一個富有藝術氣息和建築特色的城市，看上去似乎不太真實，因為這樣的作品是做為人類高度想像（甚至是異想天開）的產物，堂而皇之、肆無忌憚地矗立在大地上，而且由於它們本身所具有的物質性，所以它們被包裹在聲望、輝煌之中，而聲望與輝煌從字面上來理解的話，又含有詭計與戲法的意味。

除了想擁有美好的事物，人們還嚮往擁有和諧的人際關係。和諧的人際關係會讓人得到豐厚的心理回報，其中之一就是人們會因此而感到真實，雖然這一點很少得到人們的認可。當然，除了施愛者對被愛者無私的愛以及愛的對象（被愛者本人是真實的）以外，宇宙中沒有其他別的經歷或對象是如此真實。然而，就是在人與人的交往中，欺騙和自我欺騙還是隨時有可能發生；也正是在人與人的交往中，想像可以使人陷入萬劫不復的地獄，也可以使人升入美好純潔的天堂。

人類為之自豪的想像也是焦慮與痛苦的根源。儘管現實殘酷，人們懼怕現實，但與現實相比，人類更加害怕的事物常常存在於思想中。在一個民族的歷史中，在一個人的一生中，善與惡哪一方更占優勢？有證據顯示，是惡。可以將歷史做成一本令人不忍卒讀的讀本，因為那裡隨處可見生活在最底層的貧苦老百姓的痛苦、掙扎與重負。就一個人的一生來說，即便他是上帝的寵兒，像托爾斯泰和歌德那樣，他也會宣稱自己對真正的快樂體會甚少。一部精彩的悲劇小說可以被人反覆玩味；但從客觀的角度來看，即使人的一生足夠美好，也幾乎沒有人願意再活一次。正如尤納斯所說，即使人生的大部分是痛苦的，也值得活下去，因為知覺，尤其是想像——宇宙中非常珍貴而奇妙的能力——本身是美好的①。

借助於想像我們能上升到天堂，同樣借助於想像我們也能墜入地獄。這裡有一個明顯的疑問：**究竟為什麼有人要用想像來製造人間地獄？**答案是，沒有一個人想要這麼做。我們當中大多數人不能這麼做。這不是一個想做、不想做的問題。我們在這方面有非凡的能力，我們運用它，但是令人驚訝的是，**我們常常會發現我們到達了一個地獄般的地方，或是一個華而不實的「天堂」——這個天堂比起地獄來說，也好不到哪裡去。思想常常遭到不同程度地扭曲和限制，結果就把我們帶到一個在正常思維的狀態下並不想去的地方。**

活躍想像、創造一個鬼魂充斥的世界

讓我們思考一下這樣一個奇怪的事實：生活本來就已經很不穩定且處處充滿了危機，而人類卻總是想著要把它搞得更壞、更糟，他們的大腦裡充滿了種種怪物、惡魔、幽靈或女巫，儘管這些事物在現實世界並不真正地存在，但人們一提起它們都會真切地感到毛骨悚然、不寒而慄。社會學家們提出的功能主義並不能解釋這種現象。來自於心靈深處的黑暗力量（古老的神學家最先這樣提出）似乎在發生著作用。讓我們先來談談那些年幼的孩子們。孩子們過度的恐懼其實是對未來將要發生的事件的一種暗示。儘管孩子們在父母無限的關愛與庇護之下生活，但是他們也會因為對黑暗的恐懼而嚇得全身直冒冷汗。他們看到了什麼？在孩子的生活中會有哪些偶然發生的不好經歷，能讓他們在夜裡做可怕的噩夢？隨著他們想像力的發展，孩子們開始懼怕黑暗。可笑的是，他們日益發展的智力可能會將他們帶到一個更恐怖的世界當中。然而，隨著孩子力量和自信心的不斷增加，這個魔幻的世界最終會消退。同樣地，隨著人們實踐能力的提高與實踐範圍的拓展，社會的信心也逐漸增強，社會中魔鬼的數量也隨之減少。在科技日漸發達的今天，我們往往忘記了在過去未開化的歲月裡，魔鬼是怎樣統治著全世界。對於一個已經長大的孩子來說，不久前他還會因為神經過分緊張而幻想床下可能潛伏著某種可怕的怪物而恐懼萬分（這種經歷我們每個人都曾有過），今天他還會這樣想嗎？

現在和過去、進步的社會和落後的社會之間存在著很大的差異，即它們被心魔迷醉和煩擾的程度不同。「迷醉」可以喚起一些令人愉快的感覺，或許我們會為失去它們而感到惋惜，卻忘記了美好的精靈和守護天使，從不會單獨地存在，他們也有邪惡的表親——魔鬼。當今的世界人口過多，到處都擁擠不堪，而從前則比現在要寬鬆得多。在中世紀的歐洲，城鎮裡或許人口稠密，但還是很容易就在其中找到空地（不包括草地和森林）。儘管如此，中世紀的人們還是會因為感到過度擁擠而受到壓抑。確實，不論是在城市，還是在農村，一個人走在路上就不可避免地要撞到他人。那麼，他會撞到誰？也許不是另一個生命，而是一個精靈或是魔鬼。眾人普遍相信天堂諸神是和撒旦一起降臨人間的，撒旦的數量不會少於諸神數量的十分之一，甚至有可能會多達三分之一。於是，許多魔鬼就有機會來到人間折磨男人、女人和孩子②？

那些活躍的想像不僅僅在過去創造了一個鬼魂充斥的世界，在未來的某個黑暗時期也許還會如此。推理和常識並不一定能阻止人們在頭腦裡想像出恐怖的畫面。這些可怕的畫面源自於人們的害怕心理，而害怕是從人們思想的原始深淵裡滋生出來的。如果不去想像這樣的畫面，它們就不會產生，而我們又會很幼稚地想念它們，並有激活它們的衝動。技術創造了一個安全但有些死氣沉沉的世界，這使得人們不斷去體驗雲霄飛車所帶來的極度興奮感。所以現代生活裡來來往往的行人，甚至於秀麗的風景，都需要賦予更多的神祕與恐懼，從而打破現實世界沉悶的氣氛。

肆意的破壞

如果一種生物為了生存必須攫取其他生物為食，那麼從這個角度來看，所有的生物都具有破壞性。人類更是無所不用其極，用盡一切能力去粉碎一切能夠被粉碎的事物：打碎雞蛋做煎蛋，伐樹印書蓋房子，挖地三尺建造景觀或紀念碑等等。相對於其他生物來說，人類對破壞尤為著迷。這種破壞的本質是什麼？是力量。談及破壞的本質，首先就要談到力量。對於大多數人來說，破壞充分證明了人們改變世界的能力，這也是他們體現自身價值與真實性最有說服力的證明。儒雅的美國哲學家喬治．桑塔亞納（George Santayana）認為：「『拆卸』一樣東西……可以產生一種無比的喜悅，流遍全身。」③當父母看到自己幼小的孩子將一件物品拆卸開來，就會同意桑塔亞納的這個觀點，因為他們認為這是孩子令人驕傲的成就。雖然孩子們長大以後能夠自己製造一些東西，但他們仍然保留著對破壞的鍾愛。他們甚至為了破壞而建造。在海灘上用沙子做成了「精巧的水庫，填滿水後在一面牆上戳一個小洞，這一切只是為了享受水把它沖垮的快樂」④。對於洪堡（Wilhelm von Humboldt）這位傑出的人類學家和教育家來說，見證無可抵擋的力量對他來說，一直具有強大的吸引力。他寫道：「要是我能沉浸在我最珍愛的不可抗拒的快樂中，那該多好啊！我很清楚地記得，當我還是一個孩子的時候，我看到一輛公共汽車飛速地穿越一條擁擠的街道。到處都是行人，可是這輛車全然不顧，還是飛速地向前開，並沒有絲毫地減速。」⑤值得注意的一點是，洪堡坦率地承認他並不在意誰將成為受害者。但是，不是經常會有人高喊一聲：「讓一切都見鬼去吧！」然後砍倒籬笆、扔掉家具、將那些珍愛的舊信件扔進熊熊的烈火中嗎？當一把火不但燒了英國作家赫胥黎（Aldous Huxley）在加州的房子，也燒毀了他平時最為珍貴的信件和手稿時，他只是淡淡地說了一句，「這場浩劫」只是來得稍微早了些。奇怪的是，對於戰爭的破壞，人們都很明確地表示可以認可。即便有人不欣賞戰爭，但如果戰爭並不危及到自己的生命，即使是危及到了自己的生命，「戰場」本身也暗示著它將是一個令人振奮的壯觀場面⑥。

殘忍與有限的想像

殘忍並未被列入中世紀神學的七宗罪之中，這個遺漏令現代人感到有些奇怪，因為我們認為蓄意傷害可能是最惡劣的罪行之一。「殘忍」（cruel）和「粗魯」（crude）從構詞法來看，應該出自於同一詞源；二者都含有野蠻性的意味。野蠻是人類生物本性的一部分，人類可以透過不斷改進自身的行為，來消除本性中的野蠻⑦。這樣看來，殘忍只不過是思想不成熟所導致的結果。年幼的兒童常常是非常殘忍的。孩提時代，我會毫不猶豫地、殘忍地用魚鈎尖刺穿蚯蚓的身體，但現在我不會這樣做。但是，用「殘忍」這個詞來描述是否合適？我那個時候並不是存心要殘忍；我當時其實什麼也沒有想，只是將手中這個蠕動的東西視為釣魚用的魚餌。伊莉莎白・馬歇爾・湯瑪士（Elizabeth Marshall Thomas）舉了一個更加駭人聽聞的例子來說明這種無意識的殘忍。在一本廣受好評的書《與世無爭的人》（*The Harmless People*）中，湯瑪士展示了一幅關於南非西部叢林人家的迷人畫卷，這幅畫卷似乎直切本書的主題，但它也同時展示了原始生活（說真的，也是指任何一種人類生活）是否真的與世無爭。在營火的周圍，獵人蓋（Gai）給他那還處於嬰兒期的兒子納瓦克維（Nhwakwe）一隻龜，並說要為他烤熟這隻龜。一個老婦女特維克維也過來幫忙。她「捏著龜殼，可是龜撒出了棕色的尿液，於是她趕緊鬆開手，龜從她的手中掉了下來。牠一直盯著火焰，眨著黑色的眼睛，然後準備爬走，但她馬上就抓住了牠。她一邊和獵人談論著，一邊將這隻龜放在火上優閒地翻來翻去地烤。」談了一會兒，「獵人從她手中拿過這隻龜，把牠底朝天翻了個面」，然後將一支燒得通紅的木棍捅入龜的腹部，「這隻龜猛烈地踢打著，扭動著腦袋，分泌的棕色尿液淌滿了獵人的手，但是木棍的灼熱還是起了作用，牠腹部的兩片硬殼被分開了，他把手插了進去」。他取出了龜還在跳動的心臟，「把龜扔在地上，牠猛烈地扭動了一會兒，甚至跳了起來，繼而，沾滿灰塵的烏龜無力地、斷斷續續地抽搐了幾下。獵人也不再理會牠，他扔掉了龜膽，留下龜的肝和周圍的脂肪，並準備吃掉」。下面我引述書中的一段文字：

烏龜的主人納瓦克維走過來坐在父親的腿看著，笑眯眯地盯著烏龜的腹部。烏龜就是這樣一個長命的動物，雖然已經沒有了心臟，但是身體依然在動。納瓦克維把他的手腕抵在前額上，用最迷人的方式模仿著烏龜縮頭的動作。納瓦克維看起來真像是一隻烏龜⑧。

我以這件事情和我小時候對待蚯蚓的事情為例，不是因為這些事情令人震驚，恰恰是因為它們是生活中司空見慣的事。這些行為中似乎並沒有運用什麼豐富的想像力。當我還是一個孩子時，我對蚯蚓缺乏同情心。叢林居民玩耍似的從烏龜的肚子中取出內臟的時候，也許是如此。但是事實果真是這樣嗎？我所舉的事例反映的並不是想像力的匱乏，而是想像力暫時受到了壓制，因為人類很容易將自己與動物視為一體。不知你是否注意到，當烏龜在備受折磨的時候，納瓦克維是如何聰明地模仿烏龜縮頭的動作，他把自己也看成是一隻烏龜。

這樣普遍的行為引發了一個尖銳的問題，即如果我們不願有意地去傷害動物，那麼我們人類依靠什麼來生存？畢竟為了維持生命，我們也要吃東西。食物的準備過程，從追趕、圍捕、屠宰到去皮、肢解和烹製（烤、煮、炸等），每一個步驟都要使用到暴力。這時，我突然產生了一個極其不安的想法：我們在談笑間輕輕鬆鬆地就把一隻火雞開了膛，取出內臟，那麼，如果條件允許的話，我們是不是也會如此輕鬆地對其他人類——對那些我們認為不具備完整人格的人——做出類似的暴行？

殘忍和善變的想像

貓在捉住老鼠之後並不會立即將牠吃掉，牠總是要將老鼠玩弄一番、折磨一番之後再將牠吃掉。是的，我們會這麼說。但是，如果換一種科學的思維方式來考慮，我們並不會認為動物是殘忍的，因為我們懷疑牠們是否真的具有想像的能力。但人類，即使是孩子，則完全是另外一回事。查普斯基（Joseph Czapski）曾敘述過這樣一個故事，在這個故事中，我們將會看到純潔的孩子是如何發揮其惡魔般的想像力。俄國孩子在雪地裡找到了德國士兵的屍體，他們在屍體上灑水，這樣第二天早上他們就可以把凍僵的屍體，當做雪橇來滑⑨。為了實施殘忍的罪惡行為，施虐者必須粉碎一切富有同情心的想像，而運用另一種惡毒的想像，這種想像力非常具有創造性。約翰·厄普代克寫到，在孩童時代他也曾虐待過玩具，「對它們大呼小叫，並樂此不疲」。他的玩具有唐老鴨、米老鼠、費迪南大公牛，還有「一個有著花一般圓圓的迷人笑臉的小孩」。厄普代克回憶：「我會把這些微笑的玩偶排成一排，像拉保齡球一樣用壘球將它們擊倒，一遍又一遍，同時還在心裡辱罵它們，就像納粹審問犯人一樣。」⑩

用魚鈎尖刺穿蚯蚓是一回事，而扯下蚱蜢腿卻完全是另一回事。對於前者，有人可以辯解說，那是年輕人獲取食物的技巧，為了獲得食物需要實施一定的暴力，我們必須接受這一點，否則我們就會瘋掉。但是，肢解蚱蜢，除了能滿足擁有絕對權力的快感之外，並不能得到別的什麼。要知道蚱蜢也是一個生命——牠可以一躍而起，跳向空中——此時牠卻因為某個人的一時興起，而被殘忍地肢解，最後渾身顫抖地死去。

即使是孩子也會在有限的範圍之內行使最大的權力，而且據我們所知，他們是在以一種駭人聽聞的方式濫用這種權力。對於成年人來說，他們會墜入極權主義令人憎惡的深淵之中，像奴隸農場、關押著形形色色犯人的監獄、精神病院，最極端的例子就是納粹集中營。在納粹集中營裡，納粹黨衛軍、獄卒與犯人之間有著天壤之別，納粹黨衛軍行使著絕對的權力，而受害者則完全的無助，他們就像一堆麻木的動物或待用的原材料一樣，等待著被徹底地毀滅。這一切是如何發生的？無論是在死亡工廠裡，還是出於惡作劇式的玩弄，一切都是有系統、有步驟地進行的。史料記載足以證明納粹黨衛軍的殘忍與邪惡：他們冬天在戰犯屍體上灑水，使其凍成冰塊，屍體必須被切成塊或是解凍後才能被處理掉；他們將一塊膠皮水管塞進犯人的嘴裡，然後將水龍頭開到最大，水的壓力使犯人的內臟爆裂，而納粹黨衛軍卻覺得這種爆裂非常有趣；他們把囚犯塞在一個很小的房間，塞得滿滿的，讓犯人絕對沒有一絲一毫動彈的可能，然後關上門，並在鑰匙孔裡塞上紙，之後他們就去品嘗咖啡，他們暫且不管這些囚犯，任由囚犯最後因為身體的熱度而窒息死去，在爭奪空氣的絕望和身體的擠壓中死去⑪。

原始社會的野蠻

在「文明」社會中，人類運用受過訓練的想像力在知識領域和精神領域創造出令人矚目的奇蹟，但就是這種想像力也同時造成了無法用語言形容的可怕墮落，毫不誇張地說，這種可怕的墮落其實就是製造了萬劫不復的人間地獄。出於對所謂「文明」社會的厭惡，我們於是將視線投向了更早、更簡單，也更原始的社會中，試圖從中尋找安慰。我們能找到嗎？

善良的人們會因為「原始」一詞含有某種貶義而盡量避免使用它；其實這個詞的本義並沒有任何貶義的色彩。它的本義僅僅是指「早期的、最初的」，而不是現在的「粗俗、野蠻」。因此，原始教堂是指這樣一個地方，它一直保持著教義的聖潔，沒有被後來不好的事物所玷污；原始人則是指這樣一群人，他們保持了早期黃金時代的純真以及美德。如果人們不將「原始的」當做「未開化的」來使用，那麼是否可以認為「原始的」就是聖潔的？現在——曾經——到底有沒有這樣聖潔的人？很多作家在他們的作品中經常會表達一種浪漫的觀點，認為這樣的人在歷史進程中有規律地出現。但是，作家並沒有把全部的真相說出來。在這些書中，一些現實的黑暗面——儘管作家本人很清楚——還是被有意地忽略了。這些黑暗的現實到底是什麼？原始人的攻擊性本質到底是什麼？這種攻擊性實在是太普遍了，比如說「正常人」欺負「非正常人」、強者欺負弱者。

所有社會中都有強者和弱者之分，弱者無疑會受到強者的欺負與欺凌。只有建立一套完整的法律制度，並嚴格執行它，才能改變這種狀況。現在讓我們來看一下剛果雨林姆布蒂（The Mbuti）人的生活吧！科林．特恩布爾（Colin Turn Bull）已在他廣為流傳的《林中民族》（*The Forest People*）一書中將這片雨林理想化了。的確，姆布蒂人有許多令人稱道的優點，尤其是存在於他們之間的熱情。但是，那些外來者，比如說與他們共享同一片森林的班圖部落，就不是他們熱情的對象。在他們的眼裡，班圖人並不是真正的人，姆布蒂人允許欺騙與偷竊這些外來者。虐待自己部落中的弱者也不違背他們的道德標準，這是符合常理的行為。姆布蒂人尊重健談者，鄙視沉默者。在他們看來，沉默者和動物沒有什麼區別。如果一年輕人碰巧是聾啞人的話，那麼他無疑就會成為部落裡的小丑，而且會因為其咿咿呀呀的發音而受到大家的嘲弄。同部落的人將他的發音戲稱為「動物的叫聲」。這種嘲弄有時會超出玩笑的範圍。比方說這個聾啞年輕人和他的同伴一起爬樹掏蜂蜜採蜜，這是一項冒險的行為，但是很值得一試，因為對於姆布蒂人而言，蜂蜜是森林賜予他們最珍貴的禮物。回到地面之後，這個聾啞人就迫不及待地搖著手中生了鏽的錫罐，用他獨有的「語言」和動作，表示他想得到他應該得到的那一部分勞動果實，然而他卻被完全地晾在一邊⑫。那麼，此時此刻，他想要獲得正義或公平的對待又有什麼意義？在有血緣關係的家族中或是在平等的人群中，公平的確有意義，因為互惠互利是生存的關鍵；但是，公平對於姆布蒂部落中的殘障人士而言，幾乎沒有任何意義，這些人除了被當做笑料供人取笑之外，再也不能為集體生活提供什麼有價值的東西了⑬。

原始人類與自然世界，尤其是與動物的密切接觸，常常被西方觀察者記錄下來。在不熟悉人類學文獻的讀者看來，圖騰分類似乎意味著信仰圖騰的部落混淆了人類和動物之間的界線，似乎意味著這些部落之所以重視圖騰，是因為他們與圖騰畢竟存在著某種親緣關係。其實，在原始部落中，不管是否有圖騰，都很重視和尊重動物，但是同時他們也會做出與此相矛盾的事情，就是輕視和虐待動物，就像「文明」社會的現代人所做的一樣。讓我們把視線再次轉向姆布蒂人。這些人眼睜睜地看著那些備受虐待而痛苦掙扎的動物，卻從中感到樂趣無窮。特恩布爾承認，他看到這種場景的時候，感到非常沮喪。姆布蒂人餵養一些馴服的獵狗用於打獵，「從獵狗出生的那一天開始一直到牠死去，每一天都有可能遭到主人無情地踢打。」⑭北極的捕獵者在屠宰獵物之前會先撫慰牠們一下，這一點也讓他們名聞於世；據說這樣做可以使獵物免遭不必要的痛苦，同時也是一種人道主義的行為。但是，果真如此嗎？他們在多大程度上是出於真正的人道主義，或是一種互惠互利的道德準則來考慮的？這些都很令人懷疑。當地的被調查者都急於告訴西方探索者想得到的答案，尤其是關於部落的虔誠性。這一點可以讓人理解。在二十世紀六〇年代到七〇年代之間，那些受過教育的西方人由於厭倦了世俗的文明世界而努力尋找別處的聖潔和崇高的道德。他們也許會說「那裡的人們生活得很好」，還過著像他們聰明而純樸的祖先一樣的生活。但是對那些心存幻想的西方人來講，很難接受下列事實：伊甸園式的理想住所已經不存在了；沒有人（或幾乎沒有人）能夠免於該隱的記號；那些擁有簡單物質生活的民族，不見得在所有的方面都表現得很好，他們可能很野蠻，比如說因紐特人（The Inuits），儘管他們信仰無暴力，但是他們也嘲笑或者鞭打那些受傷的動物，甚至鼓勵小孩子將幼小的動物殘忍地折磨死；亞馬遜河流域秘魯國內崇尚和平的馬其固加（Machiguenga）族印第安人或許會用極其殘忍的手段對待他們的獵犬，其手段簡直令人髮指：他們將辣椒塞進狗的嘴裡，逼迫牠們嚥下去；這些狗痛苦地嚎叫、翻滾，他們卻在一旁津津有味地觀看⑮。

暴力：毀滅他者

暴力存在著程度上的差別。程度輕者會使對象輕微致殘；重者則是對對象進行最徹底的毀滅。為什麼說是最徹底的毀滅？在戰爭中，城市可能被夷為平地，人們背井離鄉、妻離子散，或殘遭屠殺。這種暴力似乎是出於徹底毀滅的衝動，出於建立一個全新世界的衝動，全新的世界是以徹底毀滅與掃蕩舊世界為基礎的。文明的社會中，大片大片的森林被夷平用來建築城市或修建道路；後者的建造是以犧牲前者或者完全改變前者為代價的。正如我一再強調的那樣，在飲食方面，人類總是以消耗自然的方式來維持自身的生存；人類要儲存能力，就必須吃掉（「粉碎」）他者。

如果他者是另一個人，又當如何？當我與一個人面對面時，如果他比我強大，那麼我就有可能成為對方「感知域」的對象〔這也是沙特（Jean-Paul Sartre）的焦慮〕，儘管我完全可以反過來藐視他，把他看做我的「感知域」的對象，但是，我很清楚我是不可能完全看透他的主觀思想，想透他的「內心」世界，而這正是他強大力量的所在。我們必須承認，正是由於這一點造成了人類無比緊張而充滿敵意的關係。沙特由於提出這種觀點而遭到人們的指責。但是，大多數人——也許是絕大多數人——之間都潛藏著某種敵意；「友好」（hospitality）和敵對（hostility）這兩個詞顯示它們是同源的⑯。衝突或許會表現得公開且富有暴力。如果對象是我的死對頭，一個長久以來一直欺壓我的人，那麼我所採取的行為方式可能會很極端。我不但會殺死他，而且會徹徹底底地將其消滅，將他的五臟六腑挖出來暴露於光天化日之下，這樣就完全地消滅了他所有隱密的力量。在俄國內戰期間，一名官員開槍打死了他的前上級，事後他對艾隆克．巴波爾（Issac Babel）解釋他這樣做的原因：「開槍，我只能這麼做，開槍只是幫我除掉一個人……但是並不能讓我了解他的靈魂，了解依附在他身體內部支配其行動的靈魂。我無法饒恕我自己，我不止一次地用很長的時間來虐待我的敵人。現在你看到了，我只是想知道生命到底是什麼？沿著『那樣』的路走下去，生命將會是什麼樣子？」⑰

幾乎毫無意外，只有男性才會具有強烈的行動去洞察、控制、征服和爆發。從智力和性別的角度來看，這與求知的欲望密切相關。科學家想要洞察他所研究的學科，剖析並展現這門學科的精髓，並好奇地假設這門學科是有主觀思想的。諾貝爾獎得主喬治·沃爾德（George Wald）建議他的學生，如果想真正地尋找到分子運動的規律，他們必須「像分子一樣去感覺」⑱。因此可以說，一個真正優秀的科學家能夠攝取到分子的「靈魂」。想要獲得真正的研究成果，需要經過一段嚴謹的研究過程，這一研究過程能夠幫助研究者實現科學上的完全理解，儘管這一研究過程令人欽佩，但是卻富於極強的攻擊性，而且這與戰爭的競技場有點兒相似，儘管相似程度不大，但足以令人感到困擾。我想起一部越戰後的影片《新武士》（*new Warriors*），它就深刻地描述了人們心裡的衝動和由此而產生的行為。在這部老電影中，槍戰以犧牲者倒下而結束，他胸前的一小塊血跡表明他已經死亡。在二十世紀七〇年代和八〇年代的新電影中，受害者一般被炸得血肉模糊，士兵剝光敵人衣服以確定沒有東西藏匿；而他自己的身體卻被發亮的黑色皮外衣遮蓋，不僅完好無損，且沒有被死者的血跡所玷污（想像一下科學家身上那潔淨的大白褂）。不知出於什麼原因，這個勇士此刻會感到他已經吸收了敵人的生命力量，並將敵人的力量引入正道⑲。

人類做為動物和寵物：受虐狂

就像《新武士》這部電影所描繪的那樣，色情暴力也會造成毀滅；之所以說是色情暴力，是因為暴力被性衝動所掩飾，並受性衝動的激發與驅使。在色情暴力中，最微妙的應該是強者折磨和凌辱弱者，卻不殺死他們，而是從中體會虐待與性的樂趣。這個「遊戲」建立在雙方不平等的基礎上。所有的社會都存在著不平等，在先進的、複雜的社會中，不平等就會表現得越發突出，因為在這樣的社會中，人們將訓練有素的想像與先進的科技緊密結合在一起，使得虐待和屈服廣泛地傳播開來，並且富於獨創性。不過，同樣是在文明的發達社會，雖然也在倡導平等和同情，反對施虐與受虐的傾向，但施虐、受虐的現象依然存在。施虐、受虐的傾向很可能是人類這個物種所特有的。人們在通往平等與同情這個理想社會的道路上，亦步亦趨，從來都沒有真正地實現平等與同情，只好寄望於未來了。這裡我要刺探社會的黑暗面，這些黑暗面時不時投射出陰暗的光圈，人們將好消息遺失了，或是將好消息寄於童話故事當中。

虐待弱者只不過是人類主宰自然最普遍的一種變態方式。權威認為，「自然」

意味著缺乏，既缺乏尊嚴（意識力和意志力），又缺乏創造或習得技巧的能力。如果以這樣的標準來判斷，那麼動物顯然屬於自然。牠們有可能被賦予一種象徵的意義從而得到提升，就像神聖藝術中的圖騰被當做權力與光榮的象徵那樣；但是在現實中，牠們卻總是被置於一個從屬的地位或是卑微的地位，人類將牠們用做馱運貨物的牲畜、原料的生產者（蜂蜜、絲）、珍貴的財產（自然的奇特藝術），或是寵物。當人類被貶低為一種動物時，他們自身也就變成供他人役用或玩賞的對象。性慾及性興奮所帶給人的享樂，使得社會衝突進一步加深、加劇。當處於上層地位的人們將準神聖的地位據為己有時，他們似乎迫切地產生了一種欲望，想要將地位低於自己的人視為「自然」而凌駕其上。沙特對此做出更加發人深省的評論，他說只有在農耕文明中的菁英們才擁有真正的奢華，因為奢華的物品本來就應該是珍貴而自然的產品。現代思想認為，工人就是指那些將自然產品加工為成品的人，他們在加工的勞動過程中獲得其尊嚴。然而在農耕文明中，由於勞動直接與自然發生作用，因而勞動也被降格為一種自然活動。沙特說：「在王侯的眼裡，採珍珠的人與拱松茸菇的豬並沒有多大的區別；飾帶製造工並沒有利用勞動將飾帶製作成為一件人類產品，相反地，倒是飾帶使製作飾帶的小人物變為飾帶製作工。」⑳

人類社會存在著經濟剝削與壓迫，這一點眾所周知；然而人們很少意識到，為了滿足強者傲慢而好奇的窺伺或觸摸的好奇心而造成的剝削與壓迫，恰恰就像是強者在馴服動物一樣。凌辱無權無勢的人有不計其數的方式與手段。有些方法相當殘忍，還有一些方法則非常巧妙並富有惡魔般的狡猾。將這些讓人屈辱的方法一個接著一個排列起來，就可以組成一個地獄般的陳列長廊，邁進這個長廊是要冒著道德腐敗的危險。但是，我們還是要邁入其中，當然我們這樣做不是為了要放縱我們的施虐、受虐的偷窺欲望，而是為了進行學術上的研究。

二十世紀早期，跨過杭格佛橋（Hungerford Bridge）時，行人會將硬幣拋在泰晤士河的泥岸上。為什麼這樣做？他們是想觀看貧民窟的孩子們為了搶奪那枚錢幣而縱身跳進惡臭的污泥當中，並從中得到樂趣。還有一個相似的例子。在豪華郵輪上的旅客將錢幣投入熱帶島嶼附近清澈的淺水中，觀看當地的土著居民幾乎全裸著身子，像海豚一樣，為了那一點兒可憐的獎賞而投入水中去尋找錢幣。下面這個例子與上面這兩個例子相比要殘忍許多。這是一個十一歲的孩子西奧多．羅斯福（Theodore Roosevelt）講述的。在歐洲的一個盛大的巡迴演出過程中，羅斯福一家碰到了一夥義大利乞丐。小特迪高興地喊道：「我們把蛋糕扔給他們，就好像餵雞那樣……而這夥乞丐真的像雞一樣把蛋糕吃了。他們的旅遊夥伴史蒂文先生拿著鞭子負責在旁邊監視他們，並假裝要抽打其中一個小男孩。我們讓他們張開嘴，然後將蛋糕扔進他

們的嘴中。在給他們蛋糕之前，我們還讓這些人為美國歡呼三次。」㉑

要想舉一些更具有傳奇色彩的例子，就要放眼於更廣闊的社會歷史背景中。文藝復興時期和現代歐洲早期（一五〇〇～一七〇〇年）流行將矮人和侏儒當做寵物。這些矮人和侏儒可能被一群群地放養在宏偉的房子中，他們穿著講究，餵食考究，經常被下流的親吻弄得透不過氣來，他們被人在腿上傳來傳去，或是被當做禮物送給有權有勢的靠山㉒。將殘疾人視為寵物，儘管在托勒密時期的皇宮和衰弱的羅馬時期盡人皆知，但是這仍然是一種祕而不宣的愛好。無論是在古代文明還是在現代的諸類文明中，玩弄奴隸的現象更為普遍。哪一種處境更加糟糕呢？是做一個農奴？還是做一個家奴？在南北戰爭前的美國南部，相比於在較為舒適的屋子裡做家務，奴隸更願意在田野裡辛苦地勞作。在家中他們會經常受到主人各種苛刻的要求、善變的心情和反覆無常「仁慈」的侵犯。奴隸甚至還被當做寵物或裝飾品。在中國的大家庭中，年輕人被看成是可愛的動物。在《紅樓夢》中，探春對趙姨娘說：「那些小丫頭子們原是些玩意兒，喜歡呢，和他說說笑笑，不喜歡便可以不理他。便他不好了，也如同貓兒狗兒抓咬了一下子，可恕就恕。」㉓在維多利亞時代的英格蘭，上層僕人也是一種裝飾，主人根據他們的身材和小腿的形狀加以選擇。一輛精緻的馬車不但要配有兩匹駿馬，還要配有一對英俊的隨從㉔。

接受自己的地位

那麼，人究竟應該被視為何物，是被降低為勞動的自然之物，還是玩弄的對象？面對受到的傷害和侮辱，人們又會做出什麼樣的反應？絕望、怨恨還是接受？答案是：三者兼而有之，只不過程度有所不同。現代的民主主義者最不願意承認的就是第三種反應，但至今為止，他們最普遍的反應也還是：接受。若是這種接受是出於無法抗拒的力量或是出於一種必要的話，那該有多好！但事實絕對不是如此。如果說最初還是出於對權力的屈服，但最後這種屈服卻自然而然地與美德混為一談了。在印度這樣一個具有嚴格等級的世襲階級社會中，底層人民能忍受處於他們這個地位所能忍受的一切，因為他們並不認為那是壓迫，而是認為這是理所當然的，這是現實，因而也是道德的和公平的。

世襲階級社會的印度是一個略為有點兒極端的例子。對於一個自由公民來說，他很難理解為什麼賤民會對解放持有反抗的情緒。**賤民們對解放運動非常怨恨，甚至是無比憤慨——對別人要引導他們離開自己的「合法地位」而無比憤慨**㉕。但是，即使是在自由社會中，處在「適當地位」上也是非常重要的，這裡所說的顯然不包括等級森嚴的階級社會。每個人都需要安心地待在自己的位置上，清楚自己的位置在哪裡，在社會階層中確定自己的重要性。幸虧有團隊精神的存在，沒有人會因為自己的特殊與不同而感到孤立和脆弱。個體的獨一無二，從積極的態度看，它是個性和創造力的源泉；但個體的獨一無二，更會招致一些不好的結果，比如說他會因而成為他人妒忌或輕視的對象。一個人孤孤單單，無所事事，就會感到不真實，內心也會感到空虛。而當他在社會中有了一個位置和職業，不管是多麼卑賤，都能夠填補他內心的空虛。倫理學者認為，我們人類是非常複雜且多面性的生物，痛恨自己被他人簡化為某種簡單的實體。雖然這聽起來很合理，但事實上，**我們大部分人所扮演的角色都被簡化了**，被簡化為父親、岳母、教師、大樓管理員，或是別的什麼。事實上儘管每個角色都得到了簡化，但是仍然留下很多的問題（這些問題並不能透過社會規範得到徹底的解決）：到底是哪種父親，哪種教師？答案還是不確定。

無論是從社會角度看，還是從受苦人自己（比如印度的賤民）的角度看，最終被貶低的還是底層人民的地位。在印度這樣一個有著賤民的社會中，這種貶低表現得尤為突出。更為常見的情況是，人們運用各種非正式、非制度的手段，將社會上無權無能的人不是轉變為賤民，而是轉變為「奴隸和動物」之類的東西，也就是說，把他們貶低為自然生物體。這種貶低幾乎剝奪了人的所有自由，塞滿了所有的空虛。

這會成為絕望的原因之一嗎？當然不會。甚至在那樣惡劣的條件下，最終的結果也會往好的方面發展。事實上，情形並不總是那麼糟糕，因為即使被當做奴隸和家畜，受害者還是不需要供養他們自己，他們只要「單純」地活著就可以了，這也就意味著，他們只有艱難的工作，而不需要做什麼艱難的選擇，這樣他們就可以從包括死亡和被世界永久地遺忘等在內的無形痛苦中解脫出來。最終他們與自然合為一體；成為一個不會思考的自然物，這對他們將是一個很大的慰藉，尤其是當他們在心理上感受到被虐待的時候——誰不曾有過這樣的感受？

這些例子似乎取自某個黑暗的年代。我們可以肯定地回答說階級制度、公開將人當做藝術品或寵物等現象都曾經對人類產生過不良的影響，但是我們已經將它們扔進歷史的垃圾堆中；這種肯定的回答使我們得以安心。但是，我們是否真的做到了？世襲階級社會、封建社會及其制度已經不存在了，但它們的影響依然存在，只不過溫和了許多。讓我們來看看專制的家長式統治作風。帝國主義在其全盛時期公開地實施著家長式作風；為了文明社會和帝國的利益，也為了他們自己的利益，他們對待弱勢群體的態度既嚴厲又友善。弱勢群體被他們稱為「褐色的小兄弟」。「小」、「褐色的」以及對他們半裸的描繪都是將當地土著看做他們馴養的動物或寵物。歐洲帝國主義者和日本帝國主義者都認為自己是淺色人種中的高等人，他們向裸露身體、身材小而膚色為褐色的人伸出援助之手（在日本人的眼中，這些人通常是東南亞人）㉖。自由民主的國家是不會接受這種態度和行為的；然而，這種態度和行為並沒有完全消失，只不過是換了一種較為溫和的形式，或以一個敏感且富有同情心的領導者面孔出現，或以一個正義的捍衛者的面孔出現，或以一個扶弱濟貧的善者的面孔出現。這種態度和行為所實施的對象，也就是那些弱者，他們被欺騙了，他們不斷地抗爭，但是他們卻很無知，完全沒有能力保護自己或為自己制定一個長遠的計畫。這些犧牲品參與這場政治遊戲是因為他們有可以被利用的政治價值。他們默默接受了他們的從屬地位，但這並不是正確的做法。他們接受這樣的從屬地位，甚至有人會因此而感到驕傲。從下面的表達中可以看出他們謙恭的態度，「普通人」、「小傢伙」、「只是一個平凡的人」。宣稱自己平凡和普通使人安心，因為如果一個人定的人生目標太高，那麼他在人生的軌跡上就不會摔得太慘，而且「平凡」和「普通」也無言地表明了他謙虛的美好品德。

接受自己的地位似乎是在對逃避的欲望進行對抗，而我卻將逃避的欲望看成是人的本性。於是乎就有了衝突，這種衝突與其說很真實，不如說是顯而易見的。再次想想逃避自然的情況。下雨了，我們趕緊衝進房間裡，衝進我們自己創建的避風港；從「空間」移到「地方」，從不確定移到確定。我曾經論述過，許多文化都是在逃避自然的威脅和不確定性的過程中產生出來的。但是文化本身也充滿了威脅和不確定性。在一個生機勃勃的社會中，它所提供的自由和機會也會成為人們的負擔。於是，逃避就變成了一種類似於「潛入並躲在被子裡」的行為：人們躲在裡面，像緊緊抓住被子的四角一樣緊緊抓住約定俗成的習慣。

旁觀者與窺探者

我對暴力這一社會現象予以足夠的重視。當刺激超過一定的極限，動物和人類就會發出突然的襲擊。然而，只有人類這種高等動物會以審美、讚賞的眼光去看待暴力和破壞。人類甚至會成為蓄意破壞的行家。哲學家盧克萊修（Lucretius）有一句著名的言論：「在海邊，當狂風捲起海浪，立於海岸注視他人背負著沉重的負荷艱難前行，是一件多麼有趣的事情啊！」㉗不必從文學作品中尋找根據，歷史就會為此提供數不清的例證，特別是關於犯罪和懲罰的例證。在歐洲，吊起重罪犯並折磨他們是一件讓大家快樂的事情，一貫能吸引那些愚昧且麻木的群眾。好像在現實的生活中，這類可怕的事情發生得還不夠多，於是法國十四至十六世紀最受歡迎的劇院就會上演模擬這類事件的劇目，並使其過程持續得更長一些㉘。直到十九世紀後半葉，西方世界的死刑才改在監獄裡的密室中執行。公眾病態的好奇心得不到滿足，但絕對不可以忽視公眾這種病態好奇心的力量。一九七六年，殺人犯加里·吉爾摩（Gary Gilmore）即將被處決，電視新聞記者紛紛要求猶他州監獄的高層允許他們拍攝處決現場。一位鹽湖城電視中心的發言人說，如果他們的這個請求遭到拒絕的話，他們的電視中心會出於披露這個令人毛骨悚然的真實事件的迫切心情而考慮動用「滑翔傘、高透鏡、直升機，甚至於飛船」㉙。

要產生這種興趣必須滿足一定的條件。首先，一個人必須確認自身的處境是安全的。只有安全地坐在海灘上，才能饒有趣味地看著水手們即將被洶湧的海浪吞沒。其次，一個人必須和犧牲者在某種程度上有所相似，相似性越大，他的興趣也就越大。觀看砍倒一棵樹，不如觀看殺豬那樣讓人興奮；而更令人興奮的——一種緊緊抓住人，讓人無法將視線從恐怖的景象中移開——是對另一個人的懲罰，最極端的就是對另一個人處以極刑。此外，人們必須相信命運。命運往往愛捉弄人，明明已經選好了犧牲品，但不知何故後來又不去打擊他。一個人的思想必須既能參與「那裡發生的事件」，又能從這一事件中抽身離開，這兩個方面時常會發生衝突。在劇院裡，即使觀眾深深地沉浸於戲中，也無須——事實上一定不需要——親自表演。在現實生活中，如果遇到同樣的情形或許就需要親自參與了；一個人單純的外表之外，有可能隱藏著深深的邪惡㉚。

轉移和分離

想像讓人有能力逃避。那麼罪惡的想像是怎樣實現逃避的？途徑之一就是把一些對自己不好的事情轉移到他人的身上。做一個旁觀者其實就屬於這種轉移。看到別人因船隻失事或因交通事故而遇難，使我懂得了命運會突然給予致命的打擊，使生命在某個地方戛然而止。而我就在這裡，不在別處；身為一個旁觀者，我會一直處於安全的狀態。

另一種轉移的方式是像對待動物一樣對待他人。動物生活中的「壞」，在於牠們不得不為生存去爭奪食物，在於牠們不顧尊嚴的性慾，在於牠們最終必然要死去。死亡是最壞的事情，但是比起之前所承受的折磨、痛苦以及羞辱，以及死亡最終的意義——一個人此刻已完全沒有價值——來說，死亡就顯得不是那麼「壞」了。為了逃避死亡，為了提高自身的地位，使自己擺脫貧窮、脆弱和死亡，一個人可以把自己裹在神性的華飾之下。這些華飾可以是物質的——一棟大房子或其他形式的財富，這些有形的物質財富可以將擁有者與自然分離開來。然而，要想真正感覺到像上帝一樣神聖，還需要更多超出物質之外的東西。這裡的「更多」指的是權力，如果可能的話，是絕對的權力。絕對的權力能在自己和他人之間製造一條鴻溝，鴻溝的一面是自己，擁有半神聖的力量，另一面是其他的人類動物，我的力量可以從他們身上得到補充與滋養。我自身的動物性已經被忽略了，已經從我的本性轉嫁到他人的本性上。當我掌有生殺予奪的大權時，我怎麼可能死亡？當我只要點一下頭就可以給他人造成無比的痛苦和折磨時，我如何能成為痛苦的犧牲品？

罪惡的想像尋求轉移，它還更廣泛、更努力地尋求分離。它劃出分界線，將自己保護起來，免受他人的痛苦或不幸的影響；如果自己就是痛苦和不幸的源頭，那麼這條分界線就必須更尖銳和牢固。地獄中似乎就存在類似的分界線。納粹集中營是最徹頭徹尾的人間地獄。大多數地方呈現出來的景象顯然不像地獄；大多數人生活得有意義、愉快而坦然。然而，分界線雖然不是不可逾越的，但卻是一個普遍的存在；如果人活著就是為了承受，就是為了更有信心和更有秩序，那就注定會有分界線。把自身與他人分離開來的能力，甚至是把個體所承擔的不同角色和面孔分離開來的能力，都可能導致精神上出問題，但不管怎樣這仍是一種心智健全的狀態㉛。

試想一下，在平常的一天裡都發生了什麼。這一天，我經歷了一系列的變化，變化的本質取決於我在哪兒，和誰在一起。在農場裡，我愛撫一隻小羊羔，在牠耳邊溫柔地低語；而就在幾個小時之後，在我自家的餐廳裡，我卻在品嘗著鮮美的羔羊肉。某一時刻，我還在房間裡，滿臉通紅，汗流浹背，想要逃走；這一時刻，我卻站在教室裡，沉著自若地做一個關於柏拉圖的演講。日常生活充滿了這樣不斷轉換的場景，對於我來說，我不會將自身在一個場景的角色帶到下一個場景中去。是的，我通常不會這樣做。我能夠躍過分界線，進入一個全新的角色，與其他人一樣，我可以徹底地分離——忘記。

社會幫助人們了解什麼時候、什麼地點、應該做什麼，不同時間和不同地點分別有程度不同的限制。是否所有的社會都是如此？我的答案是肯定的，因為所有的社會都有規則和禁忌，要求時空分割。將這些規則教給年輕人，可以幫助他們避免不必要的社會衝突，這一點大家很清楚。從最終目的來講，規則和禁忌可以避免道德衝突和思想衝突，大家並沒有清楚地意識到這一點。人類宰殺曾經給予自己恩惠的動物，這樣就產生了道德衝突，這個衝突很早以前就有。禁忌規定身體的欲望和道德感是分離的，從而解決了這一道德衝突。例如，對於飼養牛的非洲人來說，吃肉的同時喝牛奶是禁忌。這種禁忌幫助他們迴避了薄弱的道德防線——他們要殺食牛，但牛曾經用牛奶滋養過他們㉜。但這種方法是不是從根本上解決了這一衝突，還是僅僅掩蓋了這一衝突？這是不是一種應該受到譴責的逃避主義？

雖然人類能將一種思想和行為，從另一種思想和行為中分離出來，但分離的程度和嚴格性並不是一成不變的。一般說來，隨著社會的發展，分離需要的日益增長，新石器時代的村莊都圍起了院牆，有了房舍，後來又發展成為大都市中日益區隔化的空間——建造了各類房間，以滿足不同的需求和活動。隨著從一個房間轉移到另一個房間，人類的行為也在發生著變化。於是，在不同的房間裡存在的是不同的自我。在這個房間中符合社會準則和道德準則的行為，在另一個房間裡也許就會被認為是不合適的。但是，人們常常會忘記做態度和價值觀的轉換；而環境的改變更容易讓人忘記做這種轉換㉝。

為了在日後維持一種合理而積極的聯繫，現在是不是必須要分離？身為一個道德人和一個社會人，我不得不與其他的人和事物發生千絲萬縷的聯繫。身為父親，我能感受到兒子在雲霄飛車探險失敗之後的沮喪；身為老師，我同情工作非常辛苦的同事。我能做的不只是感受，我還可以花時間、花精力去幫助他們。同時，為了隨時能夠幫助他人，我必須懂得怎樣保存和分配自己的精力，將其用在最合適的地方。在我去學校的路上經常會有一些無家可歸的人，如果我過分熱心地幫助他們，那麼我將會因疲勞過度而無法給學生好好地上課，因此，我只是投了一些小面值的零錢就匆匆走開了。在公共場合中，我只是匆匆地看人一眼；而當我來到教室之後，我會非常關切地注視我周圍的一切。我的這些行為聽起來似乎應該受到譴責。或許用最高的道德標準來衡量，它們的確應該受到譴責。然而，這個道德標準是個抽象的概念，沒有考慮到人們實際的行為舉止，甚至沒有考慮到在當時的情境中，人們應該怎麼做。在古代的村鎮裡，對需要幫助的陌生人視而不見，這種做法是完全被認可的，甚至是值得讚揚的。一個男人首先要對其家庭負有責任，鄰居次之，最後才輪到陌生人。改變這種順序的行為會被認為很反常。這也是中國人在儒家學說影響下產生的一種思想。但儒家說至少認為陌生人應該得到幫助，就憑這一點，該學說也值得稱讚㉞。而在其他的地方，例如在非洲、在美國，甚至在世界各地，也許連這一小小的責任也沒有得到認可。一個部落因原油和煤炭所帶來的豐厚收入或賭博所產生的巨額利潤而富裕無比，但他們卻認為自己沒有責任與義務給予貧窮的部落經濟上的援助，儘管這兩個部落會聯合起來共同指責美國對他們不夠慷慨㉟。他們在自己所在的集體中施予有限的仁慈。在物質匱乏的年代，不認可、不同情局外人和苦難者是有重大意義的。綜觀人類的歷史，物質匱乏的年代太多了，甚至在富裕的地區也會頻頻發生物質匱乏的境況。

分離的異化

以上這些分離的例子——從聯繫而產生的負擔和困境中逃離出來——都源自日常生活。做為一種社會規則，這種分離並不會引發道德上的危機；然而，從中還是產生了分離的異化，其中最為人所熟悉的就是產生了一堵分隔理想與現實、信仰與實踐的牆。所有信奉高尚理想的社會都在某種程度上遭遇這種分離的異化，尤其是十四世紀的歐洲。那個時代，「騎士們口中高喊著要發揚騎士精神，暗地裡卻時常幹著謀反、謀殺、強姦、搶劫等罪惡行徑。教皇來回踱著步子，虔誠地頌讀祈禱書，而暗地裡卻將他認為圖謀造反的紅衣主教抓來嚴刑拷問。表面上看，教堂在為貧窮和貞節祈禱，但是居於高位的神職人員卻公然享受著無比的奢華，並從此墮落下去。這些神職人員甚至分給其私生子豐厚的奢侈生活品；而那些可憐的下層修士卻被當做誘奸已婚婦女的罪人，名聲遭到無情的踐踏。」㊱

人們可以有不同的行為舉止，這些行為舉止之間能夠加以嚴格區分，就好像它們完全不同，沒有任何關聯似的。我已經注意到了人是怎樣輕易地轉換著自己的角色，不同的時刻、不同的場景，表現不同，就好像是不同的人似的。從更深的層面來探討，這也許是因為人類的心靈並不是一個統一體，而是像惠特曼（Walt Whitman）所說的那樣，是一個「混合體」㊲。儘管，「混合體」這個詞恰當地表明了人類心理的豐富和複雜，但也令人不安地暗示了人類在人格上缺乏統一性和一致性。我們看到的個體很可能是個雜亂無章的混合體——他迅速地轉換著角色，時而說謊、時而誠實；早晨還是個英雄，晚上卻是個懦夫；既是縱慾者，又是貞潔者；既是罪人，又是聖徒。有一個極端的例子，它將會說明，人在態度和角色上的改變，不能因為是出於社會的需要，或是因為這僅僅是個人有趣而自相矛盾、戲謔而不負責任的行為，而不予以足夠的考慮與重視。我列舉這個極端事例——當然還會有其他的例子——如同納粹黨衛軍在集中營的其他所作所為一樣，是存在著嚴格的道德區隔的。儘管我們已經很清楚地認識到我們人類自身的角色與個性會時常發生變換，但是當我們了解到這些納粹黨衛軍一面在早晨關心地照料著自己的病狗，期待著晚上彈奏美妙莫札特的四重奏，而另一面卻將無辜的男人、女人和孩子們投入毒氣室之後，還是相當震驚㊳。

言行一致是美好的品德。人們認為在學術界這種美德比較普遍。事實上，那可不一定。一所綜合大學是一個由許多領域（學科）組成的具有歷史的公共機構，而其中一些深深地扎根於傳統之中的歷史悠久的學科，非常妒忌其他學科的獨立。此外，在每一個領域中又劃分出許多的亞學科，而這些亞學科輕而易舉地就可以跨越彼此的分界線。這是大學缺乏聯繫性的原因之一，也是大學為什麼不去別處吸收新資源而就地取材的原因之一，這是歷史原因。但是，還存在另一個原因，與其說是歷史原因，不如說它更像是心理原因：它認為人類的道德／智力資本是有限的，如果在一個領域消費得過多，在其他的領域便會所剩無幾。在大學裡，專業是通向成功的主要道路，它使道德的失衡達到了最高的程度。曾任芝加哥大學校長的羅伯特・哈欽斯（Robert Hutchins）也證實了這一點。他曾悲痛地寫道：「一個人必須講真話的範圍越窄，他說謊的範圍就會越大。這是專業化的優勢之一。斯諾（C. P. Snow）關於科學家職業道德的看法是正確的，因為，如果一名科學家在編造虛假的科學數據的同時，還整天對著他的妻子、同事、大學校長、食品商販等說著謊話，那他無疑就是一個蠢貨。」㊴當然哈欽斯的說法不免有些誇張。每天花八個小時在實驗室裡評價實驗數據，這種行為會挫傷人們得到理想結果的希望，而這種行為會讓一個人在其生活領域中變得更謹慎和誠實；但是，哈欽斯卻不以為然，他認為這種行為不會使人們變得更謹慎和誠實。這個現象確實存在於科學界，且經常發生，遠遠超過了我們認可的程度。

偶然的善舉：其價值何在？

科學家或許既無私又誠實，但這僅僅（可以這樣說）是按時段來計算的。在這個時段裡，他或許可能是一名優秀的科學家，卻不是一個好人，因為一個人是否是好人，是要隨時接受考驗的。在《卡拉馬佐夫兄弟們》（*The Brothers Karamazov*）一書中，格魯申卡（Grushenka）講了一個關於小洋蔥的故事。一個惡毒的老婦死後墜入地獄，但是她的守護天使絞盡腦汁地回想起曾經有一次，僅僅一次，這個老婦人曾施捨給乞丐一個小小的洋蔥做為禮物，那是她從她家花園裡挖出來的。天使掏出這個洋蔥交給了老婦人。老婦人緊緊地抓住這個小小的洋蔥，從地獄的熊熊火焰中逃出來。普利摩．李維（Primo Levi）非常了解納粹集中營的恐怖，他對這則童話故事很是惱火，說它：「令人厭惡之極。」他質問道：人類禽獸，難道就沒有在某一個時候「用小洋蔥頭做為禮物，即使沒有送給別人，也會送給他自己的孩子、妻子或是他的狗」㊵？

一個壞人也許會突然做出某種善舉，就像是打噴嚏一樣隨意。精神健康的人就更不用說了。要想擁有高尚的思想，就必須承擔種種義務與責任，這已經遠遠超出了偶然行善的範疇。從這個意義上來講，善行與優秀的藝術品之間存在著天壤之別。藝術品的好壞取決於自身，不管在它之前或是在它之後會出現多少偽劣的作品，這件作品永遠都是那麼優秀、那麼美麗。一個藝術家一旦獲得一次成功，不管他一生會有多少低劣的作品，他仍然是一個藝術家，甚至還可能是一個優秀的藝術家。平庸之作並不意味著沒有好的創意，它甚至還能激發藝術家最終創造出傑出的作品。相反地，惡行是受到多種因素的驅動，儘管也許不是完全的蓄意行為，但絕不是為難得的善行做準備。美學生命是一個個離散而生動的時刻——一次壯美的日落或是一曲動人的交響樂——這些美好的時刻被生活中灰暗、憂鬱的大段時光分割開來。與此大不同，道德生命在於與他人一直保持著寬厚而仁慈的關係——有時候令人高興，但通常令人沮喪和悲傷（由不可避免的誤解而造成的悲傷）。這反過來正好說明了一個好人不會是「混合物」，不會是複雜的角色。他或她擁有一種自成一體的可靠而純潔的品格，這意味著他或她是一個完人（聖人）。難怪小說家發現很難將一個善良的角色描寫得生動有趣；難怪在科幻作品中，一般的「好色之徒」，或更有甚者，惡棍，才是故事的男主角。

需要偶像是想像力枯竭的標誌

區隔化是避免願望與理想產生矛盾衝突的一種方法，擁有偶像和崇拜偶像卻是另外一回事；但其實這二者是相似的。可以將偶像視為隔間，個體或是整個社會可以將其所有美好的情感儲存其中，這樣就有可能將對手的美好儲存在容易被人遺忘的抽屜裡。還可以將偶像看做是精神支柱、焦點和力量源泉。不論是以上哪一種，在一個運行狀態良好但有時又會令人有些迷茫與惶恐的世界中，它都能給人以寬慰。物質上的豐裕雖然會減輕迷茫和恐懼的程度，但不能將這種感覺徹底消除。愛思考的人知道，幸福感取決於一些無形的東西，其中包括——這會深深地困擾著人們——不假思索地就能保持生活與思想相分隔的能力。

需要偶像是想像力枯竭的標誌。金牛犢要比上帝容易駕馭得多。人偶，更不需要發揮多少想像力，因為他或她能發出命令，頒布行為規範，要求絕對的奉承，而金牛犢只能透過其代理人或是崇拜者的狂熱想像才能做到這些。一些人物如拿破崙（Napoleon），就是著名的偶像。財富也是如此，因為將其視為幸福之源並不需要什麼想像力。它有不同的表現形式，房子代表財富，同樣地，銀行存款也能代表財富。

崇拜金錢者想二者兼得，且越大越好、越多越好。但是，即使在財富世界裡，不同形式的財富也要求發揮不同程度的想像力。令人驚奇的是，實物能創造出更大的需求。一所大房子不一定是一所好房子；很顯然，儲蓄多要比儲蓄少更好一些。並不是所有的偶像都是物質的。例如，社會威望這種偶像，僅與其表現實體保持鬆散的聯繫，這些表現實體可能是短暫的、觸摸不到的手勢、音調、氣味，也可能是襯衣上容易被人忽視的徽章。社會威望的追隨者需要時刻保持警惕，並保持敏銳的思想。

如果能夠正確地理解宗教信仰，那麼就會發現它與「偶像」一詞的所有涵義相對立。但是，與生活的其他方面相比，它與偶像的關係更加密切。金牛犢，自然可以用來代表種種事物，從佛的牙齒、真正的十字架到偉大的藝術作品和建築作品，人們崇拜這些事物，往往不是將其視為神聖的象徵或是超越之窗，而是將其視為自身的終結或是站在自己立場上所能獲得的最終權力。物質實體是宗教用具的一部分，同樣重要的還有手勢、規則和禁忌。用錯誤的方式朝拜或吃錯了食物，都是對上帝的大不敬，就好像是上帝的尊嚴、靈魂的拯救、宇宙的和諧，都依賴於正確的行為，並可歸納為正確的行為。與真正的宗教信仰不同，偶像崇拜幾乎讓人無法抵擋。我們很清楚這是為什麼。偶像崇拜是很容易做到的，儘管有一些必須要嚴格遵循的規矩，甚至正是由於有這些規矩才使得偶像崇拜很容易做到。為什麼說容易做到呢？

那是因為偶像崇拜中，崇拜的對象是有形的，而宗教中的上帝——「非此非彼」——卻是無形的；再者，嚴格遵守字面上的禁令，可使人獲得兩大心理回報：自以為是和安全感。服從本身可以讓人產生一種自以為是的感覺；至於安全感，限制個體的規則，就好像是房屋擋風蔽雨的牆一樣。

瘋狂或疲憊

區隔化和分離似乎是智力上和道德上的缺陷，需要人們加以克服。弗斯特（E. M. Forster）有一個著名的主張：「只有溝通。」[41]人們理解他的觀點。之所以有這些人性上的缺陷存在，是因為我們沒有有效地溝通，做不到移情，也沒有多少同情心，不能站在他人的角度和立場看問題。再者，無力的人類究竟能朝著嚮往的方向走多遠？倫理學者或許會要求我們「不分彼此」，但說句良心話，這會直接導致我們發瘋。事實上，說到精神分裂，有一種看法認為精神分裂的患者缺乏自我保護意識，他們太容易同情他人。這種傾向是不自覺的——犧牲自己而成為英雄式的聖徒[42]。要保持心智健全的狀態，我們就必須建立一層堅實的保護層，監控各種刺激的襲擊，因為許多刺激讓人感到不愉快，甚至於一些刺激還是相當可怕的。不只這些，一個人對另一個是否有用，取決於一定的冷靜和距離。顯然，醫生不能對自己所痛恨的病人成功地動手術。

與移情相比，同情受到情緒的控制程度要弱一些。我們應該敞開心扉去接受別人的好惡。教育家不斷地激勵我們去嘗試一些陌生而富有挑戰性的事物，但我們又被人性弱點所制約。數十年前，在一場雄辯的演講中，著名的物理學家奧本海默（J. Robert Oppenheimer）坦言，在「偉大、開放、多變的世界」中，他感到非常疲憊。在這個世界裡，「每個人都知道自身的局限性、淺薄以及對於疲憊的恐懼，這使得我們不得不緊抓住我們周圍的一切、所知道的、所做的，依附於我們的朋友、家人和愛人，以免陷入時空的混亂中而一無所知、一無所愛。」當某人告訴我們他看見的與我們看見的不同，他認為很美的事物在我們看來卻很醜陋，這個時候，我們往往會藉口上廁所而走開。但是，這種行為正體現出我們的弱點和缺陷。「讓這種行為成為衡量我們美德的尺度，我們清楚這一點，卻從中找不到任何慰藉。」㊸

沉浸：逃避到底

人們越是充分地利用自己的智慧和自由，就越可能被虛無縹緲的極樂所誘惑；

飛得越高，就越可嚮往底層安寧而穩定的生活；能力越強，就越可能嚮往沒有能力——完全屈從於他人的意志，哪怕這只是一瞬間的念頭。

濟慈（John Keats）是一個感情充沛的詩人，既有感性，又有理性。他還是一位極度冷漠的詩人，這一點並不會讓人感到吃驚。朗讀下面的詩句，怎能不讓疲倦而痛苦的人們為之魂牽夢繞？

成熟是沉寂的時光；
夏日慵懶的祥雲
使我的眼睛失去知覺；我的脈搏逐漸微弱；
痛苦卻沒有劇痛，歡樂的花環卻沒有花朵。
噢，為什麼你沒有融化，留下我的感覺
全然無畏卻——一無所有？

詩人承認自己「差點愛上了安逸的死亡」，他在詩歌中頻頻把死亡輕喚，「但願我在午夜毫無痛苦地死去」。這種思想很怪異，但又有誰沒有受過這樣的誘惑？甚至像詹姆斯（William James）那樣心智健全的人，也不能對哈姆雷特的希望——

「去死吧，去睡吧……去死吧，去結束吧」完全漠然㊹。那些精力不充沛的人要將之做為一種願望與朋友，與之相處。在一篇小散文中，有這樣一句「睡，甜美地睡」。三十三歲的德國作家托馬斯．曼（Thomas Mann）宣稱他記得自己曾睡過的所有的床。他喜歡睡覺，即使沒有任何事情需要被遺忘，因為他渴望在熟睡中熄滅所有的意志力。熟睡是性愛般的極樂——淺嘗慵懶，高潮般的欲仙欲死。很容易理解曼為什麼會讚譽《特里斯坦與伊索爾德》（*Tristan und Isolde*）是一部最偉大的仿作品，因為書中描寫了「特里斯坦與伊索爾德對聖潔之夜的渴望」㊺。

死亡結束一切。還有一些不太極端的方法可以麻痹人的思想，吸毒、酗酒就是可行且常用的方法，幻想則是一種更現成的方法，它足以讓人昏昏沉沉，陷入其中。做人很難；那麼，如果將人變成像牛一樣的反芻動物，或是變成一隻縮頭烏龜，那又將如何？「我相信我能變成動物，並與牠們一起生活，」惠特曼寫道，「牠們是如此的平和與沉默寡言。」㊻動物不必滿足自己同伴的道德要求，而人類卻必須這樣做，而且對於人類而言，更難以承受的是他們對自己提出種種無理且過分的要求。像神話中表現的那樣，回到感情色彩不太濃的生活方式，一直以來都對人類產生強烈的吸引。羅馬詩人奧維德（Ovid）的《變形記》（*Metamorphoses*）就反映了這一點。這本書寫了許多困惑並受到傷害的人們的故事。他們之中有很多渴望自己變成動物，甚至是植物，還有一些幻想自己是被動物餵養大的野孩子，這其實與想變成動物或植物的願望是相似的，只是不太極端罷了。這裡就產生了一個問題，如果人類擁有能力，卻不去享用人類文化的種種益處，也不去承擔相應的責任，那情形又會怎樣？十八世紀末，在法國南部發現一個「野孩子」，這個野孩子激起了公眾的廣泛討論，當時的呼聲是「將這一生物從睡夢中喚醒」，「而且他們在這方面也確實取得一定的成果」。羅格．沙圖克（Roger Shattuck）這樣寫道：「然而人們必須承認，野孩子不用思考的存在方式確實吸引了許多人，就好像人們也渴望將自己在生活中所扮演的角色與承擔的責任統統拋在腦後。」㊼在具有浪漫主義傾向的知識分子之間，或許最溫和、最常用的催眠術就是幻想著放棄塵世的一切，回歸自然，像農民一樣生活。現代有一個典型的例子，就是托爾斯泰。他在年輕的時候，不斷地與女農民發生性關係，而成年後又整天沉浸在想變成一個簡樸農民的夢想中，他透過這樣的方式尋求逃避，逃避折磨他一生的訓誡式意識㊽。

農民是貧窮的，貧窮是治癒煩惱的良方。但是，儘管中產階級可以自由地去幻想農民的美好生活，然而他們懼怕貧困。英國作家喬治．奧威爾（George Orwell）試圖打消他的顧慮。奧威爾是「中上等的中產階級」的一員（他是這樣給自己歸類的）。他曾在巴黎和倫敦有過一段「窮困潦倒」的生活。墜入深淵固然可怕，但是出乎意料之外的是，人一旦掉進社會底層並安頓下來，生活竟然是能夠忍受的。然而，要做到這一點，必須滿足兩個條件：第一，沒有家庭的責任需要承擔；第二，必須是在社會中碰到暗礁並跌入社會的底層。奧威爾解釋道，如果一個人有一百法郎，他會處在一種惶恐的狀態中；但是如果他只有三法郎，他會自言自語道：「很好，有了這三法郎，我還能夠撐到明天。」除此之外，他不會想得更多。貧窮扼殺了對未來的擔憂，這是減輕痛苦的一種方法。另一種方法幾乎可以稱得上是一種快樂，即：「在窮困潦倒中，你終於真正地了解你自己。你經常談到自己一蹶不振，那好，現在已經一蹶不振了，你已經接觸到了，並且也忍受了它。這就消除了許多憂慮。」由於貧窮，一個人變成了都市的劫匪。無休止地尋找食物和住所一定會使得生活變得複雜，然而把注意力全部放到當前最急迫、最直接需要解決的吃與住的問題上，會使生活變得更加簡單㊾。

受虐既是人們被擊入最底層的一種方式，也是一種逃避的方式，它比貧窮更加誘人，因為受虐是一種幻想，社會學家茨威格（Ferdynand Zweig）寫道：「令人驚奇的是，許多富有而腐敗的商人成為受虐欲望的犧牲品，妓女的敘述充分證實了這一點……據這些妓女說，在成功的商人中，受虐的事件尤為盛行，且比施虐的事件更多。許多富有的顧客喜歡自己被痛打一通，被腳踢，或被鞭打。」㊿受虐狂同時擁有兩個最好的世界：一個是日常生活中所擁有的權力世界，一個是在扮演著完全服從於他人的角色的幻想世界，然而這個世界也是對自身能力的間接肯定，因為低三下四的腳本是受虐者自己設計的。受虐者的心理可能很怪異，但是並沒有超出一般人的欲望。那是什麼？那是一種想要得到他人認可的欲望，他可以時不時品嘗到自貶的快感。

幻想飛翔，渴望自由

被束縛在大地上會讓人感到安全，而另一個極端則是徹底的自由所產生的安全感。還有什麼比飛翔更能讓人體驗到自由的偉大？誰不曾夢想，有朝一日能像雪萊（Percy Bysshe Shelley）寫的那樣，變成一隻鳥、一隻雲雀？

你從大地一躍而起，
往上高飛，高飛
有如一團火雲，在藍天
展開你的雙翅，

不停地邊唱邊飛，邊飛邊唱⑤①。

飛翔可能是全人類的普遍願望。飛翔會出現在兒童的白日夢裡，出現在成人的神話與實踐中——對神情恍惚和心醉神迷的治療中，出現在薩滿教的航行中，出現在伊卡洛斯熔化的翅膀中，出現在達文西關於飛行器的繪畫中，出現在眾多天使和有翅膀的生物中⑤②。飛行器的發明最終實現了人類飛翔的願望，但挑戰地球引力的實驗並未停止；相反地，每一個成功都會使人類飛翔的夢想變得更加狂熱，從一項成就跳到另一項，從只是升空到能像鳥兒一樣自由自在地旋轉和俯衝，從飛過英吉利海峽到越過整個大陸和海洋，從登陸月球、（想像中的）行星，到登陸其他恆星和銀河系⑤③。是不是飛行器越強大所能享受到的自由就越多？似乎不是這樣。現在的飛機飛得高又快，但是對於那些被安全帶綁在座位上的乘客來說，這只是一架粗粗笨笨的老爺式飛機，轟隆隆地作響。相反地，原始的飛機給予人們更多的冒險和自由，它那薄薄的金屬窗雖說是一種屏障，卻讓人能夠更好地欣賞天空與星光的美麗與壯觀⑤④。另一個科技發展的尖端是太空船，它可以在月球軌道之外航行，儘管普通人一直沒有駕駛過宇宙飛船，但是太空船對提高人類的自由意識大有裨益。人們沒有被先鋒者十號的冒險所振奮，反應確實遲鈍。一九七二年三月三日，先鋒十號發射，截至一九九六年它已飛離太陽系二十五億多英里。這意味著，當太陽爆炸、擴散開來並吞噬所有的行星時，仍然會有一個脆弱的人類裝置正在飛往下一顆恆星，它將是個不朽的見證㊿。

地球既是家園又是墳墓，從被束縛在地球上到飛離地球，這種自由難道不是出於人類想要永恆的一種欲望嗎？飛機飛得越快只不過是縮短了距離，而它也應該意味著時間的延伸，但事實上並非如此，時間比以往任何時候都感覺更短。是的，我們飛翔，飛到九霄雲外，但是最終我們還是要向地心引力屈服，回到地面，這一切都是暫時的，人最終都要死亡。這就是問題所在。

幸福的幻想

還有什麼其他的逃避途徑嗎？當然還有許多。我再介紹一種現在很流行的逃避途徑，對於這種逃避途徑，既有人持強烈的贊同態度，也有人持斷然的否定態度。這種途徑是這樣的：利用想像就可以創造出富有魅力的幸福幻想，這勝過簡單的飛翔。這種虛幻的世界可能只不過是一個人的白日夢，沒有什麼未來可言。但是，在童話故事就體現出這種虛幻的世界；在建築中也可以體現，從質樸的郊外到神奇的迪士尼樂園。不管你怎麼冷靜地分析，它們都遠離地獄和邪惡。它們確實是一種美好。但是批評家指責它們不真實，或是認為它們是邪惡的真實——超現實㊹。

童話故事可以讓人們逃往幻想，這是典型的逃避主義，並且僅供孩子們進行娛樂消遣，成年人普遍這樣認為。儘管對於那些十九世紀和二十世紀的童話傑作而言，此觀點有失公允。當然，所有的童話故事都是幻想，是現實世界的替代品，沒有我們熟悉的畫面，但是它們確實能夠讓我們從枯燥沉悶的日常生活中獲得暫時的解脫。那為什麼不這麼做呢？逃避一種現實或許是接觸另一種現實的唯一途徑。例如，退回到象牙塔——一所大學、一個研究實驗室——或許是探索有關宇宙複雜本質的唯一途徑。有一種批評對童話故事最不公平，該批評認為童話故事是為了願望滿足，而這是逃避主義者的壞習慣。但是，能夠實現願望並不是現代童話故事的全部特徵。批評家最好把視線瞄準十八世紀的相關作品。在這些作品中，確實含有令人不安的願望滿足和逃避主義的某些成分。很典型的證明就是，草莽英雄一旦得到一根魔棒或是魔戒，他首先想到的是獲得糧食。逃避什麼？總是在逃避貧困，其中最緊迫的是獲得糧食，如果再貪心一點兒的話，那也只不過是肉而已。

然而，古代童話故事在人際關係方面卻表現得極其現實。為了生存，父親或許要賣掉自己的女兒，只是因為她吃得太多而做事卻不多。英雄總是願意與公主一起私奔，卻對即將溺死的乞丐漠不關心。與其說這類故事不道德，不如說它與道德無關。如果社會制度本身就很殘酷，那麼殘酷就變得天經地義了；被尊稱為美德的是狡猾，而不是勇敢和智慧。這一類故事還有一個與現代故事顯著不同的特點，就是下等人身上所表現的一種拉伯雷式的粗俗幽默。法國作家拉伯雷（Francois Rabelais）在其作品《玩具娃娃》（*La Poupée*）中將糞便與教訓聯繫在一起。一個弱智的孤兒有一個神奇的布娃娃，無論何時只要她說出「拉便便，拉便便，我小小的破布娃娃」，布娃娃就會拉出金子來。她用這些金子買了雞和牛，還邀請鄰居前來觀看。一個貪婪的鄰居偷走了她的布娃娃，但是當他唸出咒語時，布娃娃卻拉了他一身屎，「他將布娃娃扔在麥堆上。有一天他在上廁所時，布娃娃跳起來並且咬住了他，直到小女孩趕到，認領了布娃娃，他才能把它從「屁股」上拽下來，從此後他活得疑心重重」[57]。

我們可以想像在村子的空地上講述這個故事時，講故事的人用粗俗的手勢繪聲繪影地描述這個故事，而聽眾會發出陣陣哄笑聲，並熱烈地拍手稱快，這表示他們很欣賞這個故事。在我們生活的這個時代，古老的童話故事中被添加了有趣的成分，例如，誇張的幻想和簡約的現實主義——把人類貶低為狡猾的動物——在這受到馬克思主義思想的影響而對資產階級紙醉金迷的生活嗤之以鼻的文學家當中備受推崇。

那麼，幻想的本質到底是什麼？它是一個沒有「垃圾」的世界，這裡的「垃圾」指的是動物性、陋習、奴隸以及死亡。與普通人的夢想不同，資產階級的夢想將粗俗的或是不妥的東西刪除了，保留下來的是宜人的背景、友好的關係、大眾的尊嚴，尤其是自尊——環繞中心人物四周的是已經安排妥當的美麗風景，琳瑯滿目的商品和完善的服務。

資產階級的力量能夠（有的已經）使夢想成真；因此，現在世界上較富裕的地區會以擁有大型購物廣場、神奇且充滿刺激的主題公園、大型超市而倍感驕傲㊿。無庸置疑，這些場所一定會受到人們的歡迎。但是也有一小部分人——通常是在教育上享受特權的人——並不想要這些東西。對於這一小部分人來說，現代消費主義所創造出來那令人眼花繚亂的樂園是逃避主義者的幻想，不僅因為這些幻想否認了一些力量（雖說這些力量有些殘酷，卻使得這些樂園得以建成），還因為其否認了人類的動物性。即使建造這樣的場所不需要過度開發人力與物力，但是這樣的場地也沒有任何價值，它們既膚淺且帶有偏見，只能被當做一堆垃圾。當然，沒有人願意陷於這樣一堆不能被自然分解的垃圾中間。即使是那些激進的青年，也會蔑視超級市場，對其不屑一顧，或在事情進展出現差錯的時候，罵上一句「去他媽的！」就好像他們的境況糟透了，他們才不去理會房屋內正煮著香濃的咖啡，床單還散發著宜人的芬芳。於是，我得出一個結論，這些地方極度匱乏的是道德上和學識上的嚴肅性。但這是不是個人的偏見或是文化的偏見？這些豐裕的中產階級已經擁有太多的舒適與享樂，如果再對他們倡導道德和學識的嚴肅性，是不是不太實際，這是否能行得通？拚命抓住關於理想世界的幻想——烏托邦或是天堂——就會產生兩個明顯的衝突：必須要有上述的廢物（否則，幻想的空間怎能變成現實），必須要有某種持續的精神——智力的渴望和發展；而這都會與人類的「真正」本質相衝突。

注釋：

①尤納斯（Hans Jonas）著、伏格（Lawrence Vogel）編的《死亡和道德：在奧斯威辛之後尋找美好》，p. 13。埃凡斯頓：西北大學出版社，一九九六年。

②科恩（Norman Cohen），《歐洲的心魔：由大獵巫運動引發的探究》，p. 70。紐約：基礎圖書出版社，一九八〇年。

③桑塔亞納（George Santayana），〈社會中的理性〉，載於《理性的生命》，p. 81，一九〇五年第二卷，第二次印刷。紐約：多佛出版社，一九八〇年。

④威爾森（Colin Wilson），《性衝動的起源》，p. 167。倫敦：亞瑟貝克出版社，一九六三年。

⑤洪堡（Wilhelm von Humboldt），《無職無權的人文主義者》，pp. 383-384。底特律：韋恩州立大學出版社，一九六三年。

⑥格雷（J. Glenn Gray），《勇士：對戰爭中人的反思》，p. 51。紐約：哈潑火炬圖書出版社，一九六七年。

⑦對殘忍一詞有多種解釋，其中一種較為煽動性的解釋請參見羅塞特（Clement Rosset）的著作《快樂的殘忍：一種面向真實的哲學》。紐約：牛津大學出版社，一九九三年。

⑧湯瑪士（Elizabeth Marshall Tomas），《與世無爭的人》，pp. 51-52。紐約：Vintage Books，一九六五年。

⑨《無情的大地》，引自卡繆的《工作筆記，一九四二~一九五一年》，p. 142。倫敦：哈米什—漢密爾頓，一九六六年。

⑩厄普代克（John Updike），《自覺》，p. 150。紐約：諾夫出版社，一九八九年。當然，痛苦被合理化為獲得真相的手段，也是不包括動物的。彼得斯（Edward Peters），《痛苦》。費城：賓夕法尼亞大學出版

社，一九九六年。

⑪索夫斯基（Wolfgang Sofsky），《恐怖的秩序：集中營》，pp. 225-226, 237。普林斯頓：普林斯頓大學出版社，一九九六年。

⑫這一例子引自人類學家兼哲學家杜斐（Kevin Duffy）的專著《林中孩童》，p. 50。紐約：杜德—米德公司，一九八四年。他曾考察過姆布蒂俾格米人的生活，與公認的權威特恩布爾相比，他距離我們的年代更近一些。

⑬著名作家奈保爾（V. S. Naipaul）生於特立尼達島。「我們不再嘲笑特立尼達島人的無能，這種感覺確實棒極了。」他寫道，「黑人曾經嘲笑別人的無能。這是相當殘忍的事情。我記得在太子港的一家電影院中，大家在看新聞影片。當看到德國集中營的場面時，黑人觀眾卻嘲笑集中營中那些黑人獄友，這令我感到十分震驚。」載朱薩瓦拉（Feroza Jussawalla）編輯的《奈保爾談話錄》，p. 120。傑克遜：密西西比大學出版社，一九九七年。

⑭特恩布爾（Colin Turnbull），《林中民族》，p. 100。紐約州的花園城市：雙日出版社，一九六二年。

⑮格蘭伯（Nelson Graburn），〈加拿大因紐特人中存在的嚴重的虐待兒童現象〉，載休斯（N. Scheper-Hughes）主編，《倖存的孩子們：善待兒童和虐待兒童的人類學視角》，pp. 211-226。荷蘭多德雷希特：雷德爾，一九八七年。巴克什（Michael Baksh），《文化生態學與秘魯亞馬遜河流域馬其固加印第安人的變化》，pp. 99-100（加利福尼亞洛杉磯大學博士論文），一九八四年。我在此要感謝埃德格爾頓（Robert B. Edgerton）為我提供了他的文章〈病態的社會：挑戰原始和諧的神話〉，pp. 79-80。紐約：自由出版社，一九九二年。

⑯我將這種見解歸功於卡西迪（Frederic Cassidy）。他是威斯康辛—麥迪遜大學的一名語言學家，參見我的另一本著作《人、地方與事物》的一個章節〈社區和地方：一個質疑的觀點〉，p. 50。該書收入王（S. T.

Wong）主編的《地學與人類》，第三十一卷。路易斯安那：地學出版物，路易斯安那州國立大學出版社地理學與人類學部，一九九二年。「事實上，有限度地進攻有助於社區的形成」，請參見戴維．吉爾摩（David Gilmore），《侵略與社區》。紐黑文：耶魯大學出版社，一九八七年。

⑰引自奈特（James A. Knight），《為了金錢的愛：人類行為與金錢》，p. 161。費城：里彭卡特出版社，一九六八年。

⑱斯皮克曼（J. C. Speakman），《分子》，p. vi。紐約：麥格勞—希爾出版公司，一九六六年。

⑲吉布森（James William Gibson），《勇士的夢想：越南戰爭之後美國的暴力與男子氣概》，pp. 109-112。紐約：希爾和王出版社，一九九四年。

⑳沙特（Jean-Paul Sartre），《神聖的香貓》，pp. 360-361。紐約：巴西木出版社，一九六三年。

㉑麥庫洛夫（David McCullough），《馬背上的早晨》，p. 88。紐約：西蒙—舒斯特出版公司，一九八一年。

㉒韋爾斯福德（Enid Welsford），《傻子：他的社會史與文學史》，p. 135。倫敦：法伯和法伯出版社，未注明出版日期。肯拉特（E. Tietze-Conrat），《藝術中的侏儒與小丑》，p. 80。倫敦：費頓出版社，一九五七年。

㉓曹雪芹，《石頭記》，p. 157。密德爾塞克斯郡的哈蒙德斯沃斯：企鵝出版社，一九八〇年，第三卷《警世之聲》。

㉔休格特（Frank E. Huggett），《樓梯下的生活：維多利亞時代英國的僕人》，p. 27。倫敦：約翰．默里書業出版社，一九七七年。

㉕小摩爾（Barrington Moore Jr.），《不公平：順從與反抗的社會基礎》，p. 55-64。紐約州懷特普蘭斯：英麥克米蘭出版社，一九七八年。

㉖參見道威爾（John W. Dower），《不仁之戰：太平洋戰爭中的種族與強權》，p. 200的卡通畫與相應的文字部分（紐約：萬神殿出版社，一九八六年）。

㉗盧克萊修（Lucretius）著、萊瑟姆（Ronald Latham）譯的《論事物的本質》，第二冊，p. 60。密德爾塞克斯郡的哈蒙德斯沃斯：企鵝出版社，一九五一年。關於毀滅之美——從食肉動物沉著冷靜地捉捕到獵物，並吃得一乾二淨〔梭羅（Thoreau）語〕，到海難中船隻的殘骸——的總體說明，參見哈麗（Philip Hallie），《善與惡、助與害的故事》，p. 118-129。紐約：哈珀柯林斯出版公司，一九九七年。

㉘小懷特（Lynn White Jr.），〈死亡與魔鬼〉，載金斯曼（Robert S. Kinsman）主編，《文藝復興時期更加黑暗的景象》，p. 32。柏克萊：加利福尼亞大學出版社，一九七四年。

㉙載於《時代雜誌》，p. 78，一九七六年，十二月十三日。

㉚俄國作家曾就公開處決的道德（和不道德）展開過激烈的討論。傑克遜（Robert Louis Jackson），《與杜斯妥耶夫斯基的對話：無法對抗的問題》。史丹福：史丹福大學出版社，一九九三年。

㉛克瑞士威爾（Tim Cresswell），《地方之中／地方之外：地理學、意識形態與犯罪》。明尼阿波利斯：明尼蘇達大學出版社，一九九六年。薩克（Robert David Sack）著的兩部作品：《人類的領土：理論與歷史》（劍橋：劍橋大學出版社，一九八六年）和《人類地理學：行為、意識與道德關注的一種框架》，pp. 90-91, 156-160（巴爾的摩：霍普金斯大學出版社，一九九七年）。

㉜賽托蒂（Tepilit Ole Saitoti），《馬塞勇士的世界》，p. 73。柏克萊：加利福尼亞大學出版社，一九八八年。

㉝薩克（Robert David Sack），《人類地理學》，pp. 32, 127-141。

㉞馮友蘭（Fung Yu-lan），《中國哲學簡史》，第三冊第五章，pp. 71-72。紐約：麥克米倫出版公司，一九五九年。孟子：「夫夷子信以為人之親其兄之子，為若親其鄰之赤子乎？」《孟子》中記有夷子觀察後說

的話：「愛無差等。」（《孟子・滕文公上》）。正如班傑明・史華茲（Benjamin Schwartz）所言：「孟子只承認一種可能，即一個人在家的溫暖懷抱中，會自然而然地流露出愛，儘管這種愛的力量會逐漸減弱，但一般人都會產生這種愛。」（《古代中國的思維世界》，p. 259。劍橋：哈佛大學出版社，一九八五年）。

㉟弗蘭克（Frederick Frank）在蘭巴雷內（Lambaréné）一邊談論著他在加蓬各部落中的考察經驗，一邊與史威澤（Albert Schweitzer）一起工作。他寫道：「我與不同部落的人們建立了輕鬆而和睦的關係，憑藉這種關係，我發現了令人困惑的部落內部關係。對於他們而言，另一個部落的人沒有資格從他們那裡祈求同情。如果你本人就是一個撒瑪利亞會成員，你就會想像到身為一個同情並援助苦難的善人應該怎麼做。但是，手足情深般地幫助他人的做法並不普遍適用於這些部落。一個人從棕櫚樹上摔下來，受了重傷，如果這個人與你同屬於一個部落，你就會毫不猶豫地背起他到附近的村莊裡醫治；如果不屬於同一個部落，你就會袖手旁觀，看著他死去。」參見《我與史威澤在一起的日子》，pp. 97, 81-82。未註明出版日期。在美洲印第安人看來，康乃狄克州的馬杉圖克特—皮奎特部落（Mashantucket Pequot）有著發達的賭博業，是該民族中最富裕的一個部落。但是，他們從不幫助貧窮的同胞；相反地，他們還指望白人出於慈善與慷慨之心給他們基金。見博耶（Paul Boyer），〈貧窮、卑微、富裕的印第安人〉，載於《部落學院：美洲印第安人高等教育期刊》，pp. 4-5，一九九四—一九九五年冬季刊。

㊱斯通（Lawrence Stone）針對杜希曼（Barbara Tuchman）所做的一篇評論，〈一面遙遠的鏡子：充滿著不幸的十四世紀〉，載於《紐約書評》，p. 4，一九七八年九月二十八日。

㊲惠特曼（Walt Whitman），〈自我之歌〉第五十一句，載於《草葉集》，p. 96。紐約：Signet Classics，一九六〇年。

㊳這裡還有一個殘酷的例子不太為人所知，它說的是：「特遣隊在俄國境內的辛菲羅波爾（Simferopol）地

區執行命令，他們收到命令必須在耶穌像的面前殺死三千名猶太人與吉普賽人。他們以超快的速度執行了這一命令，以便於大家都可以去參加耶穌復活的慶典。」參見托多羅夫（Tzvetan Todorov），《面對極端：集中營中的道德生活》，pp. 148-149。紐約：亨利—霍爾特出版社，一九九六年。

㊴赫欽士（Robert Hutchins），〈科學家的道德〉。載於《個體的渺小》，p. 25，一九六三年十一月。

㊵李維（Primo Levi），《溺死者與被救者》，pp. 57-58。紐約：高峰出版社，一九八八年。

㊶弗斯特（E. M. Forster），《此情可問天》，p. 195。紐約：Vintage Books，一九八九年。

㊷奧斯蒙德（Humphrey Osmond），〈精神分裂症與移情作用〉，載於《精神醫院》，pp. 23-30，建築學附錄，一九五七年四月第八期。

㊸奧本海默（J. Robert Oppenheimer），〈藝術與科學的前景〉，載於《人類獲取知識的權利》，pp. 114-115。紐約：哥倫比亞大學出版社，一九五四年。

㊹文德萊（Helen Vendler），《濟慈頌詩集》，pp. 26, 85。哥倫比亞：哈佛大學出版社，一九八三年。

㊺西爾巴特（Anthony Heilbut），《托馬斯・曼：性愛與文學》，pp. 21-22。紐約：諾夫出版社，一九九六年。

㊻惠特曼，〈自我之歌〉第三十二句，載於《草葉集》，p. 73。

㊼沙圖克（Roger Shattuck），《禁止的試驗：法國南部亞維農省野孩子的故事》，p. 182。紐約：F・S・G出版公司，一九八〇年。

㊽伊格奈蒂夫（Michael Ignatieff），〈他的藝術是他掌握的一切〉，載於《紐約時代書籍評論》，p. 24，一九八八年，八月二十九日。

㊾奧威爾（George Orwell），《巴黎和倫敦的裡裡外外》，p. 16。紐約：柏克萊出版社，一九五九年。

㊿茨威格（Ferdynand Zweig），《追求友情》，p. 132。倫敦：海里曼出版社，一九六五年。

㉛哈蒙（William Harmon）編，《最好的五百首詩歌》，p. 1081（紐約：哥倫比亞大學出版社，一九九二年），將雪萊的詩歌〈致雲雀〉放在英語類詩歌排名中的第一百四十位。

㉜沙圖克（Shattuck），《禁止的試驗》，p. 180。妮可森（Marjorie Hope Nicolson），《去月球旅行》。紐約：麥克米蘭出版社，一九四八年。

㉝沃爾（Robert Wohl），《飛翔的愛：飛行與西方的想像》，pp. 1908-1918。紐黑文：耶魯大學出版社，一九九四年。

㉞安東・德・聖艾修伯里（Antoine de Saint-Exupéry），《風、沙與星星》，p. 24。密德爾塞克斯郡的哈蒙德斯沃斯：企鵝出版社，一九六六年。

㉟載明尼阿波利斯的《明星論壇報》，p. 80，一九八三年六月十三日以及《時代雜誌》，一九九六年十一月四日。

㊱埃科（Umberto Eco），《在超現實中旅行》。紐約：Harcourt Brace Jovanovish，一九九〇年。布希亞（Jean Baudrillard），《美國》。紐約：Verso，一九八八年。同時參見格瑞爾・馬爾克斯（GreilMarcus），《誇張的四十年：批評與迪士尼主題公園》，瑪琳（Karal Ann Marling）編，《迪士尼主題公園的設計：文藝復興的建築》，pp. 201-207。蒙特利爾：加拿大建築中心，一九九七年。

㊲達頓（Robert Darnton），〈鵝母親的意義〉，載《紐約書評》，一九八四年二月二日。這是關於《民間故事類型：分類與書目》的一篇評論文章。

㊳段義孚（Yi-Fu Tuan）與霍爾舍（Steven D. Holescher），〈迪士尼：在世界文化中所處的地位〉，載於馬靈（Marling）編，《迪士尼主題公園設計》，pp. 191-198。

5 天堂／真實與美好

Heaven / The Real and the Good

《雅各的天梯》（*Jacob's Ladder*），畫家為威廉．布萊克（William Blake），此作品現藏於倫敦大英博物館。

經受住生存難關反覆考驗的現實生活無疑是真實的。隨著物質生活的日益豐富，我們的信心也逐漸增加，同時我們對思想的運轉方式，也有更深入的了解，我們最終將放棄曾經幻想出來的妖怪與鬼魂、精靈與天使、女神與男神。如果真能做到，至少對於理性的成年人而言如此，那麼我們這些成年人該用怎樣的眼光來看待神話與儀式、藝術與藝術品？這些事物是人類神經系統活動的產物，還是現實生活的真實寫照？是對現實生活的闡釋，還是對現實生活的粉飾？如果把這些事物視為人類所創造的單個事物，認為它們只是對不斷進行和發展著的全部現實生活的補充，這樣我們的感覺是不是會更好一些，負擔是不是也會更少一些？另外，我們怎麼來解釋人類最引以為豪的成就——卓越的道德理想、崇高的哲學思想、偉大的宗教洞察力以及各種思想體系？它們是絕對的幻想？還是恰恰相反，是絕對的現實？

十五世紀，庫薩的尼古拉斯（Nicholas of Cusa）在做關於基礎科學的演講時，依然承認魔法的存在，承認人類與幽靈之間存在著密切的關係。一個半世紀以後，法蘭西斯．培根（Francis Bacon）在現代科學思想上有了更大的進步。他否認魔法，將之視為夢、幻覺或狂想，同時，他還否認占星術、煉丹術。因為在他看來，魔法、夢、幻覺和狂想過度依附於想像和信仰，與日常生活相去甚遠。然而，培根在做為其「主要哲學」的基本理論中，還是保留了一些關於天使和幽靈的觀點。在這部分哲學思想（做為啟蒙的早期信號）中，更引人關注的是他對光明世界的嚮往。他那些關於超自然的思想中，只有天使而沒有惡魔，只有幽靈而沒有厲鬼。

培根的轉變或許會促使人們思考：為什麼要保留天使？是不是他們比惡魔更真實？事實上大多數人對惡魔的感知可能更來自於自己的經歷。因為有一點是不可否認的，那就是生活是相當艱辛的，甚至常常是殘酷的。即便是在熟睡中，噩夢中的妖魔鬼怪也會侵襲人們，當然美夢中也會出現美好的精靈。但是噩夢中的妖魔鬼怪要比美夢中的美好精靈「真實」得多。另一方面，培根說得是否正確？與「美好天堂」（服從於人們的異想天開）相比，人們更相信「罪惡地獄」（這在生活中占有相當大的比重），雖然這可能是一種有益的現實主義觀點，但有沒有這樣一種可能——天使可能比魔鬼更真實，或者一直以來都更真實？事實上，怪物和厲鬼、惡魔和巫婆已經逐漸退出現代社會生活的舞台；與此相比，在人們嚴肅的思想中，還是相當尊敬上帝和神靈的，至少在二十世紀末仍然如此。

現代西方文學正在探求什麼樣的人，才算得上是真正的好人，真正的好人無論在今生還是在來世，猶如天外來客一般稀奇、珍貴；因而，上帝仍是所有神學院課程中必不可少的內容。畢竟，想像不只是幻覺和錯誤的根源，更是人類獲取知識的唯一途徑。如果說在現代社會中科學做為一門學問享有獨一無二的崇高地位，那是因為有一個比實用性更為根本的原因：它呈現出現實生活最真實的圖像，有別於受恐懼或異想天開的驅使而形成的意象。令人驚訝的是，這幅圖像並不像人們想當然認為的那樣平淡無奇，而是充滿了神奇。持不確定論的科學家們，如愛因斯坦（Albert Einstein）和霍金（Stephen Hawking）等，面對其研究的自然核心所蘊藏的奇異性和謎團，也會在其廣為流傳的著作和個人見解中使用「上帝」一詞；而他們所聲明的上帝，更像是不偏不倚的造物主，讓其陽光不偏不倚地普照著所有生靈，而不像是無數神話故事與民間傳說中那些在道德上搖擺不定、熱情洋溢卻帶有偏見的神①。

幻想如何踏上科學發現之旅

出於某些還不十分確定的原因，在剛剛步入現代化進程的歐洲，許多成人就像是無所顧忌的孩子，開始質疑富於挑戰且為廣大人民所接受的事實，結果使得一些現代科學基礎理論開始形成，最為突出的是運動定律（物理課本上的例子）——伽利略和牛頓發現並建立的運動定律。雖然人們發現阻力的作用無處不在，阻力會影響到物體的運動速度，但是他們所提出的理論在人們的常識理解範圍內卻與亞里斯多德（Aristotle）的權威理論相違背。伽利略忽略了阻力的存在，儘管人們認為阻力無處不在，並影響著物體的運動。這裡的幻想是什麼？在沒有阻力的世界中，下落物體的速度與其質量成正比的規律，將不再是一條普遍適用的基本規律。牛頓第一定律認為，在外力對運動物體產生作用之前，物體將一直保持勻速直線運動。對於外行人來說，這一論點似乎像是科幻小說作者為了製造某種令人震驚的效果而提出的奇思異想。如果你仔細觀察你周圍物體的運動軌跡，你就會發現每一個軌跡——從拋出去的石頭的軌跡，到遷徙鳥類的飛翔軌跡，到太陽的運行軌跡——都是曲線或者圓形。從歷史的角度來看，圓形在人類——古希臘人及其富有智慧的後代、歐洲人，還有哥白尼和伽利略這些科學家——的思想中，占有極其重要的地位②。同樣地，在其他的文化與文明中，至少在美洲印第安部落中，人們也能清楚地體會到圓形對他們的重要作用。正如受人尊敬的印第安蘇族部落酋長布拉克．埃爾克（Black Elk）所斷然宣稱的那樣：「世界的力量一般透過圓形來起作用，萬物盡力使自己變成圓形。」③或許從某些深層而神祕的意義上講，他說得很對。現在，直線運動軌跡——這一由牛頓提出的「有背常理的」的假設——已經透過了力的終極試驗。這裡的「力」意味著什麼？其內涵包括兩個方面，一方面可以在以前我們認為沒有任何關聯的離散現象之間確定某種聯繫；另一方面，可以用迄今為止未被證實的體系，來精確地預測出物體的運動狀態④。

科學史學家小懷特（Lynn White Jr.）舉了一個更令人吃驚的例子，該例表明了幻想是如何促使一個人踏上科學的發現之旅。他這樣寫道：

> 一七三三年，做為智力運動，耶穌會士薩謝利（Jesuit Girolamo Sacchari）對歐幾里德的平行線公理提出挑戰，並建立起一套自成一體的非歐幾何學，從而替代了原先「荒謬」的公理，那就是經過一個給定的點，可以引出一條給定直線的兩條平行直線。不幸的是，他將非歐幾何學視為玩笑，一笑置之。直到四代人之後，數教學家們才意識到耶穌會士薩謝利已經做出了一個偉大的發現，之後迅速誕生了一整套的對照幾何學。愛因斯坦曾認為黎曼幾何學是通向原子能釋放的數學鑰匙，而對照幾何學享有與黎曼幾何學（Riemannian geometry）一樣的地位。這套新理論最驚人之處在於人們發現人類僅用幻想就可以研究現實⑤。

十六世紀以前，打開自然界大門的「數學鑰匙」還鮮為人知。直到十六世紀末，數學方程式才有所發展。數學方程式一經投入使用，人們就迅速認識到它不僅是一種有用的數學工具，還能夠檢驗人們思想是否正確。於是，在人們當中就形成了這樣一種觀念，認為宇宙的本質是數學的，上帝無疑是一位數學家，如果深入地研究上帝的創造物，就會發現確實存在著一種精確和優雅，而只有樸素的數學語言才能抓住這種精確和優雅。當人們擺脫了那些關於上帝的幼稚幻想後，又會如何認識上帝？我們仍然會堅守上帝就是真正數學家的神話，於是當我們聽到下面這個故事時，或許會報以讚賞的微笑。這個故事講的是當時還是一個學生的阿蘭·圖靈（Alan Turing）（之後成為一名科學家）在發現了斐波那契數（The Fibonacci numbers）在自然界中的表現時（例如，許多常見植物的葉子排列和花朵模式）極度興奮。「斐波那契數——指以1，1，2，3，5，8，13，21，34，55，89……開始的序列，其中每一個數都是前兩個數之和。」⑥

肉眼能輕易地觀察到生物的生物學特性，但事實上，這些生物學特性往往是雜亂無章的，無論用哪種數學序列來解釋，都可能只是一種巧合而已。相比而言，物理性質——頭頂上的星星——就顯得更為有序些，但是即使在這種有序的物理性質中，現代科學家也會發現其中蘊藏著無序性、偶然性和不穩定性，並不像前人們想當然認為的那樣，物理性質只是一種簡單的和諧⑦。但是，物理學家並未放棄探索，探索複雜現象背後隱藏的真理對他們來說，仍然是一件美好的事情。正如天文學家錢德拉塞卡（S. Chandrasekhar）所言：「在我四十五年的科學生涯中，最令我驚喜的經歷就是實現了愛因斯坦廣義相對論方程式的一個精確解……絕對精確地表現出浩渺宇宙中的無數黑洞。這種『在美的面前的震驚』，這種讓人難以置信的事實——對數學美的探求進而引導我在自然界中找到了原型——使我認為，美需要人類用最深刻、最複雜的思想來回應。」⑧

美是明確的，善是含蓄的，這一點得到大家的公認。真、善、美，與上帝聯繫得如此緊密，我們絕不能將這四者割裂開來，必須將其視為完整的一體。或許這種看待現實的觀點是西方人繼承了柏拉圖學說的明智之舉。這種繼承性令人矚目，但最令人矚目的是它顯然得到了現代科學的支持。無論偉大的柏拉圖學派在今天享有怎樣崇高的地位，當今時代的進步更要歸功於帶有哲學傾向的科學家，而不是純粹的哲學家⑨。在二十世紀末相對論和解構主義影響下成長起來的純粹的哲學家，會因為被人稱做「真理的追尋者」而感到非常窘迫。我懷疑物理學家和宇宙學家也會同樣感到窘迫。他們正在以自己的方式實踐著詩人預言家和宗教神祕主義的古老學說。其共同之處在於他們對於某種終極的清晰美景都懷有深深的渴望；而且，他們又都在道德上搖擺不定，因為正是他們所從事的偉大事業的性質，使他們必須保持謙卑的態度，然而他們還是會受到傲慢的誘惑。像宗教狂熱者一樣，科學家很容易滑向自負自大的深淵；然而，為了揭示真相，他們必須保持謙遜的研究態度。事實上，科學天才往往是這樣一種人，他常常對別人輕視的思想和事實表現出不一般的關注。他們的工作氛圍很嚴肅，日程安排毫不鬆懈，研究中用的是枯燥的符號和數字，但是，他們發現的現實同宗教幻想家所預言的一樣輝煌和奇妙。現實是由極端的事物構成的混合物（簡樸的和輝煌的，極其渺小的與極其恢宏的），這使得科學圖景看上去更像是上帝的傑作，並使科學家產生這樣一種感覺，即他們在努力探索並揭示真相的過程中，他們也在靠近某些可以稱為上帝的事物。

意識：新的實體

動物第一次出現在地球上時，牠們就是宇宙中一種新的實體；同樣地，牠們的感覺和情感、認識和經歷，也就是說牠們的整個世界，也是一種新的實體。人們並不清楚世界究竟是什麼樣子，而且很可能在未來相當長的一段時間內仍弄不清楚，甚至連我們最老的夥伴——家狗的世界我們也弄不清楚。我們在感覺器官、身體構成、意識範圍和意識能力上與狗和其他大多數獸類之間差別很大，這一點將我們和牠們區別開來。當然，我們與牠們之間也有相似性，這是必然的；只要想一想所有的動物都會認路，都會辨別哪些是食物，哪些是藏身之處，哪些是危險的地方，我們就知道我們與動物之間必然存在著相似性。在「路徑與節點」這個抽象的層面上，即使沒有親身的經歷，我們也可以去理解另一種動物的世界。這個普普通通的動物世界，儘管其核心也是高尚的情感，但我們仍然對其特性和生物性缺乏足夠的了解。這個世界是圖表式的機械而單調的世界。如果一個人說動物就生活在這樣的世界中，這聽起來像是物種主義者對動物的詆毀，然而我們人類每日就生活在這樣的世界中。我們在現實生活中就像夢遊一樣無意識、不自覺，遇到商店向右拐，遇到樹向左拐，向這個人點頭問好，與那個人寒暄幾句，卻很少去喚醒我們的感知力和想像力。

如果將這些力量全部喚醒，情形又將會如何？那時的現實將會是什麼樣子？喚醒這些力量將花費大量的時間，有可能是一生的時間，但喚醒這些力量正是教育的真正目的。有一種觀點很奇怪，認為常用的學習方法或許能將一個人提升到一個卓越的高度。這種方法有很多種不同的涵義——從字面意義到引申意義——這取決於一個人的思想中是否存在個體、群體或是人類的概念。一個個體可以以一種精確的社會心理學觀念來學習。隨著他能力的不斷發展與提高，新的事物和新的看待事物的方法也會隨之產生，這種「新」僅僅是對他自己而言，對其他人來說不太可能是新的。但是，「不太可能」並不意味著「絕不可能」。一個個體，畢竟是唯一的；他的新經歷和新發現，或許只能被他自己所擁有，不能與他人分享，或者只能是在將來的某一天別人也有相同的經歷或發現時，才有可能與他一起分享。說到群體，它也有一段學習的歷史；它的世界在集體智慧的共同作用下，才得以展示與豐富。從人類的角度來衡量，「學習」更像是一種語言文字上的闡述，而不是對心理歷程的精確描述。確實，當一個人在考察太平盛世的時候，歷史進程的突發事件——間歇性地突發事件，使得一個朝代更換到另一個朝代——會在他的腦海中刻下不可磨滅的印象，而他對歷史中穩定發展的事物卻不會留下什麼印象。

「新」是一個有很大爭議的詞。科學所發現的是現存存在的或已經存在的。發現的對象原本就已經存在於世間，也就是說它其實是舊的；新，只不過是發現者意識到了它的存在罷了。我在這裡打幾個尋常的比方。就如同你從睡夢中醒來，發現這個世界是如此陽光明媚，就好像你是第一次看到這樣的世界。再來就是地理發現：發現一塊舊大陸，而這塊舊大陸對於這個探索者來說卻是第一次看到，因此，他理所當然地稱之為新大陸。當然，這兩個例子存在著明顯的差別，從睡夢中醒來這個行為不需要任何技術上的支持，但是探索新大陸卻需要。宗教啟蒙也不需要任何技術上的支持，這一點與從睡夢中醒來很相似；相反地，科學啟蒙卻需要技術上的支持。更確切地說，宗教啟蒙是優秀的自由主義教育方式所開啟的覺悟，雖然可能並不需要什麼技術上的支持，但是它確實需要技巧、訓練（淨化思想）以及文化的支持，比如說，樹立榜樣來說明一個人應該怎麼做、做什麼。以科學的眼光來看，新事物不僅取決於以上這些條件，而且取決於研究新事物的試驗儀器、試驗室或試驗大樓是否齊備。這些其實也是這個世界的新實體，它們促進了新事物和新意識的發現。英國生物物理學家弗朗西斯·克里克（Francis Crick）揭示了已存在數十億年的奇妙的生命基礎RNA和DNA，但是，無論RNA和DNA有多奇妙，對它的認識也只是幾十年前的事情⑩。

科學意識是神奇的，而且是專業化的。從另一個角度來說，人類對現實的探究範圍之廣，讓人同樣感到不可思議。探究範圍的拓展並不是透過科學儀器，而是透過對天然感受能力的培養來實現的。透過督促學生學習個別的天才個案和群體的發展歷程和成就，是培養這方面的最好方法。

成長：著魔到清醒的轉變

人類從生下來的那一天起就是「學生」。他們學習的軌跡具有怎樣的特徵？是不是無論個人成長的家庭背景和文化背景如何，他們的學習軌跡都幾乎一樣？答案是肯定的。相同的生物本性使所有的人對現實幾乎持有相同的理解，從這一點來說，他們的學習軌跡基本上是相同的。不管一個個體或群體與其他的個體或群體有怎樣的區別，當與我們人類和其他物種（包括與我們人類同一祖先的靈長類動物）的區別相比時，這種區別也就不顯著了。人類的共同特徵在童年早期表現得尤為明顯，原因不僅在於所有嬰兒的行為都很相似，還在於其「世界觀」也很相似。對於嬰兒而言，生活在熱帶雨林與生活在荒蕪大漠中差別不大，因為他們的視線範圍不會超出三英尺，他的世界可以恰如其分地被描述為微小的、不穩定的和不完整的⑪。隨著時光的推移，文化在人們的日常生活中日益占據主導地位，他們在世界觀上的分歧也日趨明顯。即便如此，跨文化的研究發現，人們不斷呈上升狀態的情感／智力成熟曲線仍然有許多共同之處。無論在何地，孩子的體力和處事能力都會隨著年齡的增長而提高，這種提高是公開的，每一個人都能看到；而不易察覺且不確定的是孩子們對真和美的理解，而這正是不斷成長所導致的必然結果。

儘管每個人都渴望成熟，而且成熟也的確值得人們期盼；但是並不是說成熟的各方面都是好的，它同樣會有所喪失，比如說喪失了單純和好奇心。如果說喪失單純之後取而代之的是知識和智慧的累積，那麼這種喪失是可以接受的；但是如果喪失的是好奇心與創造力，結果將會如何？令人感到奇怪的是，只有西方人從十七世紀以來才開始學會重視好奇心和創造力，其他社會則傾向於將好奇心和創造力視為不成熟的表現，認為最好拋棄。如果好好地想一想，你就不會對這一點感到驚訝。從人類的歷史進程來看，孩子們不斷地對求知與探索提出需求，這種需求令人質疑，因為如果這種需求以童年早期那種令人驚奇的速度發展下去，那麼它最終會對社會秩序的穩定性造成威脅。當西方人有了更強的自信心之後，他們才開始欣賞童年時代，這樣就會導致人類在生命的所有階段在思想上產生玩樂主義的傾向⑫。人們對待童年的態度之有所不同，還存在另一個原因，就是：在前現代社會，童年時代或許充滿了各種新奇古怪的想法，成年後依然如此，成年儀式之後，人只是從一個魔幻世界走進另一個魔幻世界當中；相反地，在現代社會中，當人達到一定的年齡，就會將孩提時代的魔法王國拋到腦後，於是我們就可以理解，為什麼成年人會帶著一份失落去回首美好的童年時光。

但是，這種從著魔到清醒的轉變，是否不可避免？成熟是不是從幻想到真實的一個必須的轉變？幻想是否必須與真實相對立？要得到答案，就要進一步觀察人在成熟的過程中，究竟能夠發生什麼以及確實發生了些什麼。這就意味著要從孩子開始觀察。我們首先注意到的一點就是孩子們特別喜歡玩耍。他們喜歡把自己裝扮起來，生活在自己幻想的世界中；他們假扮成動物，富有想像力地將現實事物加以變形，於是書架就變成了懸崖，掃帚柄變成了馬，朝上翻的椅子變成了堡壘。現在，教育家們意識到必須允許孩子至少有一段時間生活在他們所創造的幻想世界中。孩子的幻想並不是逃避現實，而是探索現實並與之相處的一種很自然的方式。扮做動物是他們了解動物行為最快、最實際的途徑。這是孩子在情感上與動物相聯繫的唯一方法。他們將動物視為人類的夥伴，認為動物與人類的追求相同，動物也像人類一樣依賴地球上的資源存活。更進一步來說，透過裝扮動物這一方式，孩子們清楚地了解到自己是誰。我是誰？這是人類最難回答的問題之一。當孩子們看到自己像鷹一樣勇猛、堅定，或是像小雞般脆弱、膽小，或是兩者兼而有之，或者兩者都不是的時候，當他們就是他們自己，而不是另外某個人的時候，他們的人生就有了一個良好的開端⑬。當然孩子們也會扮做他們所崇拜的成年人，並且準備長大以後也成為這樣一個人。假裝是一門技術，可以喚醒沉睡在體內的技能和天賦，否則這些技能和天賦將會死死地沉睡在人的體內，發揮不了作用。心理學家羅伯特．哈特利（Robert Hartley）從自身生活中列舉了一個例子。一天，當他在寫作的時候，他突然想起他曾在電視上看過的一個人，這個人駕馭文字的能力非常強。

突然，哈特利開始寫起來，他假想自己就是那個成功的作家，他將自己的想法設想成那個作家的風格。他可能會從「那個人走進房間」開始下筆，但是他意識到作家更有可能會寫「那個高個子男人走進了房間」。他繼續假想那個作家會怎樣遣詞造句，最後他把開頭修改成：「那個瘦高個兒的男人，一瘸一拐地痛苦地走進那間燈光昏暗的屋子。」這個試驗很成功。他的老師為他在寫作上的進步而感到高興。從那時起，哈特利就讓他體內那個能寫作的自我來進行寫作⑭。

在七、八歲左右，孩子就會開始拋棄假裝和幻想，而將視線轉向現實世界，但是他們並沒有喪失假裝與幻想的能力，只是不願意運用而已。他們更願意成為成人世界的一分子，做一些有意義的事情，比如說那些可以獲得經濟報酬的事情，如送報紙之類的事情。他們越發渴望參與到轟轟烈烈的社會生活中。為了能夠參與到社會生活中，他們就必須知道如何與他人友好的交往。他們懷著對社會交往的濃厚興趣，對社會訊息交流的無比熱情，放棄了只對自己才有意義的幻想世界，而轉向大家所共享的現實世界——一個客觀的現實世界，在這個世界中，椅子就是椅子，僅此而已。

這樣，富有想像力的孩子就逐漸地變成了遲鈍的青年，繼而變成更加遲鈍的成年人，然而這種轉變是不是不可避免？一個人變成成年人意味著什麼？在前現代社會裡，年輕人參加成人儀式之後，就代表著他已經正式進入了屬於成年人的魔幻世界和宗教世界。在創業者眼中，這個階段具有無比的重要性，但我只想知道經歷了成年儀式，是否意味著一個人真正長大了、成熟了，因為一個人的成長有別於動物或植物，真正的成長必須包含進一步成長的潛能。孩子的幻想是對真實的外在世界的真誠探索；但是，成人的魔法／宗教習俗，是人們為了對抗焦慮與恐懼的心理而建立起來的，這很可能是一種鎮壓、一種終結，是比房屋更加堅固而不可動搖的信仰。

惡魔會使人產生畏懼感，在它們面前，人們順從且無理性地處事，據推測現代社會的人們不會再這樣處事了。但真的如此嗎？答案是有保留的肯定。雖然開明的現代人已經把很多原始習慣當做廢物拋棄在歷史的垃圾堆裡，但是它們在人們的思想中根深柢固、糾纏不清。憑藉常識與實用主義而聞名於世的塞繆爾．約翰遜博士和戈登（Charles Gordon）將軍為了避免遭到厄運，從不踏上人行道的交叉口。我曾親自挑戰了這一迷信，踏上人行道的交叉口。然而，平日裡我還是寧願繞過梯子也不願從梯子下方穿過。查爾斯．亞當斯（Charles Addams）的卡通鬼片對他的諸多崇拜者產生了深遠的影響，對我也是。黑夜駕車的時候，我忍住不去看後視鏡，生怕看到某個原本不應該出現的人。現代摩天大樓的賓館或許沒有十三號房間，甚至沒有十三層。竭力追求商業利益的亞洲城市如香港和新加坡，現在仍有人用古代看風水的方式來尋找疾病之源⑮。

這方面的例子不勝枚舉。許多舊的思維方式仍然存在，如果不細細琢磨一番的話，它們仍然有一定的吸引力。對事情不細細地加以琢磨是老於世故的一個標誌。隨著人們逐漸成熟起來，人們必須從一種魔幻狀態，轉移到另一種魔幻狀態中去，從由於害怕而產生的幻想，轉移到對想像力自由且有節制地運用。這樣自由且有節制地運用想像力，其實在人類生活中很普遍，只是很容易被我們忽視，因為我們的注意力過分集中在那些天資聰穎的個體及其作品上。我們都知道米開朗基羅是一個天才。據說在他的眼裡，一塊大理石裡已經蘊藏著一個人物的形像，他只是透過雕刻將這個人物從大理石中釋放出來。這是多麼富有魔力啊！我們不是米開朗基羅，我們的想像力也沒有達到他那個水平。然而即使是最卑微的工匠，當他的創造力爆發的時候，也會發生類似的事情：他看著石塊的同時，就好像看到了還不存在的事物。創造任何事物都必須要有這樣的想像力。

理性成年人的魔幻世界

在前現代的農業社會裡，人們更多的是被比比皆是的不確定困擾著，而不是沉醉於對大自然的美好希望中；更多的是因各種不祥的預兆而過度憂鬱，而不是被喜悅所振奮。有沒有可能只有其一而沒有其二，或是其一多一些而其二少一些？在我看來，答案是肯定的。現代科學將人類從陰鬱的力量中成功地解放出來，與此同時，又展現出一個令人難以置信的威嚴而陌生的宇宙空間。這難道不是一種進步⑯？那麼，人們為什麼會普遍地為地球的前途憂心忡忡，並認為科學應該為此遭到譴責？

有許多原因可以解釋為什麼會出現這種情緒。其一就是人類由於長時期地屈服於自然的壓力下，使得人們對於科學所提供的自由持有矛盾的心理；我們懷念以前主宰我們命運的自然，雖然它時常表現得殘酷無情，但是至少將戲劇及其誇張的對白帶到我們人類的生活中。第二個原因則指向了化約主義，化約主義是現代科學的一個重要特徵，現代科學驚人的發展與成功大都是因為化約主義的存在。所謂化約主義，指的就是將與當前問題沒有嚴格聯繫的所有訊息全部排除掉。正因為如此，它也促使人們在思想上養成了一種輕視的習性，在化約主義者的眼中，一切都可用「只不過」這樣的詞語來形容，桌子只不過是大量旋轉的原子，日出只不過是一種意識上的幻覺。我們絕大多數人不是科學家，但是我們也在使用著各種的技術，我們知道，就人類居住的生活環境而言，技術就像是個化約主義者；也就是說，當今的技術已經發展得極其纖細、極其豐富，並將其觸角伸展到各個角落，企圖揭開所有隱藏的神祕性。

研究問題所採用的分析法與化約主義方法為人類提供了巨大的力量，這就證明了這些方法與現實是緊密聯繫的，並不是人類隨意創設的解決問題的方法。這裡，我還要補充一點，如果我們想要遵循康德（Immanuel Kant）的觀點來認識現實本身，那麼我們是不可能做到的。雖然我們不能了解到現實本身的所有面向，但還是有能力了解到真實的更多面向，而不只是科學所能揭示的某一面向⑰。現實的這些面向，不管是單獨的，還是複合的，都會隨著人類思維能力和感知能力在廣度和深度上的不斷增長而逐步被揭示出來。與科學不同，這種增長來自於一種思維習慣、一種綜合性而非分析性的習慣；這種習慣能將人引入更豐富、更有啟發的現實中。那麼，我就要說：如果說往昔歲月富有詩意，那麼現代社會也會如此；如果說孩子生活在魔幻的世界中，那麼成人也是，只是成人並不是透過幻想來到這個魔幻世界，而是透過發展各種能力來到這個魔幻世界的，如運動、語言、視力、聽覺方面的能力，這些神奇的能力，我在前面幾乎都有所介紹。

運動：生命之舞

讓路易・斯坦納（Jean-Louis Steiner）在《特雷布林卡》（*Treblinka*）一書中講述了這樣一則故事：在一個集中營裡，一名舞女赤裸裸地站在隊列裡，等待著被處決。一個納粹黨衛軍的衛兵叫她出列跳舞，她按照衛兵的吩咐做了，非常專業且非常有氣質地舞到那個士兵近前，奪過了槍，並射殺了這個士兵⑱。

讓我們來談論一下力量吧！在集中營裡，囚徒被貶為赤裸裸的瘦弱兩足動物，毫無人類的尊嚴和意志可言，在隊列裡像垃圾一樣等著被處理掉。衛兵站在一旁觀看，以閒談來打發時光，時而對赤裸裸的囚徒軀體做出一番淫蕩的評論。做為最後的羞辱，一個衛兵挑出一名舞女，命令她跳舞。你可以想像到舞女剛開始舞蹈時的尷尬，也可以想像到那些衛兵不懷好意地竊笑。隨後發生的一幕非常引人注目，舞女加快了舞蹈的速度，同時也增強了自信，當她這樣做的時候，她周圍死氣沉沉的空氣開始湧動起來、沸騰起來；不光是這個舞女，整個空間也充滿了活力。當她從衛兵那裡奪過槍並扣動扳機的時候，那一聲爆炸，也意味著生命的爆發。

聲音是生命、運動也是生命。孩子放學之後衝進一望無際的田野裡放聲高唱，一些孩子顯得特別地有朝氣，他們還要翻上幾個漂亮的筋斗。比較年幼的孩子在翻越單槓時，偶爾也會神采飛揚，但更多的孩子表現出來的是沒有活力。一天，我坐在一家飯店的餐桌前，隔著窗口向外看，我看到街對面的一對父子在一家寵物店門口駐足。孩子讓父親把自己舉起來，這樣他就可以看得更清楚一些。透過窗口我看到的是怎樣一幅引人注目的雙人芭蕾舞表演啊！這場表演是那樣的自然灑脫。僅僅借助父親雙手微不足道的幫助，男孩似乎並沒有被舉到父親的肩膀上。男孩將一隻胳膊摟著父親的脖子，另一隻抬起來指著什麼。過了一會兒，孩子從父親的身上爬了下來。

如果人們仔細地觀察與體會，會發現我們周圍的空間裡到處都瀰漫著運動的優雅和驚險的氣氛，具有不可抵抗的「魔法般的魅力」：在校園裡，在塵土飛揚中，孩子們在盡情地玩著皮球。是的，這會令某些人感到很頭痛。在路旁，反戴著帽子的男孩子靈巧地躍過圍欄，動作之輕盈就好像在腳下安著彈簧一般。年輕人的運動很輕鬆，這種輕鬆就是一種優美，年輕人的靦腆折射出一種脆弱的魅力，他們長大以後又會如何？

從傳統社會向現代社會轉型時，情形又會怎樣？也許這兩個問題的答案是相同的。典禮和舞蹈在民間和傳統社會裡是密不可分的，其中似乎蘊藏著現代舞蹈演員所不能完全複製的熱情和嚴肅。它們之所以不能複製，是因為那些曾經促進古老舞蹈藝術發展必不可少的極端條件，都已經消失了。這些極端條件是什麼？通常是自然災害，比如說獵物的匱乏、莊稼的枯萎、乾旱、洪澇等等。普韋布洛（The Pueblo）印第安人的玉米舞和雨舞都是為了祈求豐收。在今天看來，他們的舞蹈是美妙的，既催人入眠又鼓舞人心。整個廣場呈現出有韻律的生命力量，塵土飛揚的地面變成了一面巨大的緊繃鼓面，活躍其上的是有韻律的歌聲以及舞者飛快舞動的雙腳。但是現代版的舞蹈中彷彿缺少點什麼，儘管他們十分熱情，飾物非常精美，甚至比以往任何時候都更精美，但是卻缺少了一份思想上的憂慮和牽掛。不管莊稼收成有多麼糟糕，在二十世紀末，饑荒已經不再對人類的生命造成嚴重的威脅。在人類早期，死亡將其令人不安的陰影投射到每一個典禮和戲劇上；但是現在，死亡退卻了。玉米舞，還有雅基族（The Yagui）的鹿舞、澳大利亞的火鳥舞、英格蘭的五月柱舞，它們留下的只有藝術的魅力[19]。

在當今這個世界，隨著孩子們一天天地長大，他們逐漸喪失了他們那個年齡特有的天然優美的運動方式，取而代之的是符合成年人要求的行為舉止。這些行為舉止儘管在社會中很實用，也能得到別人的認可，但是缺少了某種優雅，微微地一鞠躬，行尊敬的屈膝禮，頭上微斜的帽子，手中拿著的煙斗，門口的互相謙讓（「您先請！」「不，您先請！」），這些都已經不存在了，只能在博物館的檔案中才能找到一些片斷。我們比以往更需要專家來提醒我們關注運動的美，運動的力量——使空間瀰漫著迷人的魅力。許多年前我曾觀看了一部由英國著名芭蕾舞演員瑪戈特·芳廷（Margot Fonteyn）主演的電影《羅密歐與茱麗葉》（*Romeo and Juliet*）。令我至今記憶猶新的一個片段是茱麗葉嘲弄她的老保姆，而老保姆則繞著房間追逐著茱麗葉。茱麗葉奔跑著、躲閃著，跳上床隨即又一躍而下。當時的芳廷已經四十多歲了，卻將一個柔順的十幾歲小孩扮演得唯妙唯肖。但是，沒有一個十幾歲的孩子能把動作做得比芳廷更加柔順、更加流暢。她好像是在流動。我被她四肢、軀幹、脖子以及頭部的運動之美驚呆了。她創造出一種曼妙的舞姿，魔幻般地在空中盤懸，久久不散，以至於在我的記憶裡，她的雙腳就從未著過地。

語言：創造出魔幻世界

運動普遍存在於動物界，所有的動物都在運動著；語言普遍存在於人類社會中，所有的人都會說話。孩子的運動有一種成年人所沒有的動人之美，但是如果他們是運動員或是舞蹈演員，那就另當別論了。此外，孩子們在語言方面顯示出非凡的天賦，但是隨著他的長大，這種天賦似乎就消失了。家長和教育家通常會觀察到年幼的孩子喜歡玩文字遊戲，孩子們還會經常做一些形像的比喻。心理學家霍華德·加德納（Howard Gardner）講述了這樣一個例子：在一個四歲兒童的眼中，天空中的一條痕跡就是「天空中的一道傷疤」；在另一個同齡兒童的眼中，赤身裸露就是「到處都光著腳丫子」；在第三個孩子的眼中，一節電池則是「一隻捲好的睡袋，隨時準備送到朋友的房間內」。在遊戲中，一個枕頭可能就是一個嬰兒，一片香蕉葉則是一座水上住宅。童年時代的奇妙就是透過比喻和隱喻的手法（即轉換的手法）來表現的。加德納注意到這些東西在感覺上和實際情況非常相似：手電筒的電池看起來真的很像一個已經收拾好的睡袋；儘管香蕉葉看上去並不像是水上住宅，但在遊戲中發揮著水上住宅的作用。大部分兒童理解不了某些話語的特定意義，例如，鐵石心腸或是莎翁將愛情比喻為仲夏夜之類的比喻。孩子們會被「鐵石心腸」這樣的比喻所困惑，他們會突然變成現實主義者，認為這個「鐵石心腸」的傢伙，長著一顆真正的石頭的心。在孩子們看來，莎翁的比喻牽強而晦澀難懂⑳。甚至就連成年人也是憑直覺來理解莎翁的比喻，別無他法，因為沒法運用邏輯思維能力來理解作家這些詞語所要表達的真正意圖。

那麼，現在還有誰會沉浸在幻想中？是成年人。但是，上述例子中提及的幻想——更恰當的措詞應該是想像——的最終結果並不是導致一種私密且夢幻般的狀態，他人不能分享；而是透過這些幻想展現出全新且生機勃勃的現實，而這是可以與他人分享的，就像是可以透過「仲夏之夜」這樣的比喻，讓大家體會到不可言語的戀愛的甜蜜與美妙一樣。這種比喻是新奇的，是作者的發明創造；但是，它又是那樣的輕鬆與自然。當人們第一次接觸這種比喻時，也不禁會吃驚地認為這種比喻是注定要產生的，就好像它的存在是理所當然的——就在我們的大腦裡——詩人只是在靈感來臨時「發現」了它。

再來看看孩子和成人的另一個區別。年幼的孩子通常會好奇地觀察單個事物，從而發現它所具有的重要意義，比如雛菊，而成人卻發現不了。然而，成人失去的這種好奇心，可以透過藝術重新獲得。雛菊僅僅是大千世界中不起眼的一員，當有人把它從田野裡挖出來，放進一個小花瓶裡，再為這個小花瓶配上一個美麗的基座的時候，人們就會注意到它、欣賞它，甚至去讚美它。孩子們卻不必通過這些步驟，因為他們有一種自然的傾向，傾向於將事物看成是單個的個體。孩子的世界是生動而美麗的，這個世界由引人入勝的無數細節組成；他們的世界不是灰色的，不是實用主義的，不是由手段和目的構建的，而這些目的也將很快變成手段，喪失其原有的關注與重視。成人並不是所有的能力都被剝奪了，正如我前面說到的那樣，他們可以透過藝術手法，重新創造出活潑生動的個體。他們可以創設出一定的語境，而這是一般孩子沒有能力做到的。在不同的語境下，詞義會發生變化，既可以縮小，也可以擴大。看一看六十四歲的華茲華斯（William Wordsworth）在一個孩子的相冊中寫下的一句詩，這首詩是這樣讚美「幫助」這一美德的：

持續給予的微小幫助是真正的幫助；
來自卑微的朋友，輝煌的造物主！輕屑不止一人：
雛菊、用自己投下的影子

保護依依不捨的露珠免受太陽的傷害㉑。

放置於太陽和露珠這樣的背景中，雛菊就成為一種有光輝意義的象徵。它將自己的魅力撒向孩子，同樣也撒向成人。但是，孩子與成人所感受到雛菊的魅力並不一定相同。與孩子相比，成人更容易被這種魅力所影響，其影響力的大小取決於成人的經驗與語境的豐富程度。這時，一個惱人的問題就會擺在我們面前：雛菊所散發的魅力或是我們正在見證的魅力，是不是老於世故的成人觀察者自身純粹的主觀想像？這樣發問聽上去好像不太嚴肅。這裡要討論的並不是「非此即彼」之類答案所能回答的簡單現象，而是一個極其複雜、極其微妙的現象，其涉及範圍很廣，囊括了各種物體和事件，既有物質上的，也有心理上的，需要花費大量的篇幅去描述，而不是解釋。或許一首詩歌，比如華茲華斯的詩歌，就能暗示出其涉及範圍的廣泛。如果只讓我用一句話來描述討論的焦點是什麼，也就是我們關注與理解的對象究竟所為何物，我會這樣說：它是一個聯合體，涵蓋了太陽、雛菊、露珠、還有人類個體。人類個體身材魁偉有力，但是令人遺憾的是，其身體是脆弱而短暫的，在地球演變進程中的某個特定時刻，人類個體之間會發生身體上或審美／道德上的聯繫㉒。

視覺經驗與風景畫

孩子喜歡畫畫。孩子在很小的時候就喜歡用大膽而抽象的線條，在白紙上或牆上亂塗亂畫。那麼我們是否可以稱呼他們是小畫家呢？答案並非完全肯定，因為與其說他們喜愛藝術創作，還不如說他們沉醉在自身製造出來的某種效果中。當孩子長到五、六歲的時候，就會放棄成人所欣賞的抽象性，轉而喜歡樹木、房屋、男人、女人等客觀事物，進行現實主義的描繪。為了能參與到公共的現實世界中，他們會放棄以自我為中心。他們似乎知道為了能與別人有效地交流，他們應該怎樣來畫畫才能得到別人的認可。如前所述，這樣一種現實主義也同樣適用於語言。當然，孩子們必須繼續使用語言，而他們會在不花費任何社會成本的情況下放棄畫畫。大一點兒的孩子，還有成人，很順利地進入由心理隱喻組成的魔幻世界當中；他們欣賞別人使用的新奇語句，並努力避免使用那些陳腔濫調。孩子在步入成年後，一般都會放棄畫畫，這並不意味著他們沒有藝術的鑑賞力，從未學會去觀察客觀事物的真與美。恰恰相反。孩子們之所以會選擇放棄畫畫，是因為到了一定的年齡，他們第一次學會注意到存在於自然界和人類藝術中的真、善、美，他們也是第一次強烈地意識到要想將其客觀世界的真、善、美描繪出來，自己的本領還差得很遠。這種放棄不失為一種明智之舉㉓。

這裡顯示出這樣一個發展的過程：從小孩子以自我為中心且富於幻想的世界，到年輕人的現實主義世界，再到青年人和成年人的魔幻世界。即使成年後要進入魔幻世界中，但成熟所帶給人的得，還是要大於失。我會再舉一些例子來論述。心理學家本川原（S. Honkaavara）曾經研究過孩子們是怎樣理解風景畫的，現在來看一下他的研究成果。把一幅風景畫展示給成年人時，他們往往會做出這樣的評價：這一幅是「歡快的」、那一幅是「陰鬱的」或是「悲傷的」等之類的評價。相反地，孩子們會認為這樣來評論風景畫讓人難以理解。但是，如果他們的情緒真的受到風景畫的感染，那就要另當別論了。當他們快樂地玩耍時，他們會堅信遊樂場也是快樂的；在他們感到不安全或是受到驚嚇的時候，周圍的風景會變成怪物㉔。人們很自然地會將情緒帶到現實世界中，無論大人、小孩都是如此。年長一點兒的人有一項特別的成就，他知道世界上存在著一些情緒，這些情緒不依賴他們而獨自存在。因而，在他們感覺悲傷之時，就會選擇外出，到野外看一看在陽光的照射下，顯得斑駁陸離的美麗森林，這是一個優美的風景。這個風景有一種力量，可以緩和他們悲傷的情緒，讓他們心情平靜下來並快樂起來。或者，你可以想像一下，當一個心情平靜的女子漫步於一個狹小而陰沉的峽谷時，她的心頭會浮現一絲不安的感覺，並不是她真的感到不安，或許這種感覺是由峽谷上方的浮雲投射的陰影所致。再舉一個例子：一個小男孩，厭倦了他的三輪車，將它遺棄在人行道旁。他的父親看見了，獨自打量著這輛三輪車，他把三輪車放倒，磨損得很嚴重的車輪彷彿露出被遺棄的可憐目光。現實主義的孩子已經上床睡了，父親卻依然醒著，待在屬於他這個成年人的魔幻世界裡。

「風景畫」對於人類有特別的意義。世界本身很溫暖，像「家」一樣，但卻覆蓋著一層冷色調。人們或許會認為風景畫是一種常見的，甚至是普遍的感知方式與體驗方式，但是事實並非如此。父母知道孩子在停車欣賞風景的時候，並沒有多大的耐心。在眾多文化中，只有兩種文化，歐洲文化和中國文化，將風景畫視為主要的藝術類型之一㉕。由此可以看出，它並不普遍，它只是一種特殊觀察世界的方法。但是這種方法一旦被發現，一旦為人所知，就會有更多的人對它大加讚賞，並運用它。身為歐洲之女的美國，發展了自己優秀的風景藝術；身為中國之徒的日本也及時發展了自己極富創造力的風景畫，十八世紀日本浮世繪畫家葛飾北齋（Hokusai）就十分擅長富士山風景畫。此外，澳大利亞土著的例子也可以提供令人折服的證據，證明風景畫的自然魅力。他們的文化與歐洲文化、中國文化有本質上的區別。在澳大利亞土著中成長起來眾多才華卓著的風景畫家。遊客和鑑賞家之類的人所欣賞的正是他們的作品。看看那沐浴在陽光中的鵝卵石，幻影般的尤加利葉，這一幕幕美麗的景色，很難讓人聯想起風景畫的創作，原來是與澳大利亞土著的傳統相違背的，也很難讓人聯想起這些風景畫是土著從歐洲引入的，只是現在已經完全與本土文化融合在一起。無庸置疑，當今世界的大部分地區的人都可以直接地理解和欣賞風景畫。說不同語言的人們之間不能直接進行語言上的交流，但是他們可以透過對美好的風景畫的共同欣賞而彼此了解。二十世紀已經充分建立起對風景畫的廣泛欣賞，這要歸功於畫廊和明信片的影響，但更要歸功於照相機的普及。一旦照相機足夠便宜，在當地商店可以買到，又易於操作時，它就會變成每一個遊客難分難捨的夥伴。不計其數的照相機拍攝下了風景優美的道路、海濱、公園和荒地，照相機是最不怕麻煩的創造者，記錄下了風景優美的現實世界。

是什麼給予風景畫這麼大的重要性，使之受到大家的廣泛喜愛，而不僅僅像威斯康辛人喜歡的奶酪那樣，只是當地人的一種偏愛。阿普爾頓（Jay Appleton）一直在強調，當用風景所具有的「庇護地」和「景色」這兩種基本涵義來理解與分析風景畫時，風景畫對於人類生存的重要性就一目了然了。因此，線索或許就是：生存。創作風景畫時，人們是在安全的地點觀測前方地帶的危險與機遇㉖。換一個稍微有點兒不同的說法，我認為風景畫由「地點」和「空間」組成，地點穩定但受到限制，空間易變但很自由。這樣，生活的一些基本特性就呈現出來了㉗。雖然，人類為了生存而苦苦地掙扎，但人們絕沒有喪失對風景的追求。美學也是原因之一。從審美的角度來看，風景畫滿足了人們對於協調——堅直與水平、前景與背景、明亮與黑暗等基本二元體之間的協調——的需求。此外，在風景畫中，人們在依附與分離之間找到最大的滿足，因為風景畫既沒有固守在某一個地方，又不是上帝眼中的廣大世界，而是位於兩者之間。正是從這個中間位置，一個人能看到並體會到人類的事業和人類的命運，然而又不需要完全地投入其中。有時也需要全心地投入，但結果並不總是稱心如意，因為全心投入通常意味著喪失思考與反思的能力，喪失解脫自己——逃避的能力㉘。

聽覺：音樂的神祕性

神聖的音樂——神聖和音樂這兩個詞有天然的親和力，不神聖的音樂有悖於音樂這個稱號，而沒有音樂的神聖必然使人感到乏味，死氣沉沉㉙。當一個人試圖想像天堂是個什麼樣子的時候，一幅十分俗氣的畫面將會出現在其腦海中：珠光寶氣的城市、美麗的花園、廣袤的牧場。如果停下來仔細想一想，就會認為這一切簡直讓人難以置信。而天堂的音樂卻是另外一回事。豎琴確實已經很古老了，但是它有可能會讓音樂愛好者聯想到天堂裡會有巴哈（J. S. Bach）的賦格曲或是莫札特（W. A. Mozart）的奏鳴曲。因為聲音遙不可及，既不能使人描繪出清晰的圖畫，也不能使人敘述出清晰的故事，它似乎屬於來世。然而，正是因為聲音遙不可及，許多人會認為擁有純音樂的天堂不真實，對他們來說，真實完全依賴於視覺和觸覺的感知。測試真實的最根本的途徑是觸覺，接著是視覺，之後——遠遠落在後面的——才是聽覺。眼見為憑，道聽途說不足為信。眼睛也會騙人，比如在沙漠中看到的海市蜃樓；但是，「聽到的聲音」是一種典型的幻覺。有一種觀念將宇宙視為一個充滿各種歡樂聲音的巨大樂器，可悲的是這一觀念並不正確。天體音樂起源於古希臘，據文學作品（如莎士比亞的作品）的記載得知它在歐洲歷史上又持續了一段時間，一直到文藝復興時期，到了十七世紀，人們才不再演奏這種天體音樂，這使得帕斯卡為外太空的永遠沉寂而哀嘆不已㉚。

與圖畫藝術相比，音樂顯得更加神祕。畢竟，大多數的繪畫藝術說到底就是一種呈現。藝術家試圖用感覺（這種感覺往往有些滯後）去捕捉大自然的美；創造原型無疑具有難以捕捉的美，無論它是一個蘋果、一張面孔，還是一處壯麗的風景㉛。音樂家也試圖再現大自然的聲音，如鳥兒歡快的叫聲、潺潺的流水聲，但這聲音僅僅是大自然宏偉壯觀的樂曲中的小插曲，實際上，在大自然之外的世界根本就找不到與原始聲音一模一樣的聲音。聖維克多山可在塞尚（Paul Cezanne）的繪畫中得以美好再現，但是自然界中卻沒有任何事物能在本質上與貝多芬（Beethoven Ludwig Van）的《田園交響曲》（*Pastoral Symphony*）相媲美。換句話說，《田園交響曲》不是一種發現，也不是一種模仿，而是一種純粹的發明（對音樂愛好者來說），是一種既非隨意、也非傳統的發明。但是，《田園交響曲》聽起來就像它一直都存在於這世上似的。其實，完全沒有必要以《田園交響曲》這樣的宏偉鉅作為例，因為任何音樂家都會受大自然聲音的啟發，並加以昇華而創作出和諧優美的旋律。或許正是因為如此，人們才廣泛地將音樂視為和諧的典範，尤其是社會和諧的典範。然而，只有在天堂，這種和諧才可能是最完美的，因為只有在天堂裡，音樂才會擁有至高無上的地位。

語言的發音可能很單調，而且因為語言只是從喉嚨裡發出，所以幾乎不需要任何面部的表情或是肢體語言的參與。然而，歌唱卻能進一步發揮身體優勢，在歌唱時身體的每個部分都得到充分的調動。如果歌手不是很用力地轉動他們的頭部，那麼正如雅各·巴曾（Jacques Barzun）所言，他們的面部將極富表現力，這是由於他們內心強大的衝動——需要他們用運動的形式來表現——已經「透過他們的肺、喉嚨、橫膈膜」噴湧出來㉜。集體的合唱有鞏固這個集體的作用，但是又不僅限於此，它還將這種鞏固的作用延伸到人類所處的大自然環境，以及那些對人類至關重要的物質對象上。這種表述很簡單，難以準確地言明歌唱為歌手帶來的滿足感。歌手演唱的時候能敏銳地覺察到自己的身體狀態，同時也能感覺到自己正與他人、其他歌手融為一體，感覺到她此時此刻正沉浸在這美好合唱的共鳴中。回想這種感受，她不得不承認這種感受已經融入到日常生活中，但是它比日常生活給人的感覺更真實，於是也更讓人難以忘懷。有趣的是，到了現代，合唱越來越少，並逐漸消失，於是教堂的唱詩班就引起了人們的注意。在唱詩班裡，人們除了頌唱之外，幾乎不做其他的事情。

正如人們都會說話一樣，人們也都會唱歌。雖然樂器自古就有，並且得到廣泛地運用，但是仍不普遍。然而，人們確實認為應該將樂器加以發揚光大，一個人如果不會使用一種樂器，就必定會失去一門藝術——到目前為止，器樂，哪怕是最簡單的，也和人類文化之間存在著密切的聯繫。器樂使聲音得到延伸和擴展。人們感覺器樂是有生命的，它會說話。但是它說了些什麼？因為歌曲有歌詞，所以可以傳達特定的訊息，讓人能夠理解；但是我們可以從樂器發出的聲音中獲取何種訊息？「河水流過水壩」、「一個為愛人的離去而暗自神傷的女子」等，都是人們不由自主地對音樂作品所做出的牽強附會的理解。也許音樂家的面部表情和肢體動作可以提供一些暗示：眉毛上揚表達了對挑戰的質問，肩膀下垂表達了對命運的屈服。對於善於聆聽的聽眾來說，這些解釋遠遠不夠——音樂高尚的主題與優美的旋律激發出他們美好的情感，他們似乎步入了一個神奇的美妙世界，這個世界比他們所了解的，或透過其他方式能了解的都更悲哀，或者更困惑，或者更莊嚴、更高尚㉝。

早期的音樂只是節日慶典中的一個部分，其餘的部分有語言和肢體動作，語言可能昇華為演講，而肢體動作有可能轉變為舞蹈。音樂的涵義——在此情此景下，也代表整個慶典的涵義——是不言而喻的。這是無法解釋或評論的。富有激情的慶典活動無論如何也會消除必要的距離，它不需要人們去思考。即使當時的氣氛並不能讓人們完全投入其中，人們可以隨意地加入或是隨意地離開，也不會有人對這個既讓人投入、又讓人煩心的活動說三道四、橫加指責。在我們生活的這個時代，流行音樂趨向於把器樂與歌曲、舞蹈以及可能的一點兒敘事結合在一起。搖滾樂不僅具有這種多元化的特徵，而且充滿著狂熱的激情；與早期不同，即便有一群獨立的觀眾，這些觀眾也不會站在一旁，而是會被隆隆作響的聲音、耀眼的旋轉燈和歌手那誘人的動作（通常是很性感的）所吸引而狂野地舞動起來。這些不同的體驗都會給人帶來相同的滿足感，即自我迷失在一個強有力的整體中。自己微弱的聲音、脆弱的個體全部融入這個巨大的整體中。這個巨大的整體正轟隆隆地作響，翻騰著無窮的力量。

十六世紀末，西方出現了一個奇特的現象，如彼得·基維（Peter Kivy）所言，是一種純音樂或「只是音樂」㉞。沒有動作、舞蹈或歌曲，特別是沒有歌曲（因為歌曲使用了既有外延又有內涵的詞語），所以這種音樂才是「純的」。因此，純音樂是無伴奏的器樂。演奏純音樂需要將音樂家和聽眾明確地分隔開來。聽眾被安排在指定的座位上，與演奏者處於不同的區域，他們只能聆聽，不得在演奏期間隨意站起來或走動，這種觀念與前現代時期的做法完全不同。

到了十八世紀，在特定的區域或是在專門設計的區域內聆聽音樂已經是一件理所當然的事情，當然現在也是如此。只有在社會的非音樂制度發生一定的變化，才可能發生這樣觀念上的轉變。有一個詞可以用來概括這些互相關聯又互相作用的變化，那就是「現代性」。一七〇〇年前後，在音樂中出現了一種全新的感應方式，即一種全新理解的交流方式，一種對整體的全新感受方式，這與隨著視覺藝術而興起的風景畫的早期觀念很相似。風景畫很像「純音樂」，它要求觀賞者處於一定的距離，而這種距離是現代性的一個關鍵的審美／道德元素。人們站在一旁觀看，而不是沉浸於環境中，風景藝術鼓勵純粹的幻想，這種幻想與多維的感知力存在顯著的差別。同樣地，在聆聽音樂時，聽眾應該忘記聲源，而幻想一幅「呈現出來」廣闊的音景。從一六〇〇年開始，樂器的音域得到飛速地擴展，有的渾厚、有的高亢，它們創造出表現前景與背景的種種幻覺㉟。

分隔是聯合的前奏，如果沒有分隔——也就是說沒有真正的個體——那也就沒有真正的聯合。鋼琴家坐在明亮的舞台上，觀眾則坐在黑暗的觀眾席中，二者是獨立的，一方在演奏，另一方在聆聽。好的聆聽並非是被動的，相反地，它需要自我控制和主動的專注，所以只有少數的人，才能很好地聆聽。我先前提到過的公眾聊天，幾乎不需要聆聽，這與以歌舞為主的傳統節目很相似，因為這種活動不需要特定的觀眾，幾乎所有的成年人都可以在其中扮演一定的角色，即便那些沒有扮演什麼角色的人，也有其他事情可做，比方說照顧一個小孩、追打一隻狗、與鄰居聊天，沒有人真正地關注別人的話題，或是關注舞蹈的魅力。如果聽眾仔細地聆聽音樂家所演奏的美妙樂曲，那麼他就會感受到音樂世界的壯觀與神奇，這會讓人忘記當下現實世界的迫切需求與焦慮；要是說，當今時代在音樂欣賞方面有哪些貢獻的話，那就是它為人們提供了聆聽的機會，讓人們可以不止一、兩分鐘地聆聽，而是長時間地聆聽。

當貝多芬的奏鳴曲在音樂廳裡響起的時候，聽眾會有何反應？毫無疑問，在行為和注意力方面，個體與個體之間有巨大的差別。有一些人打起鼾來，還有一小部分人專注於看著美麗的鄰座或是耀眼的吊燈，還有一些人或許在心裡盤算著下週股票會不會下跌等。這些都是我們可以預料到的，因為我們自己就是這樣做的。當然，其中也有一些人正全身貫注地聆聽。在專注的聽眾看來，音樂是有血有肉的：甜蜜的多情、清醒的理智、親密的熟悉、冷漠的疏遠。音樂是秩序的縮影，充滿了驚奇，受限於時空，但卻是永恆的，也是全世界的；或許最最不可思議的一點就是，任何聲音都要遜色於深邃的寂靜。

發現和發明：能否二者兼得？

在生命存在了數十億年之後，突然發現自身是由極長的大分子組成的。在科學中常會有諸如此類意想不到的發現。我們人類的思想會允許我們有這樣的自我認識，但這種自我認識並不一定會發生；文化的轉向也是如此，除去在歷史上的某一特定時刻或是地球上的某一個小角落會發生這種轉向，在歷史的其他時期也的確沒有發生這種轉向。欣賞純音樂就屬於這樣的情況。純音樂是關於生命與世間萬物聯繫的一種全新的闡釋方式，是宇宙中的一個新鮮事物。這個事物並不一定非要產生，只是在十七世紀地球的某一個小小的角落曾有過這種音樂。然而，迄今為止，純音樂就如同有關ＤＮＡ的知識，是人類共同的珍貴文化遺產，它對一個想擁有它的人敞開大門。

純音樂不僅是一種發明，同時也是一種發現；人類是自然的一部分，這一部分已經「發現」了一種非詞彙的音樂方式，透過這種方式從情感上與自然的其他部分相聯繫。人類已經「發現」了一種非語言的音樂方式，可以透過這種方式來抒發情感。發現是相對於本來已經存在的事物而言的。純音樂原本是這世上所沒有的，但其基本元素又是原本就存在於這世上的。同ＤＮＡ相比，甚至於同更複雜的生命科學相比，純音樂有可能變為現實，這是一種全新的認知形式。以此類推，若是同建築學相比，情形又會如何？建築學更像音樂而不像有機化學，它是對存在於我們人類心靈深處的情感本質的一種發現與建構。建築學一直被稱為「凝固的音樂」，建築成為凝固音樂的可能性一直就存在。漂亮的大廈終於落成。在這幢大廈中，人類或許會感覺到自己本性中所懷有的深深渴望得到了滿足，感覺到進入這幢大廈就像是進入自己的身體內部一樣。偉大的音樂也會產生類似的效果。有一種觀點認為：聆聽巴哈的音樂是在逃避混亂的現實生活，對於好的聽眾來說，不僅僅如此，他還會感覺到聆聽巴哈的偉大作品，就像是步入一座宏偉的殿堂，而且這個殿堂就像他自己的家一樣，讓他感到親切與自然，這種感覺的確有點兒不可思議。

我們只是一堆肉而已！

法蘭西斯．培根曾經憤怒地說道：「我們只是一堆肉而已！」這種憤怒源於他對人類的灰心與絕望，他認為人類已經幼稚得無可救藥，永遠只知道裝飾自己，因為他們相信這樣做可以贏得大家的尊敬㊱。儘管人類有權要求被特別地對待與重視，但這種要求顯然有些狂妄自大，因而在實際的人際交往中，人們完全不把對方放在眼裡，這種狀況實在是太司空見慣了。翻開我們人類的歷史，我們會吃驚地發現殘暴的行為比比皆是；我們這個時代已經製造太多太多大規模的屠殺，如德國大屠殺、柬埔寨大屠殺、盧旺達大屠殺等。黑人遭受著奴役與剝削，被別人當成取樂的對象，就是在民主的國家也同樣存在——在依賴奴隸勞動的古希臘，在依賴移民、外國人以及殘疾人勞動的現代民主國家。

當然，人與人之間也有尊重，但是這種尊重只是給予那些有權力、有威望的人；愛在流淌，但只限於流向自己的家人、親屬或鄰居；人類的尊嚴被認可，但是最先——甚至只有——在自己的群體中。人們普遍會用一些特別的、充滿敬意的詞彙來形容自己，以此暗示自己完美的道德，而用其他不及於此的詞彙去形容他人㊲。當前美國人對白宮政府不信任的態度，就反映了這種根深柢固的思維方式。華盛頓的公務員是否會費心去幫助遠在數千里之外的陌生居民？答案顯然是不會。但是，那些地方官員「會」費心地幫助自己的社區成員㊳。無論第「一」的「一」代表的是一個個體還是一個群體，人們都會對第一有所關注，這是事實；還有一個事實就是人們總是把自己想得很好，而對他人漠不關心或把他人想得很壞；接受事實並由事實來引導，這就是現實。發表不同意見的人，會當做是鼓吹逃避夢想的傻瓜而遭到公眾的排斥。說來也很奇怪，世界上一些最偉大的思想家已經出現在公元前六百到三百年之間。這些全球性的宗教體系和哲學體系都提出有益於人類的主張。它們認為，所有期望得到啟蒙和救贖的人，都有可能得到啟蒙和救贖。如果真能如此，那麼所有的事情都應予以足夠的重視而被平等對待。

讓我們來看看起源於德國哲學家雅士培（Karl Jaspers）提出的歷史軸心期的兩大全球性的信仰體系——儒教和猶太—基督教㊴。二者有相同的價值觀，但又存在著顯著的差異。二者之一亦或是二者都揭示了事實的真相？它們是否都已經描繪出人際關係的理想圖景？雖然實際情況並非如此，但是這一美好圖景卻能激發人們無限的嚮往。

儒教

儒教遠不如猶太—基督教激進。其一，儒教承認，無論是在自然界還是在人類社會中，都具有等級結構；它認為二者是相互契合的，兩者中的各個部分既相呼應又相融合。其二，儒教中存在對社會地位的絕對順從，儘管對於每一個人來講，尊敬、謙遜、孝順無疑都是良好的品格，但是它們主要是針對下等人的。其三，一直以來，家庭都是社會、國家，甚至是宇宙的反映，家庭從實質上來說是有等級的。儒教要求下級要順從上級，要順從地方長官，再往上就是要順從帝王。即使家庭的氣氛盡善盡美，也會有教導式的家長式作風。而另一方面，儒教也進行了一些嘗試，雖說是矛盾重重，但它畢竟嘗試了，以擺脫傳統的世界觀。儒教提出了一些和現代自由、民主的思想相似的觀點。例如孔子曾說過「性相近，習相遠」㊵。人們擁有相同的淳樸與善良的本性，擁有相同的學習能力，透過自律和教育，普通人也可以變得出類拔萃。君子（chün-tzu）一詞，在英語中指的就是「出眾者」或是「紳士」，本義是指社會地位高的人，但是在儒教中，這個詞意味著道德品性要正直、溫順、有禮貌，而這些是所有人後天可以習得的。儒教敬重那些經過努力而獲得高位的人，而非那些從祖先那裡繼承高位的人。他們首先試圖賦予君子一個最基本的涵義——一種道德存在。但是問題也隨之出現了：消除先前存在的不平等導致了知識階級的出現，而知識階級其實又是另一種不平等，因為在知識階級中，人們不是僅靠孜孜不倦的潛心鑽研而成功，還靠天資聰慧而成功。一些人似乎對優良的操行和端莊的舉止有著直覺上的理解力；一些人似乎要透過反覆的實踐方可獲得；還有一些人，即使他們十分努力最終也無法獲得。對此，孔子的言詞非常刻薄：「生而知之者上也，學而之知者次也；困而學之，又其次也；困而不學，民斯為下矣。」㊶

然而，如果是賢者來統治世界，孔子及其儒家弟子們並不會感到恐慌。讓最優秀的人居於最高的位置上有什麼不對，當然，前提是他們確實是最優秀的，不光有最優秀的行政技巧，更重要的是，他們也具備最高尚的道德。儒家清楚，知識菁英在透過合法的手段升遷到他們理想的高位時，他們也會喪失其道德上的精神支柱，而走上一條不受制約的貪婪之路，他們追逐聲色犬馬、財富名望，因此會變成腐敗的統治者和讓人無法忍受的傲慢官員。對於儒家而言，這種貪婪是惡道敗壞的核心。他們不懈地聲討之，並當眾指責這些腐敗的喪失道德的當權者。這樣社會就重新建立起平衡。如果說儒教在老百姓中間倡導尊敬與順從，那麼它也同時在官員和上層階層中間倡導克制與責任。只有那些享有特權的人，才有可能喪失道德。農民和工匠們是沒有機會放縱自己的，因此他們比較容易保持淳樸的善良品質（Chih，質）；然而，這些品質很不穩定，人很容易在環境的影響下變得粗野與庸俗，除非時刻提醒自己要克制，要保持有教養的行為舉止（wen，文）。中國社會中有這樣一個信念：那些社會／經濟財富不多的人，可以透過教育實現道德由質到文的昇華。有教養的舉止值得人們予以高度的尊敬——儒教一直提倡要文明——但這也有風險，這會滑向華而不實的世故圓滑㊷。

如果讓我用一句話來說什麼是儒教的精華，我會說它將人類生活和人際關係描繪成一幅神聖的舞蹈畫面，與天堂擁有的宇宙舞蹈相類似。這裡，我用「舞蹈」一詞也許會讓人產生歧義，因為在人們的心目中，舞蹈是熱鬧而狂亂的，而這並不是儒教的追求。在孔子及其追隨者的思想中，關注的都是莊重的事情，並通過灌入真誠的感情，使得這種莊重變得生機勃勃。儒教中有兩個關鍵詞，就是忍和禮；正是忍和禮，使得這一神聖的舞蹈成為可能並且富有朝氣。「忍」是人們彼此之間自自然然的友愛。它表現在各種人際關係中，但是在父母和孩子、長者和幼者之間表現得尤為顯著。「禮」最初的意義是「祭祀」或是「祭祀禮儀」，後來表示人類恰當的行為舉止。例如，從宮廷禮儀、外交禮節，到家庭內部或街上最普通的見面禮。儀式和典禮會有一定嚴格的規定，但要避免過度的華麗。孔子總是強調過度的華麗是一種不好的趨向。如果沒有真誠的情感投入其中，一個儀式將會變得毫無價值。此外，如果實施禮儀的過程中困難重重，讓人感覺很勉強，那麼這個禮儀也不會有多高的價值，因為困難重重會讓人產生一種被迫的感覺，而被迫的東西是不自然的。儀式要在一個高級的場合進行，在儀式中人們要遵循一定複雜的姿態和步調。如果一個人思維正常，那麼學習禮儀應該不是一件難事。無論如何，人類的本性總是促使人們從事莊重的事情。儒教似乎又認為人們有獲得體諒和禮貌習慣的願望；這些習性適用於各種場合。即使偶遇一位朋友並向他致意，也會優雅地傳遞一份快樂、一份敬意。習性或許是後天逐步培養起來的，但是一旦到了特定的場合，就要求你不假思索地表現出來㊸。

在人與人的交往中有兩點尤其值得注意。其一，是尊敬，也就是說，在人際關係中一定要以尊敬的態度對待他人。問題不在於這個人到底「值不值得」你尊敬，或是為什麼要禮貌地對待一個在社會上並不重要的人，而是在於尊敬是建立和諧人際關係一個不可缺少的珍貴品質。其二，雖然儒教並不反對輕鬆、快樂，孔子本人也曾輕鬆、快樂地在雨中高歌一曲。但是，他們強調的是人們的行為舉止和人際關係要保持一定的嚴肅性，因為只有在嚴肅的氛圍中，人們才能分享到神聖的沉靜，而神聖的沉靜會激發人們產生力量與美德，無論是寶座上的皇帝，還是每一個有思想的個體。

猶太—基督教

儒教是一種關於美德和人際關係的哲學，擁有理性的論證，但最終需要神聖感來支持。處於同時代的希臘思想家「比如傑出的蘇格拉底」或許會贊同這一點，因為他們也擁有美德（善良）和人際關係的哲學，擁有理性的論證，但他們的學說最終是要由一種鼓舞人向上的卓越感來支持。基督教與它們不同，不同之處在於上帝在基督教中占有至高無上的地位；人際關係以及其他一切都由萬能的上帝來控制。或許有人會說，這是多麼荒誕的觀點！無論是過去還是現在，多數人都沒有接受這種觀點。實際上，只有當人們在被迫要保住顏面的時候，或是讓生活更加容易控制的時候，他們才會去重視生活中那些看得見、摸得著的必需品，甚至會求助於上帝和神靈。萬能的上帝已經遠遠超乎人們的想像和理解的能力範疇，為什麼還要將管理這個世界的責任強加在他的頭上？有時高高在上的抽象上帝也會變成一個有形的人，在傍晚徐徐的涼風中，與我們的祖先一起散步；或者以天使的形像同雅各（Jacob）搏鬥；在基督教神話中，他還曾是一個生在馬槽裡的嬰兒。這一切使上帝變得更加不可捉摸。

超越萬物的萬能之神到處散發光芒，施展權威，解除世界的魔咒，將世界從神出鬼沒的洞穴、黑暗的森林、神祕、巫術、夢幻中解救出來。因此，人類肩上的重擔得以釋放。但是在這一過程中產生的完美主義卻又在人類的肩上落下了更沉重的擔子。完美主義本來早就應該被徹底地消滅，它之所以依然存在是因為法律、制度、習俗、慣例、天命和放縱依然存在。而這一直以來就是宗教的一部分。過去和現在，它們一直都在幫助焦慮的人們。然而，在猶太—基督教中，它們卻不能保證可以拯救人類。拉比和牧師過去和現在一直都在強調，僅從字面上遵循信條還遠遠不夠，這並不能確保上帝也認為你做得到。在上帝看來，即使你照著規定的信條做了，但是卻不能領會其中真正的精神，那你的行為也是讓人憎恨的（《以賽亞書》1：12—14）。儘管在神聖的安息日裡信徒們不要做事，但是如果在這一天，你不去幫助處在危難中的人，那上帝也是不會原諒你的（《路加福音》6：6—11）。

猶太—基督教倡導應該公平地對待窮人和弱者，不應該歧視他們。這是我們如今所熟知的。但我們可能會忘記這一個事實，那就是這種道德規範並沒有被所有的地方認同，哪怕只是原則上的認同，過去如此，現在仍然如此。羅馬人就不接受這種道德規範，現代的法西斯主義者也不接受，儘管（剛果）姆布蒂俾格米人的社區生活總的來說很溫馨，但是他們也不認同這一點。在猶太—基督教中，即使是旁觀者和陌生人也應該獲得自己應得的一份。《希伯來書》教導人們「不可摘盡葡萄園的果子，也不可拾取葡萄園中所掉的果子，要留給窮人和寄居的」，「若有外人在你們國中和你同居，就不可欺負他。和你們同居的外人，你們要看他如本地人一樣，並要愛他如己，因為你們在埃及地也做過寄居的」（《利未記》19：10，33—34）。以色列的耶和華是眾民族之神，是每一個民族當中的每一個人的神，他關注一切生命，從下面這段他的主張中能看出他偉大、崇高的思想感情：

你們聽見有話說：「當愛你的鄰居、恨你的仇敵。」只是我告訴你們，要愛你們的仇敵，為那逼迫你們的禱告。這樣，就可以做你們天父的兒子；因為他叫日頭照好人，也照歹人；降雨給義人，也給不義的人。你們若單愛那愛你們的人，有什麼賞賜呢？就是稅吏不也是這樣行嗎？你們若單請你們弟兄的安，比人又有什麼長處呢？就是外邦人不也是這樣行嗎？所以你們要完全，像你們的天父完全一樣。（《馬太福音》5：43—48）

這種極端的道德十分容易被人忽視。其他時代、其他地方的有理性的人，比如說孔子和亞里斯多德，會認為這段言論是瘋子的胡言亂語㊹。即使這些古人曾經一閃念地認為這個教義很偉大，但他們隨即會認為這是不現實的，是施加在人類本性與美好願望上的過度負擔。其當代的繼承者也會持否定的態度。然而自從基督教出現以來，要想不受它的影響那是不可能的。人類為自身的理性或樸素的常識而驕傲，他們對於基督教的呼籲卻無法充耳不聞。

聞名於世的道德理論對於特權和地位的看法存在著極大的分歧。一種說法認為富人應該施捨它人，強者應該幫助弱者，身居高位者不應該藐視地位低下者；但是，還存在另一種截然相反的說法，不知出於何種理由，人們應該羨慕弱者以及地位卑微的人，甚至於應該羡慕那些社會上的異常者，如疑神疑鬼的婦女、小偷，因為他們或許才是上帝真正的孩子。拿撒勒的耶穌提出一項傑出而革命的主張，他將事情完全顛倒過來了：最先的將會是最後的，最後的將會是最先的。窮人比富人更得到保佑。孩子的聰慧在某程度上就連最聰明的成人都不能及。與乖孩子和正直的古代猶太法利賽教派的教徒相比，揮霍的孩子和悔悟的稅吏更能得到上帝的憐愛和放縱㊹。

他還認為數量多不一定重要。例如，一個好心的牧羊人為了尋找一頭迷途的羔羊，會將其餘九十九頭置於危險之中。整體必須準備為個體做出犧牲，而不是像人們一直認為的那樣，個體必須為了整體的利益做出犧牲。誰會受到如此的對待？是像國王一樣身分高貴的人，還是任意一個人？其實，任何一個人都有可能是耶穌的化身，坐在這個人身上的也就意味著坐在了耶穌的身上。請看下面這段描述：

於是王要向那右邊的說：「你們這蒙我父賜福的，可來承受那創世以來為你們所預備的國；因為我餓了，你們給我吃；渴了，你們給我喝；我作客旅，你們留我住；我赤身露體，你們給我穿；我病了，你們看顧我；我在監裡，你們來看我。」義人就回答說：「主啊，我們什麼時候見你餓了，給你吃，渴了，給你喝？」什麼時候見你作客旅，留你住，或是赤身露體，給你穿？又什麼時候見你病了，或是在監裡，來看你呢？（《馬太福音》25：34—40）

在前現代時期，互惠互利是人們道德行為的核心，這一點甚至延伸到人類之上的眾神、祖先和自然之神。它從本質上講是非常有價值的，就像是在古代羅馬古板的祈禱者所信奉的「互易原則」（我給你，你或許也會給我）。耶穌肯定會讚賞互惠互利，但是如果交換只是為了互惠互利，而不是出於真誠，那麼這種交換就與他的真實用意相違背。「你們若單愛那愛你們的人，有什麼賞賜呢？就是稅吏不也是這樣行嗎？」他同時還建議：「你擺設午飯或晚飯，不要請你的朋友、弟兄、親屬和富足的鄰居，恐怕他們也請你，你就得了報答。你擺設筵席，倒要請那些貧窮的、殘廢的、瘸腿的、瞎眼的，你就有福了！因為他們沒有什麼可報答你。到義人復活的時候，你要得到報答。」（《路加福音》14：12—14）我不清楚儒家弟子會不會贊同這種觀點，善良的人或明智的人會不會贊同這種觀點。在現代的任何一個社會中違背這種互惠互利原則的行為經常發生。我們這個時代的人都很清楚，我們現在所享受的一切，從良好的健康狀況、長久的壽命到思想上的鼓舞，都是承蒙可親可敬的前輩的恩賜。當然，在我們生病或需要動手術的時候，我們會對醫學領域的各項發明深懷感激之情（只要想想其中很小的一項：氯仿麻醉）。給予我們恩賜的不僅僅是為數眾多死去的先輩，他們曾在文化上給予我們支持與鼓勵，而且還有那些素不相識的陌生人，在這種情況下，我們就沒有辦法實現互惠互利。我們只能將我們已經擁有的物質財富和精神財富傳遞給他人——其他陌生人或是後代。至於在當今社會，消防員冒著生命危險去解救陌生人，老師獻身於崇高的教育事業，還有福利工作者獻身於社會公益事業，他們嘔心瀝血，不求工資以外的任何回報；還有那些領薪水的善良撒馬利亞會成員，他們所得到的薪水與他們的付出並不能相提並論；類似的事情經常發生。當然，在耶穌的思想中不存在這種互惠互利的世俗的「線性回報」。他努力使人們注意到從上帝那裡得到的回報，試圖打破狹隘的互惠主義自私的精打細算。他之所以提出這種道德觀點，似乎是預見到我們當今這個偉大時代人際交往的需求與實踐。

孔子鼓吹禮（禮儀），禮最注重的便是外在的行為。一個人的行為必須合乎禮儀，要有禮貌。誠然，孔子還認為正直的情感應該與正確的行為相隨，但是他並不強調內心的狀態和外在的表現之間一定要保持一致。總的說來，過去的人並不很注重內在的自我，後來才產生了自我意識，並逐漸發展起來，在早期現代主義者如蒙田（Mantaigne）和羅耀拉（Loyola）等人對心靈的探尋中達到了巔峰。像古希臘的傳統一樣，猶太教也一直強調外在的行為勝過內在的感情。拉比認為夢想與現實是兩碼事，幻想通姦並不等同於通姦這一事實㊻。但是，耶穌曾經說過一句著名的言論：「只是我告訴你們：凡看見婦女就動淫念的，這人心裡已經與她犯姦淫了。」（《馬太福音》5：28）耶穌的門徒保羅將耶穌這一著名言論加以強化，他說：「我若將所有的賙濟窮人，又捨己身叫人焚燒，卻沒有愛，仍然與我無益。」（《哥林多前書》13：3）這種堅持「內心」與「外在」一致性的驅動力，是基於對偽善的極端反感，它也暗示出萬能之神也會不明不白地受到欺騙。當然，事實並非如此：「掩蓋的事，沒有不露出來的；隱藏的事，沒有不被人知道的。因此，你們在暗中所說的，將要在明處被人聽見；在內室附耳說的，將要在房上被人宣揚。」（《路加福音》12：2—3）

耶穌常用誇張的方式說話，一個很有名的例子就是，他曾寬恕某人的兄弟多達四百九十次。他所建立的道德準則常常遠遠超出常理，甚至完全顛倒了常理。他像藝術家一樣隨意地「發明」了這些道德準則，這些道德準則卻及時地被人們所接受，甚至於適度地被實踐。畢竟，它們並不是完全不可能做到的；它們甚至可能提示我們人類的本質到底是什麼，人類究竟能夠變成什麼。在西方世界中，越來越多地方的人們認為嚴格的相互作用，無論是回報還是懲罰，都是不對的，甚至是不自然的，因為這種嚴格的相互作用，阻礙了人們熱望達到的道德高度。在西方世界，給弱者以特權是一種很平常的想法，即使不付諸實施。妓女也會有好心腸。處於社會最底層的階級不僅也有公正、公平，而且還擁有他們這個階級所擁有的其他美德（無私、勇氣、誠實等）。在執行法律的時候，應該調節尺度，公平地對待罪犯，因為從更廣的意義上來講，他或她也是一個犧牲品㊼。耶穌曾預言「在煙霧繚繞的房間」裡，耳語的話將要在房上被人宣揚，在他所處的那個時代，他對祕密的這種責難似乎有些荒誕，但是這卻已經成為現代社會的一個道德準則。自從新石器時代人們首次建起房屋、築起高牆之時起，隱密的行事方式既是必然的，也是不可避免的。如果我們能意識到這一點，我們就會覺得，在那個年代要求公開是多麼的荒誕不經㊽。並不是祕密本身遭致反對，任何正經八百的討論都要求一個安靜而且隔離的空間。然而，無論祕密的初衷是什麼，都很容易滋生出陰謀詭計的壞習慣。

及時被實現的幻想，在它第一次出現的時候就已經不再是幻想了，因為就在點頭與搖頭之間，它已經播下了一顆將要收穫果實的種子。的確，我會說將自我鎮定在常理之中，鎮定在當前行得通的事情之中，而否定成長的潛能，就好像否定了種子永遠也長不成大樹、毛毛蟲永遠也不會變成蝴蝶一樣，但是這種自我鎮定會促使幻想的產生。

「如果感覺之門得到淨化……」

我們經常以昏沉的狀態漫步在生命的旅程中，就像是得了傷風，看不清周圍的世界。如果我們將所看到的畫下來，就好像那圖畫出自於幼稚的孩子之手。畫樹則所有的樹都千篇一律，樹幹比直，枝葉茂密，畫花則都是雛菊。在某些圖畫中——很罕見——世界受到強烈的蝕刻，被著上輝煌的顏色，就像是剛剛下過暴雨一般，出現轉瞬即逝的新鮮，而且以永不腐蝕的形式呈現出來。十七世紀的托馬斯·特拉赫恩（Thomas Traherne）一定有過這樣的經驗，因為他這樣寫道：「玉米富有光澤，不朽的小麥永遠新鮮。不會有人來收割它們，也沒有人將它們播種。在我的眼中，它們生來如此，永遠如此。街上的塵土和石頭像金子一樣珍貴，那些門扉看上去就

像是世界的盡頭。當最初透過一扇門扉瞥見那些綠樹，我心神蕩漾，它們的甜蜜和非凡的美麗使我心跳不已。多麼奇妙的造物啊！」㊾

要像他這樣看待世界，一個人需要做些什麼呢？某些化學藥物對此或許有所幫助。例如，美洲印第安人在其神聖的宗教儀式中要食用仙人掌的根部。儀式本身提升了他們神聖的意識，而仙人掌中含有一種振奮精神的物質，一種名叫酶斯卡靈（mescaline，仙人球毒鹼）的致幻劑會進一步提升他們的這種意識。在現代世俗社會中，人們比以往任何時候都更依賴於用化學興奮劑來保持頭腦的清醒，比如在清晨飲用一杯熱咖啡，其中的咖啡因可以讓人從朦朧的睡意中清醒過來。令人好奇的是，我們雖然了解化學藥物可以讓人清醒，卻忘了科技也有能力產生這類效果。比方說透過眼科手術可以成功地除去患者的白內障；當我在森林中漫步，眼前模糊不清，而一旦我戴上了眼鏡，馬上就可以清清楚楚地看到整個世界！然而，在早先時候，人們由於人視力上的缺陷及其程度的不同，而只能生活在他個人的世界中，而現在多虧了眼鏡這種設計精巧的工具，我們才能生活在一個既生動又可以與他人分享的世界中。

從歷史的角度來看，藝術一直承擔著將生活從憂鬱中解脫出來的責任。在它的指引和刺激下，那些趨於平淡的事物或事件呈現出全新的面貌，並發出全新的火花。寫實藝術擁有的這種力量並不比象徵藝術小。但是現實主義卻始終遭遇這樣一種尷尬的處境：他們描繪的畫面都呈現出一種屎黃色，被做成單調的圖畫複製品，或是當做沒有活力的旅行雜誌封面。求助於幻想也不能解決問題，因為幻想出來的世界與平常的經驗世界相距甚遠。難道藝術就必須是真實的嗎？想想十九世紀和二十世紀吸引了無數讀者的兩個文學藝術流派：童話故事和科幻小說。二者都充滿了神奇，都盡可能地引領讀者遠離單調的現實生活；然而它們之間還是存在重要的差別。其一，科幻小說的奇妙之處在於它的不可預測性和奇幻性，而典型的現代童話故事的奇妙之處不止於此。在童話故事中有許多為人們所熟悉的物體，有麵包、樹樁，還有擠奶女工和伐木工之類的「普通」人；它透過將人們置於一個廣闊的時空背景中——這個時空背景中充滿了各種讓人愉快的事物——而達到奇妙的效果。其二，童話故事滿足了人們與生物還有石頭、空氣、水、火等世間萬物交流，而不僅僅是控制它們的深深願望，這一點與科幻小說大相逕庭㊿。在某種意義上，語言之類的工具使所有的生物獲得了生命，山有「臉」，桌子有「腿」，風在「咆哮」，因此與它們交流或它們之間進行交流看起來就不是不可能的了。從童話故事能很明顯地體會到這一點。想要創作一部好的童話故事，作家就要仔細地觀察生活，並找出紛繁複雜的生命個體之間的細微差別，從而展現這些生命個體的獨特才華。童話故事中的人物往往有很強的道德感，而這一點又與科幻小說有所不同；童話故事是透過道德鏡頭來觀察行為的，英雄行為就是幫助他人的行為，而不是蠻勇[51]。儘管科幻小說會把好人和壞蛋形容得很貼切，但是它們並沒有探索善良和罪惡的本質，這點就像寓言一樣，而下列這些作品卻不同：托爾斯泰的《人以什麼為生》（*What Men Live By*）（一八八一年）、奧斯卡．王爾德（Oscar Wilde）的《快樂王子》（*The Happy Prince*）（一八八八年），還有托爾金（J. R. R. Tolkien）的《指環王》（*The Lord of the Rings*）（一九五四—一九五五年）[52]。

相關性與無關緊要

「純潔的幻想」對人類的誘惑力在於它將某些突然呈現出重要性的物體偶像化，或是高度評價某些狂喜的經歷，使它們從其他事物中脫穎而出。如果一個人不去崇拜某事物，那就是想與之融合。而聯繫，不同於崇拜或融合，它煢煢孑然獨立，顯得與眾不同。輝煌的物體總是孤零零地立在那裡，每一個都期望得到全部的關注。正如奧爾都斯．赫胥黎描述的那樣：「我看到了這些書（它們個體的存在及其意義），但是我卻絲毫沒有關心它們在空間上所處的位置。」㊿讓人興奮、使人產生幻覺的藥物並不能使食用者變得更好、更聰明，原因之一就在於除了它會對人體系統造成嚴重的化學傷害之外，還會使人對事物結構和模式擴展中的一些特定細節產生眷戀。從這一點上我們就可以理解，為什麼藝術作品要比藥物更能讓人產生純潔的感受。食用苯丙安會讓人產生迷醉的幻覺，儘管藝術品不會讓人產生這種迷醉的幻覺，但藝術品可以將事物或事件置於一個特定的背景當中，使得欣賞者同樣在精神上得到滿足和陶醉。藝術品並沒有明確地聲明，而只是暗示事物之間的關聯性，對於這種範圍更廣的關聯性的感知，不僅可以使人們得到精神上的享受，還可以得到感官上的享受。如同前面提到的一樣，對於英國詩人華茲華斯來說，一朵雛菊不僅是孤芳自賞的一朵花，還是一個更大系統的一分子，這個更大系統包括太陽、草地，還有露珠等。的確，雛菊有著特別的奇妙性和道德的崇高性，這要歸功於它在其他事物中所處的位置、相對的大小、距離，所有這些都會產生作用。艾瑞絲·默多克認為藝術品可以使人變得更高尚，僅僅是它能讓人沉靜下來並投入忘我的專注中這一點就足以讓人變得更好㉔。不幸的是，這種專注的美德，基本上被鎮定在藝術世界內，而沒有欣然地轉移到藝術世界之外的事和人；換言之，人們往往用造就藝術魅力的內在關聯性與複雜性來看待詩歌、圖畫或是音樂，將其視為封閉的而非與外界有關聯的實體。

無庸置疑，將注意力集中於藝術風格上，就會忽視藝術品細節的豐富多彩。當某人讚美宇宙是如何完美、如何和諧的時候，以單個個體形式存在的天體就會在他的眼中失去光彩。當一個人試圖了解所有城市的體系時，每個城市本身就會變成抽象的點或圈，在這個體系中對宏觀經濟起著不同程度調控的作用。當一個人努力構建共同理想的時候，他所想到的是對他人所要承擔的義務和職責，而絕不會是他自己，除非在某一個短暫的時刻，整個集體都要圍繞著他來運轉時，他才會想到他自己。細節所具有的具體特徵消失了、湮滅了，這會讓人感到不安，因為我們就是這樣的細節。人類創造出大量種類繁多的可愛事物，其中也包括人類個體，很多人從這些事物中體會到極大的快樂，對於這些人而言，自然科學尤其要受到質疑，因為自然科學將抽象提升到這樣一個狀態，在這個狀態下關聯意味著全部，而其他諸多細節幾乎都無關緊要。

灰燼與塵埃

細節的無關緊要，是世界上所有偉大的宗教和哲學的核心教義，這裡所指的細節也包括人類個體。培根再三強調「我們只是一堆肉而已」，他試圖以此刺痛現代紅男綠女身上那種趾高氣揚的自負。這種說法不如《聖經》中的說法刺耳。《聖經》教導說，我們如同生長的「草」一樣是上帝的創造物（《詩篇》90：5）。而《聖經》中的說法又不如英國聖經公會的共同祈禱文中的說法刺耳，在每一次葬禮上，英國聖公會公共祈禱文都提醒大家，我們的身體只不過是「灰燼與塵埃」。從這一方面來說，佛教或許最為極端。佛教勸誡和尚將身體視為「千瘡百孔的破包，塞滿了各種雜物，是一副充斥著髒東西的臭皮囊」㊺。至於靈魂，它也不會永遠存在。佛的確教導大家說，人類這種實體所擁有的信仰，是人類最有力的幻覺之一㊻。

現代科學充其量也只是當今這個時代最嚴肅的宗教。它教給人們什麼是必然性，教會人們細節是無關緊要的。這兩點是每一位科學家都要接受的嚴格原則。科學可以使人感到安心，因為它提示了萬物發展的必然性，而不是虛妄的希望。有些哲學為了迎合人類的需要而將自由的觀點誇大了，很多人會拒絕接受這樣的哲學，愛因斯坦就是其中一員。他不相信人類會擁有哲學意義上的自由，對他而言，「每個人的行為不僅受著外界的強制，而且要適應內在的必然」。哲學家叔本華（Schopenhauer）有一句著名的格言：**「人雖然能夠做他所想做的，但不能要他所想要的。」**從青年時代起，這句格言就給了愛因斯坦真正的啟示。在他自己或別人面臨困難的時候，它總使他得到安慰，並且是寬容這種美德持續不斷的源泉。它使自己本著寬大為懷的態度，減輕容易使人氣餒的責任感，也可以防止人們過於嚴厲地對待自己和他人；它導致一種幽默的人生觀㊽。愛因斯坦永不疲倦地提醒自己，從事物更廣的角度上思考，自己是無足輕重的，其中的潛含意義是，別的人類個體也是無足輕重的。在一九三〇年十二月十日那場恐怖的暴風雪中，他感覺到自己如同宇宙萬物當中一個微小的粒子，好像被完全地「溶解並融入到自然中」；同時他又感到自己很快樂㊾。他的反應有些像佛教徒，或者他懷有的只是一種深深的宗教情結。

美國心理學家斯金納（B. F. Skinner）為這種宗教情結樹立了一個榜樣。斯金納信奉宗教？這似乎是個很奇怪的看法，因為他是一個眾所周知講究實際的行為科學家。是的，但是我認為用「頑強」一詞來形容他是精確的，因為正是講究實際的個性為他贏得了信奉宗教的稱號。斯金納應該不會反對這種稱呼。我來解釋一下。大多數人都很樂意承認自己是自由的，只是與天使和萬物的造物主上帝比起來要略遜一些。而斯金納卻持有不同的看法，他認為人從本質上講是遺傳基因和環境歷史的玩物。這是一種科學的觀點。但是，斯金納又提醒我們在這種科學觀點的引導下會發生「多馬．肯培（Thomas a Kempis）所說的自我否定的行為」。斯金納引用《路加福音》中的話說：「凡想要保全生命的，必喪掉生命；凡喪掉生命的，必救活生命。」（《路加福音》17．33）之後，他接著又說，這種觀點符合科學精神，「被叔本華納入世俗哲學（叔本華認為消滅意志可得到最終的自由），康拉德（Conrad）也在文學作品《祕密的分享者》（*Secret Sharer*）教導大眾說，真正的自我擁有來自於自我放棄」，而且，「它，當然是東方神祕主義所熱中探討的一個偉大主題」。有人就斯金納的自傳曾對他進行採訪。他用一句評論總結了這次採訪，既像出自於宗教苦行僧的口吻，又含有科學的意味，這句評論是這樣的：「如果說我對人類行為的評述是正確的話，那麼我已經為一個草民撰寫了自傳。」[59]

只有源於深度的自我發現，那麼「我是一介草民」的觀點才是有益的。顯然，如果別人這樣來稱呼自己，感覺就不會很好，反而會造成毀滅性的打擊。發現與總結自己是微不足道的，顯示著自己有特權、有機會、也有能力去欣賞由非人力量控制的廣闊時空，因為一個人只有在意識到時空背景是廣袤而壯闊的時候，才會有這種發現和總結，即我認為我這樣一個微小的個體，不但變得渺小得近乎於零，而且還非常地不自由。請注意一點：斯金納沒有將自由也一起否定，他只是希望這種極小的自由能夠被認可；甚至於他還承認，在心理學的層面上，這種認可可能導致冒險和真正的發現。宗教思想家一直極力主張個體不要太重視自己的生命，而是要認為生命可以隨意供大家支配，因為只有當個體對生命不太在意時，他才能希冀在更高的層次上獲得生命。相反地，如果一個人不斷地吹噓「我是一個大人物」，那麼他就會給自己劃定一個界限，把自己限制住，將自己鎖定在那個大人物身上——其實就是一堆肉和一個高地位混合在一起的累贅，而他碰巧就是那個大人物而已。存在主義哲學主張人類的中心不是實在，而是虛無！除非迅速或是倉促地填滿空虛——這是周期性出現的一種誘惑——否則空虛會容許，甚至是迫使人類個體去占滿世界，因為人們需要透過這種方式來逃避空虛。很快，這個世界——宇宙——就是一切，個體也就變得無關緊要。用宗教語言來形容，就是儘管個體沒有湮滅，但是已經被神所吸收。個體處於天堂之中。

上帝與鄰居：最終的逃避，逃向真實

從根本上來講，儒教是一種人道主義學說，因為它關注的焦點是生存於這個世界上的人際關係的本質。然而，還有其他兩種實體（和概念）存在於儒教當中，它們的歷史要比儒教本身久遠得多，其一是神聖感，其二則是一種信念，這種信念認為應該將離群的概念由生者延伸到死者，延伸到先祖，延伸到未出生的人。在世界各種宗教中，基督教在強調人類關係方面，以及強調人類關係所能達到的高度方面表現得非常與眾不同。在這一點上，基督教與儒教極其相似，比如說基督教的教義認為聖人之間的交流可以由生者一直延續到死後。十六世紀和十七世紀的耶穌會士就注意到這兩種學說的共性，從而勸誘某些中國人皈依他們的宗教信仰⑹。但是，不管怎麼說，基督教都不是人道主義。人們只注意它對行為所做出的種種規定，這些規定是如此極端，如果將之運用於世俗的人們，將很不實際。只有在宗教背景下，它們才有意義；在這種宗教背景下，上帝會以一個人的鄰居的面目出現，生病的男人、貧窮的女人或是身陷牢獄的罪犯，都有可能是救世主耶穌的化身。基督教既不是人道主義宗教，也不是自然宗教，因為它試圖讓我們明白，人類最終的家園不是在地球上，而是在其他的某個地方，它將人們的注意力直接指向天國。它走出了以往自然宗教和鬼怪信仰的俗套，而與目前地球上還存在的種種懷舊膜拜儀式有些相似。像早先的基督徒理解的一樣——這種理解並沒有隨著時間的流逝而完全消失——他們首要的責任既不是關心別人，也不是無休止地工作，以使人類社會正常運轉，其最重要的教義不是「愛人如己」，而是「盡心、盡性、盡意，愛主你的神」（《馬太福音》22：37—39）馬大和馬利亞的故事是這樣的：馬大邀請耶穌到她的家中，她在廚房中忙忙碌碌地盡地主之誼；他的妹子馬利亞在耶穌腳前坐下聽他布道。當馬大因事多而抱怨時，主就回答道：「馬大！馬大！你為許多的事思慮煩擾；但是不可少的只有一件；馬利亞已經選擇那上好的福分，是不能奪去的。」（《路加福音》10：38—42）

什麼是真實和美好？什麼才會給人帶來幸福？在讓·阿努伊（Jean Anouilh）所寫的《安蒂崗妮》（*Antigone*）中，克里昂（Creon）給他外甥女安蒂崗妮提供了這樣一個答案：「生命就是在你腳邊嬉戲玩耍的孩子，就是你手中緊緊抓住的物體，就是你在傍晚時分坐著的花園裡的靠椅……請相信我，在你們年邁時唯一的一點點可憐的安慰，就是發現我剛剛對你們說的話是對的。」這聽上去似乎很有道理，不是嗎？

還有什麼比身邊這些實實在在的事物更能讓人感到幸福呢？如果一個人從這些真實的物體旁經過，卻對之視若無睹，而去追逐不切實際的空想，那麼，好吧，他最後將一切成空。然而，安蒂崗妮對她叔叔的這一番言論回應的卻是憤怒：「我鄙視你的幸福！鄙視你的人生觀！」㉑

克里昂所描繪的圖景中缺少了兩種成分——對鄰居的仁慈和對自然的尊敬。如果他意識到這一點，他一定很樂意將這兩種成分補充進去。一旦將這兩種成分補充進去，那麼這幅美好生活的圖景——如此人性、如此仁慈、如此實用，而且可以實現——就會對古往今來的人（包括現代社會那些思維異常冷靜的紅男綠女們）產生不可抗拒的吸引力。這是我們這個時代從智者前輩、敏感的世俗人文主義者到熱心的環境保護主義者的共同渴望。然而，不論是脾氣暴躁的小安蒂崗妮，還是沉浸在高度發達的宗教／哲學傳統中的東、西方思想家，他們都不會去關心這種圖景，他們寧願將它排在其他渴望的後面。

前面我已經提及一個非常奇怪的事實，那就是人類用許多惡毒但事實上並不存在的事物，把自己生存的世界搞得更糟糕、更恐怖。我們若是跳出自身之外，客觀地看待自己身上這種深深的憂慮和恐懼，也許能好好控制它們。這種做法確實發揮一定的作用，然而那種奇怪的感覺依然縈繞在我們心頭，揮之不去。但是，依據我們的常識來看，下面這種現象不是更讓人感到奇怪嗎？無論是在過去的歷史中，還是在當今時代，世界上一些最好、最嚴肅的思想體系已經做出總結，它們認為所有具體的細節——日常生活中的感官享受，所有明確的重大事情，包括可持續性的農業發展、地球環保事業——都是暫時的、是幻覺，充其量也只是暗示；而真正真實的，也是人們最終逃避的目標，就是虛無（天堂），是美好、是幸福的感覺、是眩目的太陽，甚至可能是溫伯格（Steven Weinberg）提出的最終的自然統一論，人們不是期望著這些事物具有無與倫比的美(62)？

想要達到最終逃避的這個目標看起來是自私的。早期佛教中的苦行僧或和尚潛心修行各種美德，為的是從因果輪迴中解脫出來。這些苦行僧們並不是什麼可憐的角色；同樣地，那些全神貫注於科學研究的科學家們，也不是什麼可憐的角色。他們這些人不僅忽略了個人的需求，而且忽略了家人和朋友的需求，他們只是一味地讓家人和朋友等待，等待他們有朝一日能揭開籠罩在科學身上的面紗，成就發現之美。什麼是仁愛？是幫助那些有需求的人，還是幫助那些渴望友誼的人？難道說幫助他們就是有意義的事情，就是偉大的善行？東方宗教和哲學從本質上否定了這一點。他們將最終注意力鎖定在別處，卻不包括社會服務。道教的確是超道德的，因為，超然的道認為正確和錯誤之間、真實和謊言之間的種種區別都是沒有關聯的，那麼，什麼構成了善良和自我犧牲的思想基礎㊸？在這一點上，佛教似乎與其他東方哲學尤其不同。然而，真是這樣嗎？佛教同情眾生，但是這種同情不是源於換位思考的能力，也不是源於包容一切互相依賴的自然哲學，而是源於以轉世輪迴為核心的玄學系統。按照它的觀點，一個人在晚飯時享用的雞，可能是其過世的祖母，眾生都在因果輪迴中苦苦掙扎，承受著本不應該承受的痛苦；後來，出於同情，他大徹大悟，成為一個無欲無求的典範，從此擺脫與生俱來的欲望之苦。沒有選擇進入天堂的菩薩，並沒有成為一個社會工作者；相反地，他坐在那裡，雙目緊閉，將視線投向內心，一副平靜安寧的模樣，是無為的典範。這是擺脫無休止因果報應的唯一方式㊹。在西方的古希臘和古羅馬，人們並不認為幫助不幸者是自己應承擔的道德義務與責任。基督教一直在強調這種服務，過去如此，現在依然如此；但是，正如我在前面敘述的那樣，即使是基督教，也一直提倡沉默思想的生活方式，而不是積極活躍的生活方式。

偉大的哲學傳統和宗教傳統中存在一種憐憫之音，譴責那些只追求看不見的上帝，而忽視了真實存在的鄰居的人類個體。之所以要譴責這些個體，原因之一在於那些真正需要關心的人，由於沒有得到關心而偏離了生活的正軌；原因之二在於，信奉上帝的行為太容易流於形式，而且很容易讓個體陷進去，不能自拔；第三個原因在於個體是出於一種自私的心理，來尋找精神的價值，而這個出發點是不對的。因此，手頭寬裕的人、有能力的人應該施捨並照顧窮人和弱者、受傷的人和病人，並且要牢記——從某種意義上來講——他們是在改變他人貧窮、孱弱、受傷和病痛的處境。然而，從偉大的傳統觀點來看，這些職責更像是家務雜事，而不像是人類最終的目的。畢竟，任何事情都應該得到維護，並定期地加以修整，無論是一間房子、一個人，還是極度不平衡的社會團體都應如此。這不會是天堂的真實所在，一旦認識到這一點，人們將會大為震驚。從天堂的定義來看，天堂裡沒有窮人和病人，沒有剝削階級，沒有家務勞動，沒有物質上的擔憂，沒有對和錯，沒有地球上的世俗生活；此外，它還使人類個體產生歸屬之感、美德之感和重要之感。在天堂裡，幫助他人仍是中心，並以前所未有的精力來付諸實踐，但是這種幫助屬於精神／智力範疇，就比如說，由於更了解上帝，所以年長的天使會擁有比年幼的天使更大的快樂，這種快樂就屬於精神／智力範疇。

天堂是個什麼樣子？基於人類講求實際的本性，我們往往會用細節來構想天堂的樣子。細節本身或許很好，但是由於我們的想像力不夠豐富、不夠強烈，所以我們很容易將這些細節神聖化。這樣說來，如果運用偉大的抽象性和否定性的思維方式來擬想上帝和天堂或許更好一些，儘管這種抽象性和否定性會產生一種審美／情感方面的強烈吸引力——虛無的寧靜、教學方式的簡潔美——但是，它不僅阻止人類進行偶像崇拜，還阻止人類產生無藥可救的占有欲望。

那麼，到底什麼才是偉大的逃避？我下面要敘述我最喜歡的一則故事，講述的是有關於小亞細亞希臘七賢之首泰勒斯（Thales of Miletus）的故事。泰勒斯一邊走，一邊仰視著天空，全神貫注地進行天文學的研究，一不留神「撲通」一聲掉進一口水井裡。據說聰明的色雷斯僕女這樣打趣他：「您只顧仰望天空，怎麼能看到腳下的土地？」⑥⑤泰勒斯體驗到了宇宙世界的高度和深度，而那個色雷斯僕女卻能在地面上安全地行走。他們兩個人，誰的處境更好一些？是不是任何一個人都能做到像泰勒斯與馬利亞這樣最終的逃避，而使自己的處境更好一些？我認為人人都可以做到，因為這不是一個天資的問題，也不是一個社會經濟環境的問題，而是一個是否願意從正確的角度來看的問題。

注釋：

①以下這段引文來自愛因斯坦的論述，讓我們也來思考一下：「科學家的宗教感情表現為以下的形式：他們對自然法則的協調一致充滿了狂熱的好奇，這表現出他們超常的智力，以至於與之相比，人類所有的系統性思想與行動都顯得無關緊要。」載於《觀念與意見》，p. 43。紐約：藍登書屋，一九四八年。

②尼可森（Marjorie Hope Nicolson），《打破循環》。紐約：哥倫比亞大學出版社，一九六二年。

③內哈特（John G. Neihardt），《布拉克・埃爾克演講錄》，p. 198。林肯：內布拉斯加州大學出版社，一九六一年。

④托爾敏（Stephen Toulmin），《預先與理解：抵達科學目的地的詢問》。紐約：哈潑火炬圖書出版社，一九六三年。

⑤小懷特（Lynn White Jr.），《永動機》，p. 17。劍橋：麻省理工大學出版社，一九六八年。

⑥赫基斯（Andrew Hodges），《阿蘭・圖靈：謎》，p. 207。紐約：西蒙—舒斯特出版社，一九八三年。

⑦蘇斯曼（G. J. Sussman）與威道（Jack Wisdom），〈太陽系的無秩序性進化〉，載於《科學》，pp. 56-62，一九九二年七月三日第二五七期。傑亞瓦德哈納（Ray Jayawardhana），〈追尋銀河系無序的年輕時代〉，載於《科學》，p. 1439，一九九二年十一月二十七日第二五八期。

⑧錢德拉塞卡（S. Chandrasekhar），《真實與美好：科學中的美學與動機》，p. 54。芝加哥：芝加哥大學出版社，一九八七年。

⑨彭若斯（Roger Penrose），《大者、小者與人類》。劍橋：劍橋大學出版社，一九九七年。

⑩霍爾（Stephen Hall），〈新聞與評論〉，載於《科學》，p. 1533，一九九三年三月十二日第二五九期。

⑪羅伯特．墨菲（Robert E. Murphy），《社會生活中的辯證法：人種學理論的警示與偏移》。紐約：基礎圖書出版社，一九六五年。

⑫阿里葉（Philippe Aries），《童年時代：家庭生活的社會歷史》。紐約：Vintage Books，一九六五年。

⑬費南德斯（James Fernandez），〈表現文化中隱喻使命〉，載於《當代人種學》，pp. 122-123，一九七四年第二期第十五卷。

⑭查安斯（Paul Chance），〈我不認識這個我〉，載於《哲學的今天》，p. 20，一九八七年一月。

⑮關於香港的風水問題，請參見黃（Veronica Huang）的文章〈矛盾交織的香港高樓大廈〉（載於《華爾街期刊》，p. 1，一九七六年十月十二日）以及斯金納（Stephen Skinner）的文章《當今地球風水手冊》，pp. 32-33, 130-131（倫敦：企鵝／阿卡納出版社，一九八九年）。至於新加坡與馬來西亞的風水問題，請參見格羅夫斯（Derham Groves），《風水與西方建築意識》，pp. 14-17, 19-23（新加坡：Tynron，一九九一年）。

⑯無論是真是假，關於進步方面的文獻可謂汗牛充棟。參見加斯提爾（Ray-mond Duncan Gastil），《進步：歷史進程中的批判性思考》（康乃狄克州的威斯特波特：普拉格爾出版社，一九九三年）。

⑰據報導說，羅素（Bertrand Russell）曾經說過物理也是屬於數學範疇的，這不是因為我們對物理世界的了解很多，而是因為我們對其知之甚少，我們只能測知其數學特性。庫斯特勒（Arthur Koestler）在《創造的表演》p. 251中做了以上相關報導。紐約：麥克米倫出版社，一九六四年。

⑱哈里（Philip P. Hallie），《殘忍的矛盾》，p. 46。康乃狄克州的密德爾頓：威斯理大學出版社，一九六九年。

⑲謝喜納（Richard Schechner）與阿皮爾（Willa Appel）編，《透過表現的手段：劇院與儀式的跨文化研究》。劍橋：劍橋大學出版，一九九〇年。美國女哲學家蘭格（Susanne Langer）認為舞蹈具有迷幻的魔

法：「在舞蹈中，各種權力在空間和時間的框架中變得十分明顯……舞蹈具有真正的獨創性目標，它可以使權力世界非常明顯地展現在大家面前。」為什麼當舞蹈不再與信仰糾纏在一起，喪失了自己魔力般的目的時，它還依然這麼重要？蘭格的答案是：「舞蹈的永恆魅力在於它使人心醉神迷，遠古如此，現在還是如此；但是，而今舞蹈沒有將舞者從一個世俗的地位提升到一個神聖的地位，而是舞者將舞蹈從以前的『現實』狀態轉為一種浪漫的藝術形式。」（《感覺與形式：一種藝術理論》，pp. 199, 201-202。紐約：Charles Scribner'sons，一九五三年）。

⑳霍華德．加德納（Howard Gardner），《藝術、思維與大腦》，pp. 86, 93, 97-100。紐約：基礎圖書出版社，一九八二年。

㉑華茲華斯（William Wordsworth），〈相冊中致孩子的話〉，載於海頓（John O. Hayden）編，《詩集》，p. 780，二。倫敦：企鵝出版社，一九八九年。

㉒斯托赫特（Newton P. Stallknecht），《思維的奇異之海：對華茲華斯的人類與自然哲學視角的研究》。布魯明頓：印第安那大學出版社，一九五八年。

㉓加德納（H. Gardner），《藝術、思維與大腦》，pp. 88-90。

㉔本川原（S. Honkaavara），〈表象心理學〉，載於《英國心理學報（專論增刊）》，一九六一年第三十二期。劍橋：劍橋大學出版社。

㉕赫胥黎（Aldous Huxley），〈沒有修飾過的景觀〉，載於《相遇》，pp. 41-47，一九六二年第十九期。

㉖阿普利頓（Jay Appleton），《景觀的經驗》（再版）。英格蘭西蘇賽克斯郡首府奇切斯特：約翰威立出版社，一九九六年。

㉗薩克（Robert D. Sack），《社會思維中的空間概念》。倫敦：麥克米蘭出版公司，一九八〇年。段義孚，《經驗透視中的空間與地方》。明尼阿波利斯：明尼蘇達大學出版社，一九七七年。

㉘關於景觀有很多非常好的文獻。例如奧爾維格（Kenneth R. Olwig），〈恢復景觀獨立存在的本質〉（載於《美國地理學家協會年刊》，pp. 630-653，一九九六年第四期第八十六卷）；湯普森（George F. Thompson）編，《美國的景觀》（奧斯汀：德克薩斯州立大學出版社，一九九五年）；克斯格羅（Denis Cosgrove），《帕拉第奧的建築景觀》（大學園：賓夕法尼亞州立大學出版社，一九九三年）；克斯格羅（Denis Cosgrove）與丹尼爾斯（Stephen Daniels）編，《景觀的寫生畫法》（劍橋：劍橋大學出版社，一九八八年）；沙瑪（Simon Schama），《景觀與記憶》（紐約：諾夫出版社，一九九五年）；札克森（J. B. Jackson），《發現地方景觀》（紐黑文：耶魯大學出版社，一九八四年）。

㉙中國文明與歐洲文明中在音樂方面的成就舉世矚目。在中國，人們認為音樂起源於天堂，不僅給人類社會帶來和諧，還給整個宇宙帶來和諧。一個儒家學者或官員不僅要了解禮節、中庸和行為的規範，還要精通樂（音樂）理。這一點可參見李（Li Ki）所著的《樂器》第十七冊（載於《東方的聖書》。牛津：Clarendon Press，一八八四年）以及《中國的音樂》，p. 7（香港：崇基書院院刊，香港中文大學）。在歐洲，有一種觀念認為，宇宙的和諧就是宇宙的音樂。這種觀念可以追溯到畢達哥拉斯時代，而且在學術圈中的影響一直延續到十七世紀。這使我想起古代的一種信仰，這種信仰認為音樂有建造城市的力量：「魔術家……能夠建造音樂之石。這一神話的一個來源就是底比斯（Thebes）的牆壁是由音樂建築而成的。」參見斯坦納（Steiner），〈攻擊下的城市〉，載羅伯特．博伊斯與瑪格麗特．博伊斯編，《雜文讀者》，p. 4。布魯明頓：印第安那大學出版社，一九八三年。在偉大的基督教思想家當中，奧古斯丁認為詩歌，甚至於聖歌，標誌著人類墮入不完美與短暫的窠臼中；但是與其他藝術墮落的悲慘境地相比，音樂的墮落程度要輕得多，「因為相對而言，音樂不太受迷信的影響。現實世界就像我們眼前的這個樣子，有限的、活靈活現的、可見的，因而也是可模仿的」。參見丹尼斯．多諾霍（Denis Donoghue）的《交戰》，p. 82。紐約：諾夫出版社，一九九〇年。對當代人而言，文藝評論家斯坦納認為：「音樂所創造的靈魂達致最完美

的狀態。對他而言，音樂是『有機』的音樂，簡而言之，音樂是『人類科學中神祕而崇高的一項成就』。」參見小斯科特（Nothan A. Scott Jr.）和沙普（Ronald A. Sharp）編輯的《解讀喬治．斯坦納》，p. 253。巴爾的摩：霍普金斯大學出版社，一九九四年。在該書的p. 284中，斯坦納引用了偉大的人類學者李維—史陀的說法，這個說法更加明確且引人注目：「悅耳音調的發明……仍然是神祕至高無上的科學之源。」

㉚詹姆士（Jamie James），《宇宙天體的音樂：音樂、科學與宇宙的自然秩序》。紐約：哥白尼出版社，一九九三年。

㉛讓我們來看一下偉大的藝術家們是如何一遍又一遍地重複工作的。他們試圖捉捕到世界真實的一面。林布蘭（Rembrandt）堅持不懈地努力著，他在畫自畫像時找到了自我。莫內（Monet）畫了九幅有關塞納河早晨的作品，它們幾乎完全相同。石濤（Shih-t'ao）在畫黃山時運用了七十二種視角。而這些是音樂遠遠達不到的。

㉜巴曾（Jacques Barzun），〈音樂是否無法講述〉，載於《美國學者》，p. 196，一九九六年春季號。

㉝布雷南（Gerald Brenan），《旱季的思考》，p. 77。劍橋：劍橋大學出版社，一九七八年。

㉞基維（Peter Kivy），《只有音樂：純音樂經驗中的哲學反省》。伊薩卡：康乃爾大學出版社，一九九〇年。

㉟薛弗（R. Murray Schafer），《世界的轉變》，p. 115-118, 156。紐約：諾夫出版社，一九七七年。

㊱普蘭特（David Plante），〈培根的本能〉，載於《紐約人》，一九九三年十一月一日，p 96。

㊲新墨西哥西北部的五種文化給我們提供了一個極好的例子：「每個文化群體的自我印象都富有民族優越感。所有有關自身的術語都被定義為『人』或是『人們』，而將他者排除在真正的人性之外，或者將其定義為下等的人性。納瓦霍人（Navahos）將自己稱為戴南族（dineh），「戴南」從字面上講就是『人』的意思；祖尼人（Zuni）自稱為阿西威（ashiwi），從字面上講就是『血肉之軀』或是『煮熟的東西』的意

思：摩門教徒（Mormons）一直保留古老的遺訓，他們已經適應了古老的希伯來語稱謂——『被揀選的人』；然而，西班牙裔美國人認為自己是 la gente，這是一個敬謂語，意思是『人』，他們以局外人來審視，因而更加寬容；德克薩斯人使用『真正的』、『上等的』這些美國人慣用的自我肯定的字眼，他們代表著唯一的真正意義上的『白種人』。」參見沃特（Evon Vogt）和阿爾伯特（Ethel Albert）編，《懸崖上的人：五種文化的價值研究》，p. 26。劍橋：哈佛大學出版社，一九六六年。

㊳關於不同規模的社區與地方的討論，可參見恩特里金（J. Nicholas Entrikin），《地方的中間狀態：指向現代地理學》，pp. 62-83。巴爾的摩：霍普金斯大學出版，一九九一年。

㊴雅士培（Karl Jaspers），《歷史的起源與目標》，pp. 1-21。紐黑文：耶魯大學出版社，一九五三年。

㊵《論語．陽貨篇》，引自孟羅（Donald J. Munro），《早期中國人的概念》，p. 13。史丹福：史丹福大學出版社，一九六九。

㊶韋利（Arthur Waley）編，《儒家學說選集》，第十六冊第九章，p. 206。倫敦：艾倫—昂溫出版公司，一九八三年。

㊷史華茲（Benjamin Schwartz），《古代中國的思想世界》，p. 83。劍橋：哈佛大學出版社，一九八五年。

㊸芬格萊特（Herbert Fingarette），《孔子：永遠的聖人》，pp. 1-5。紐約：哈潑火炬圖書出版社，一九七二年。芬格萊特使用的表達是「神聖的儀式」而不是「神聖的舞蹈」，同時他將「神聖」解釋為魔力，為了慎重起見，我沒有使用這一說法。

㊹亞里斯多德是一個非常有理性的人。相反地，蘇格拉底則喜歡誹謗他人。蘇格拉底與耶穌有很多共同之處，他們做事都不圖回報，反對以牙還牙的報復。參見喬治．斯坦納（George Steiner），《沒有熱情》，pp. 380-381。芝加哥：芝加哥大學出版社，一九九六年。

㊺《聖經》中關於浪子回頭的故事一定會讓儒家學者大吃一驚。

㊻菲德勒（Leslie Fiedler），《上帝的重生與人類的死亡》。參見羅伯特・博伊斯（Robert Boyers）與佩姬・博伊斯（Peggy Boyers）合編，《雜文讀者》，p. 376。布魯明頓：印第安那大學出版社，一九八三年。

㊼海克斯特（J. H. Hexter），《猶太—基督教的傳統》（第二版）。紐黑文：耶魯大學出版社，一九九五年。史密斯（Page Smith），《重新發現基督教：現代民主主義與基督教倫理的歷史》。紐約：聖瑪爾定出版社。

㊽威爾遜（Peter J. Wilson），《人種的教化過程》。紐黑文：耶魯大學出版社，一九八八年。

㊾引自高朗茨（Victor Gollancz）編，《別致的一年》，pp. 75-76。密德爾塞克斯郡的哈蒙德斯沃斯：企鵝出版社，一九五五年。

㊿托爾金（J. R. R. Tolkien），〈神話故事研究〉。參見路易斯編，《呈查爾斯・威廉斯（Charles Williams）的論文》，pp. 44-45。密西根州格蘭德拉培茲：Eerdmans，一九六六年。

51 孟勒夫（C. N. Manlove），《幻覺的本質》。參見施勒賓（Roger C. Schlobin）編，《幻想文學和藝術美學》，pp. 30-31。聖母市：聖母市大學出版社，一九八二年。現代神話傳說說教色彩濃厚；十七、八世紀流傳的奇異民間傳說卻不是這樣，這些民間傳說很可能是現代神話傳說的基礎。參見丹頓（Robert Darnton），〈母鵝的意義〉，載於《紐約書評》，pp. 45-46，一九八四年二月二日。

52 魯易斯的科幻小說是一個著名的例外。他的三部曲即《寂靜的星球之外》（一九三八年）、《金星漫遊》（一九四三年）、《隱密的力量》（一九四五年），都是神學科幻小說著作，善良與邪惡是故事的核心。

53 赫胥黎（Aldous Huxley），《感覺、天堂與地獄之門》，p. 20。紐約：Perennial Library，一九九〇年。

54 默多克（Iris Murdoch），《善良的主權國家》，pp. 64-65, 69, 85-88。紐約：Schiocken Books，一九七一年。

55 阿蘭（G. F. Allen），《佛的哲學：巴利教規與介紹文選》，pp. 162-163。紐約：麥克米倫出版社，一九五九年。

(56)「眾所周知，佛教做為無我論，或是非人格化的大師。」參見《佛教字典——佛教術語與教義手冊：三界智比丘》（《島嶼寺院出版物》第一部。斯里蘭卡：可倫坡：Ferwin and Co.，一九五〇年）；孔哲（Edward Conze），《印度的佛教思想》，pp. 122-134，安阿波：密西根大學出版社，一九六七年。

(57)艾伯特．愛因斯坦（Albert Einstein），《世界如我所見》，p. 238。紐約：Covici, Friede，一九三四年。

(58)杜卡斯（Helen Dukas）和霍夫曼（Banesh Hoffmann），《艾伯特．愛因斯坦：人類的立場》，p. 23。普林斯頓：普林斯頓大學出版社，一九八九年。

(59)同斯金納（B. F. Skinner）的會面情況，可參見《心理學的今天》，pp. 30, 32，一九八三年九月刊。

(60)利瑪竇（Louis J. Gallagher）譯，《十六世紀的中國：馬太福音雜誌，一五八三～一六一〇年》。紐約：藍登書屋，一九五三年。

(61)阿努伊（Jean Anouilh），《兩幕劇：安蒂崗妮和歐律狄克》，pp. 56, 58，一九五一年。倫敦：麻薩諸塞出版社。克里昂勸告安蒂崗妮，對永恆的渴望如果超出了單純的美好，那就要重新評價這種渴望是否正確。參見牛津神學家克爾（Fergus Kerr）神父，《不朽的渴望：超越人性的形式》。第戎聖母院：聖母大學出版社，一九九七年。

(62)溫伯格（Steven Weinberg），《一個最終理論的夢想：科學家對自然根本原則的探求》。紐約：Vintage圖書出版社，一九九四年。

(63)克里爾（Kerlee G. Creel），《道教為何》，p. 3。芝加哥：芝加哥大學出版社，一九七〇年。

(64)丹托（Arthur C, Danto），《神祕主義與道德：東方人的思想與道德哲學》，pp. 26, 39, 77。紐約：哥倫比亞大學出版社，一九八七年。

(65)柏拉圖，《泰阿泰德篇》，p. 174a。

致謝

因為這部作品可能是我最後一部學術著作，所以我對那些在我漫長的職業生涯中幫助過我的所有人致以謝意。要感謝所有的人似乎不太可能，因為我甚至不記得那位教我最基本漢字的保姆姓甚名誰。所以在這裡我不可能感謝所有的人。然而，我要藉此機會，在允許的篇幅裡盡可能多地表達我的謝意。

首先，感謝半個世紀前曾經作為我導師的人，他們是牛津大學的 R. P. Beckinsale，加利福尼亞—柏克萊大學的 Clarence Glacken, John Kesseli, John Leighly，Jim Parsons, Erhard Rostlund & Carl Sauer。我還要感謝熱誠地幫助過我的朋友和同事，他們是印第安那大學的 Arlin Fentem，新墨西哥大學的 B L. Gordon, J. B. Jackson，多倫多大學的 Joe May，加州州立大學的 Michael Steiner，明尼蘇達大學的 John Borchert, John Fraser Hart, Helga Leitner，Fred Lukermann, Cotton Mather, Roger Miller, Philip Porter, Eric Sheppard，巴黎索邦大

學的Paul Claval，加利福尼亞—洛杉磯大學的Nick Entrikin，倫敦大學學院的David Lowenthal，賓夕法尼亞州立大學的Peter Gould，以及威斯康辛—麥迪遜大學的每一個人！我真心地向他們致以最真摯的謝意。在這裡，我還要感謝以下這五位我最需要感謝的人，他們是Jim Knox, Bob Ostergren，Sharon Rush, Bob Sack和Tom Vale。除了威斯康辛—麥迪遜大學的這幾位地理學家外，我還想感謝Leon Berkowitz, Lloyd Bitzer, David Jean Cronon，Merle Curti, Betsy Draine, Don Emmerson, Emiko Ohnukitiernr, Francis Schrag Don Smith，因為他們對逃避主義這個主題表示出一定的興趣。「一定的興趣」聽起來似乎並不怎麼對逃避主義這個觀點表示認可；但是，對於我來說卻意味良多。我還要感謝一些學生，是他們不厭其煩地告訴我「哪裡存在著逃避」，他們是明尼蘇達大學的Mark Bounman, Philippe Cohen, Michael Curry，Linda Graber, John Hickey, Patrick Mcgreevy, Kenneth Olwig, April Veness·，威斯康辛—麥迪遜大學的Paul Adams, Tim Bawden, Tom Boogaart II, Tim Cresswell, Steven Hoelscher, Carol Jennings, Matthew Kurta, Eric Olmanson，Jemuel Ripley, Kanren Till, Richard Waugh, Jeff Zimmerman，以及「逃避主義」研討會上的諸位成員。

這部學術著作的幕後英雄是編輯。一直以來，我遇到的編輯都非常出色而且盡心盡責。在我學術生涯的最後十五年中，《地理評論》（*Geographical Review*）的前任編輯麥克馬尼思（Douglas R Mcmanis）一直給予我極大的支持和鼓勵。《逃避主義》

得以出版，是與美國地方研究中心主席、霍普金斯大學出版社的編輯George Thompson大力的支持分不開。在我性情乖戾的晚年歲月中，我努力與艱澀的文風鬥爭（這一文風在年輕的學者當中很流行），力圖行文言簡意賅。本書的責任編輯雅絲（Mary Yates）是我最好的同盟軍。

最後我還要感謝兩個房間，把它們置於最後並不意味它們不重要。它們是明尼蘇達大學社會科學大樓的五四八號房間以及威斯康辛—麥迪遜大學科學樓的二四三號房間。我一直把它們當做我的大腦。身處它們之外，我的思想處於一片空白；處於它們中間，我就能夠積極地思考和寫作。在我的論著中，地方精神受到大家的一致稱讚（當然也有批評）；也許這聽上去像是在推卸責任，但我想說的是，對於一個地理學家來說，這在情理之中。

編輯說明：
本書每一篇章後面所列中文注釋，請參閱下文所列之英文註釋全文。

Notes

• • •

1 Earth / *Nature and Culture*

1. An earlier version of this chapter appeared as "Escapism: Another Key to Cultural-Historical Geography," *Historical Geography* 25 (1997): 10–24. I thank editors Steven Hoelscher and Karen Till for permission to use it.

2. Christopher Stinger and Clive Gamble, *In Search of the Neanderthals: Solving the Puzzle of Human Origins* (New York: Thames and Hudson, 1993).

3. Albert Hirschman, *Exit, Voice, and Loyalty* (Cambridge: Harvard University Press, 1970).

4. "Every beginning is difficult," says Goethe. An Australian historian applies this dictum to his own country: "In Australia, every beginning has not only been difficult, but scarred with human agony and squalor." In C. M. H. Clark, *Select Documents in Australian History, 1851–1900* (Sydney: Augus and Robertson, 1955), 94. For a grim account of frontier life in the United States, see Everett Dick, *The Lure of the Land: A Social History of the Public Lands from the Articles of Confederation to the New Deal* (Lincoln: University of Nebraska Press, 1970).

5. Colin Turnbull, *Wayward Servants* (London: Eyre and Spottiswode, 1965), 20–21.

6. Inga Clendinnen, *Aztec: An Interpretation* (Cambridge: Cambridge University Press, 1995), 29–32.

7. For the self-confidence and optimism of the Chinese, even during the Shang dynasty, see David N. Keightley, "Late Shang Divination," in *Explorations in Early Chinese Cosmology*, ed. Henry Rosemont Jr. (Chico, Calif.: Scholars Press, 1984), 22–23.

8. Benjamin Schwartz, *The World of Thought in Ancient China* (Cambridge: Harvard University Press, 1985); Herbert Fingarette, *Confucius: The Secular As Sacred* (New York: Harper Torchbooks, 1972). For an example of an imperial memorial to heaven, see S. Wells Williams, *The Middle Kingdom*, rev. ed. (New York: Charles Scribner's Sons, 1907), 1:467–68.

9. Pierre Goubert, *Louis XIV and Twenty Million Frenchmen* (New York: Pantheon Books, 1970), 178–81, 216.

10. For a vivid example of the uncertainties of life in seventeenth-century England, see the story of the clergyman-farmer and his family in Alan Macfarlane, *The Family Life of Ralph Josselin, a Seventeenth-Century Clergyman* (Cambridge: Cambridge University Press, 1970).

11. Stephen Orgel, *The Illusion of Power: Political Theater in the English Renaissance* (Berkeley: University of California Press, 1975), 51–55.

12. Alfred North Whitehead, *Science and the Modern World* (New York: Mentor Books, 1959), 42–43.

13. N. K. Sandars, *The Epic of Gilgamesh* (Harmondsworth, Middlesex: Penguin, 1964), 30–31.

14. Mary Douglas, "The Lele of Kasai," in *African Worlds*, ed.

Daryll Forde (London: Oxford University Press, 1963), 1–26.

15. Robert C. Ostergren, *A Community Transplanted: The Trans-Atlantic Experience of a Swedish Immigrant Settlement in the Upper Middle West* (Madison: University of Wisconsin Press, 1988).

16. William Cronon, ed., *Uncommon Ground: Toward Reinventing Nature* (New York: Norton, 1995); Neil Evernden, *The Social Creation of Nature* (Baltimore: Johns Hopkins University Press, 1992).

17. Paul Engelmann, ed., *Letters from Ludwig Wittgenstein, with a Memoir* (Oxford: Blackwell, 1967), 97–99.

18. Gillian Gillison, "Images of Nature in Gimi Thought," in *Nature, Culture, and Gender,* ed. Carol MacCormack and Marilyn Strathern (Cambridge: Cambridge University Press, 1980), 144.

19. For the concept of boundary among the Mbuti Pygmies of the Congo (Zaire) forest, see Colin Turnbull, *The Mbuti Pygmies: An Ethnographic Survey,* Anthropological Papers of the American Museum of Natural History, vol. 50, pt. 3 (New York: American Museum of Natural History, 1965), 165.

20. Marilyn Strathern, "No Nature, No Culture: The Hagen Case," in *Nature, Culture, and Gender,* ed. MacCormack and Strathern, 174–222; see also J. R. Goody, *The Domestication of the Savage Mind* (Cambridge: Cambridge University Press, 1977).

21. Victor Turner, *The Ritual Process: Structure and Anti-Structure* (Ithaca: Cornell University Press, 1969).

22. Mircea Eliade, *The Sacred and the Profane: The Nature of Religion* (New York: Harper Torchbooks, 1961).

23. "Middle landscape" is an eighteenth-century idea that became a powerful tool for understanding the people-environment relationship in the second half of the twentieth century, thanks to Leo Marx. See his *The Machine in the Garden: Technology and the Pastoral Ideal in America* (New York: Oxford University Press, 1964), 100–103.

24. Yi-Fu Tuan, "Gardens of Power and Caprice," in *Dominance and Affection: The Making of Pets* (New Haven: Yale University Press, 1984), 18–36.

25. John M. Findlay, "Disneyland: The Happiest Place on Earth," in *Magic Lands: Western Cityscapes and American Culture after 1940* (Berkeley: University of California Press, 1992), 56–116.

2 Animality / *Its Covers and Transcendence*

1. Larissa MacFarquhar, "The Face Age: Can Cosmetic Surgery Make People into Works of Art?" *New Yorker,* July 21, 1997, 68–70.

2. Note the ambiguous meaning of the word "human" itself. We tend to forget that "human" is of the same root as "humus" and "humility."

3. Edward Moffat Weyer, *The Eskimos: Their Environment and Folkways* (New Haven: Yale University Press, 1932), 72.

4. Colin Turnbull, "The Lesson of the Pygmies," *Scientific American*, January 1963, 1–11; Kevin Duffy, *Children of the Forest* (New York: Dodd, Mead and Co., 1984), 161–66.

5. Colin Thubron, *Behind the Wall: A Journey through China* (London: Heinemann, 1987), 182–84.

6. For a sparkling account of a Roman eating orgy, see Petronius, "Dinner with Trimalchio," in *The Satyricon*, trans. William Arrowsmith (New York: Mentor Books, 1960), 38–84.

7. Simon Schama, "Mad Cows and Englishmen," *New Yorker*, April 8, 1996, 61.

8. Nick Fiddes, *Meat: A Natural Symbol* (London and New York: Routledge, 1991), 16.

9. Ethnographic examples: Mary Douglas, "The Lele of Kasai," in *African Worlds*, ed. Daryll Forde (London: Oxford University Press, 1963), 1–26; Gillian Gillison, "Images of Nature in Gimi Thought," in *Nature, Culture, and Gender*, ed. Carol MacCormack and Marilyn Strathern (Cambridge: Cambridge University Press, 1980), 143–73; M. Shostak, *Nisa: The Life and Words of a !Kung Woman* (Harmondsworth, Middlesex: Penguin, 1983); N. Chagnon, *Yanomamo: The Fierce People* (London: Holt, Rinehart and Winston, 1977), 29, 33.

10. Stephen Mennell, *All Manners of Food: Eating and Taste in England and France from the Middle Ages to the Present* (Oxford: Blackwell, 1987), 31–32.

11. Charles Cooper, *The English Table in History and Literature* (London: Sampson Low, Marston and Co., n.d.), 3.

12. K. C. Chang, ed., *Food in Chinese Culture: Anthropological and Historical Perspectives* (New Haven: Yale University Press, 1977), 7–10.

13. Ibid., 37–38

14. E. N. Anderson, *The Food of China* (New Haven: Yale University Press, 1988), 114.

15. Confucius, "Lun Yu," in *The Four Books*, trans. James Legge (New York: Paragon Reprints, 1966), 130.

16. Frederick W. Mote, "Yuan and Ming," in *Food in Chinese Culture*, ed. Chang, 238.

17. Jasper Griffin, *Homer on Life and Death* (Oxford: Clarendon Press, 1986), 19–20.

18. Richard Sennett, *The Fall of Public Man* (Cambridge: Cambridge University Press, 1975), 182.

19. Joseph R. Levenson, *Liang Ch'i-Ch'ao and the Mind of Modern China* (Berkeley: University of California Press, 1970), 117–18.

20. Philip Gourevitch, "Letter from Rwanda: After the Genocide," *New Yorker*, December 18, 1995, 78–94.

21. Jacques J. Maquet, *The Promise of Inequality in Ruanda: A Study of Political Relations in a Central African Kingdom* (London: Oxford University Press, 1961), 10, 18–19. I draw on his work in the next two paragraphs.

22. Poem cited in Joseph Levenson and Franz Schurmann, *China: An Interpretive History* (Berkeley: University of California Press, 1971), 114–15.

23. Daniel A. Dombrowski, *The Philosophy of Vegetarianism* (Amherst: University of Massachusetts Press, 1984), 19–74.

24. Caroline Walker Bynum, *Holy Feast and Holy Fast: The Religious Significance of Food to Medieval Women* (Berkeley: University of California Press, 1987), 33–47.

25. True, a scholar-artist's studio in East Asia could seem immaculate, but that only signified the greater need for—and greater cunning of—cover.

26. Allan Bloom, *Love and Friendship* (New York: Simon and Schuster, 1993), 45.

27. Jane Goodall, *The Chimpanzees of Gombe: Patterns of Behavior* (Cambridge: Harvard University Press, 1986), 138.

28. Ibid., 447–48.

29. C. S. Lewis, "Prudery and Philology," in *Present Concerns*, ed. Walter Hooper (San Diego: Harcourt Brace Jovanovich, 1986), 88–89.

30. Quoted in Lionel Trilling, *Sincerity and Authenticity* (Cambridge: Harvard University Press, 1972), 5.

31. B. Karlgren, "Some Fecundity Symbols in Ancient China," *Bulletin, Museum of Far Eastern Antiquities* (Stockholm), no. 2 (1930): 1–21.

32. Otto J. Brendell, "The Scope and Temperament of Erotic Art in the Greco-Roman World," in *Studies in Erotic Art*, ed. Theodore Bowie and Cornelia V. Christenson (New York: Basic Books, 1970), 12.

33. David Brion Davis, "Slaves in Islam," *New York Review of Books*, October 11, 1990, 36. The book reviewed is Bernard Lewis, *Race and Slavery in the Middle East: An Historical Enquiry* (New York: Oxford University Press, 1990).

34. Ashley Montagu, *Touching: The Human Significance of the Skin* (New York: Harper and Row, 1978).

35. Rollo May, *Love and Will* (New York: W. W. Norton, 1969), 75.

36. Doris Lessing, *The Golden Notebook* (New York: Simon and Schuster, 1962), 479–80.

37. John Liggett, *The Human Face* (New York: Stein and Day, 1974).

38. Roger Scruton, *Sexual Desire: A Moral Philosophy of the Erotic* (New York: Free Press, 1986), 26, 150–51, 154.

39. Irving Singer, *The Pursuit of Love* (Baltimore: Johns Hopkins University Press, 1994), 19–20.

40. Francesco Alberoni, *Falling in Love* (New York: Random House, 1983), 29, 30, 35.

41. William Jankowiak, ed., *Romantic Passion: A Universal Experience?* (New York: Columbia University Press, 1995).

42. Niklas Luhmann, *Love As Passion: The Codification of Intimacy* (Cambridge: Harvard University Press, 1986), 21.

43. Octavio Paz, *The Double Flame: Love and Eroticism* (New York: Harcourt Brace and Co., 1995), 19.

44. Ananda K. Coomaraswamy, *The Arts and Crafts of India and Ceylon* (New York: Noonday Press, 1964), 65.

45. Kenneth Clark, *The Nude: A Study in Ideal Form* (Princeton: Princeton University Press, 1990), 307.

46. Robert Bernard Martin, *Gerard Manley Hopkins: A Very Private Life* (New York: Putnam's, 1991), 114.

47. Peter Brown, *The Body and Society: Men, Women, and Sexual Renunciation in Early Christianity* (New York: Columbia University Press, 1988), 47–48, 53–64.

48. Marina Warner, *Alone of All Her Sex: The Myth and the Cult of the Virgin Mary* (New York: Vintage Books, 1983), 54–55.

49. Virginia Woolf, *The Diary of Virginia Woolf*, ed. Anne Olivier Bell (New York: Harcourt Brace Jovanovich, 1980), 3:117.

50. Epicurus, "Letter to Menoeceus." See Cyril Bailey, trans., *Epicurus: The Extant Remains* (Oxford: Oxford University Press, 1926).

51. Teilhard de Chardin, *The Divine Milieu: An Essay on the Interior Life* (New York: Harper, 1960).

52. Quoted in Burton Watson, *Chinese Lyricism: Shih Poetry from the Second to the Twelfth Century* (New York: Columbia University Press, 1971), 49–50.

53. Iris Murdoch, *The Sovereignty of Good* (New York: Schocken Books, 1971), 99.

54. Alexander Alland Jr., *Adaptation in Cultural Evolution: An Approach to Medical Anthropology* (New York: Columbia University Press, 1970), 160.

55. Jorge Luis Borges, *Twenty-four Conversations with Borges, Including a Selection of Poems: Interviews, 1981–1983, by Roberto Alifano* (Housatonic, Mass.: Lascaux Publishers, 1984), 4.

56. *New York Times*, February 24, 1984.

57. Sidney Hook, "Pragmatism and the Tragic Sense of Life," in *Contemporary American Philosophy*, ed. John E. Smith (London: Allen and Unwin, 1970), 179.

58. Karl R. Popper and John C. Eccles, *The Self and Its Brain* (Heidelberg, London, and New York: Springer International, 1981), 556.

59. John Cowper Powys, *The Art of Happiness* (London: John Lane, Bodley Head, 1935), 46–47, 74.

60. Oliver St. John Gogarty, "To Death," in *The Collected Poems of Oliver St. John Gogarty* (New York: Devin-Adair, 1954), 191.

61. Malcolm Muggeridge, *Jesus Rediscovered* (New York: Doubleday, 1969), 106.

62. Karl Barth, *The Task of the Ministry*, quoted in John Updike, *Assorted Prose* (New York: Knopf, 1965), 282.

63. James Boswell, *Life of Samuel Johnson* (Chicago: Encyclopaedia Britannica, 1952), 394.

64. Quoted in W. Jackson Bate, *Samuel Johnson* (New York: Harcourt Brace Jovanovich, 1979), 451–52.

65. S. N. Kramer, *The Sumerians* (Chicago: University of Chicago Press, 1963), 263.

66. *Odyssey* 24.5ff. See C. M. Bowra, *The Greek Experience* (New York: Mentor Books, 1957), 50–52.

67. Dan Davin, "Five Windows Darken: Recollections of Joyce Cary," *Encounter*, June 1975, 33.

68. E. O. James, *The Beginnings of Religion: An Introductory and Scientific Study* (London: Hutchinson's University Library, 1950), 129.

69. Knud Rasmussen, *Intellectual Culture of the Iglulik Eskimos*, Report of the Fifth Thule Expedition, 1921–24, vol. 7, no. 1 (Copenhagen: Gyldendalske Boghandel, Nordisk Forlag, 1929), 73–75.

70. John W. Berry, "Temne and Eskimo Perceptual Skills," *International Journal of Psychology* 1 (1966): 207–29.

71. As an example of the dreary life and architecture in the underworld, see Emily M. Ahern, *The Cult of the Dead in a Chinese Village* (Stanford: Stanford University Press, 1973).

72. See Dorothy Sayers's characterization of Dante's paradise in *Essays Presented to Charles Williams*, ed. C. S. Lewis (Grand Rapids, Mich.: Eerdmans, 1966), 30–31; E. J. Becker, *A Contribution to the Comparative Study of the Medieval Visions of Heaven and Hell* (Baltimore: John Murphy, 1899); and Colleen McDannell and Bernhard Lang, *Heaven: A History* (New Haven: Yale University Press, 1988).

73. Irene Masing-Delic, *Abolishing Death: A Salvation Myth of Russian Twentieth-Century Literature* (Stanford: Stanford University Press, 1992).

3 People / *Disconnectedness and Indifference*

1. Stuart F. Spicker, ed., *The Philosophy of the Body* (Chicago: Quadrangle Books, 1970); Martin Buber, *I and Thou* (New York: Scribner's, 1958); Paul Vanderbilt, *Between the Landscape and Its Other* (Baltimore: Johns Hopkins University Press, 1993).

2. Dorothy Lee, "Linguistic Reflection of Wintu Thought" and "The Conception of the Self among the Wintu Indians," in *Freedom and Culture* (Englewood Cliffs, N.J.: Prentice-Hall, 1959), 121–30, 130–40; Y. P. Mei, "The Individual in Chinese Social Thought," in *The Status of the Individual in East and West*, ed. Charles A. Moore (Honolulu: University of Hawaii Press, 1968), 333–48; Bruno Snell, *The Discovery of the Mind: The Greek Origins of European Thought* (Cambridge: Harvard University Press, 1953), 60; Yi-Fu Tuan, *Segmented Worlds and Self: Group Life and Individual Consciousness* (Minneapolis: University of Minnesota Press, 1982), 82, 139–67.

3. This chapter draws on my previous paper, "Island Selves: Human Disconnectedness in a World of Indifference," *Geographical Review* 85, no. 2 (1995): 229–39. I thank the American Geographical Society for permission to use it.

4. Roger Williams, *You Are Extraordinary* (New York: Random House, 1967); "Nutritional Individuality," *Human Nature*, June 1978, 46–53.

5. M. Neitz and J. Neitz, "Numbers and Ratios of Visual Pigment Genes for Normal Red-Green Color Vision," *Science* 267 (February 17, 1995): 1013–18.

6. Jacques Hadamard, *The Psychology of Invention in the Mathematical Field* (Princeton: Princeton University Press, 1949), 115.

7. M. S. Gazzaniga, *Nature's Mind: The Biological Roots of Thinking, Emotions, Sexuality, Language, and Intelligence* (New York: Basic Books, 1992).

8. John Updike, *Self-Consciousness* (New York: Knopf, 1989), 105.

9. Elizabeth Bowen, "Ivy Gripped the Steps," in *Collected Stories* (London: Jonathan Cape, 1980), 707–8.

10. Jules Henry, *Pathways to Madness* (New York: Random House, 1971), 88.

11. Albert Camus, *Carnets, 1942–1951* (London: Hamish Hamilton, 1966), 37.

12. For an original exposition of the idea of the world's indifference, see L. Kolakowski, *The Presence of Myth* (Chicago: University of Chicago Press, 1989).

13. Harold Nicolson, *The War Years, 1939–1945* (New York: Atheneum, 1967), 30.

14. Clarence J. Glacken, *Traces on the Rhodian Shore: Nature and Culture in Western Thought from Ancient Times to the End of the Eighteenth Century* (Berkeley: University of California Press, 1967), 375–428.

15. One example out of many is Vicki Hearne's account of the sensitivity and intelligence of horses. See her *Adam's Task: Calling Animals by Name* (New York: Knopf, 1986).

16. Roderick Nash, *The Rights of Nature: A History of Environmental Ethics* (Madison: University of Wisconsin Press, 1989); Neil Evernden, *The Social Creation of Nature* (Baltimore: Johns Hopkins University Press, 1992).

17. Karl A. Nowotny, *Beiträge zur Geschichte des Weltbildes: Farben and Weltrichtungen*, Wiener Beiträge zur Kulturgeschichte und Linguistik,

vol. 17 (1969), (Vienna: Verlag Ferdinand Berger & Sohne, 1970). For two case studies from opposite ends of the earth, see Alfonso Ortiz, *New Perspectives on the Pueblos* (Albuquerque: University of New Mexico Press, 1972), and John B. Henderson, *The Development and Decline of Chinese Cosmology* (New York: Columbia University Press, 1984).

18. C. S. Lewis, *A Preface to Paradise Lost* (London: Oxford University Press, 1960), 22–31. I can't resist offering another story of indifference—a particularly haunting one—from our own time: Four friends went on a yachting trip in the Mediterranean. It was a warm, calm day. The sea was as smooth as glass. The yacht drifted to a stop. Before taking lunch, the friends decided to jump into the sea for a swim. They splashed about happily and, having worked up an appetite and no doubt thinking of the chicken and wine on the cabin table, they decided to climb aboard. To their horror, they found they couldn't. The boat rose too high above water and since it was unanchored, the swimmers had no rope to haul themselves up with. They all drowned. I see in my mind's eye the swimmers in their last desperate minutes, wondering, as their arms turned to lead, at the utter indifference of serene sky and sea. This real-life tragedy was told to Robert Stone, the novelist, who described it as the "the ultimate 'oops.'" I embellished the story for my own purpose. See Bruce Weber, "An Eye for Danger," *New York Times Magazine*, January 19, 1992, 19.

19. I have in mind desired or desirable bodily contact as part of daily living. In modern times, bodily contact can actually be crushing and stressful, as, for example, during the rush hour in a jam-packed car of a New York subway train or in Japanese mass transit. A reviewer of the manuscript drew my attention to this point.

20. Jules Henry, *Jungle People: A Kaingang Tribe of the Highlands of Brazil* (New York: J. J. Augustin, 1941), 18, 33; Colin Turnbull, "The Ritualization of Potential Conflict between the Sexes among the Mbuti," in *Politics and History in Band Societies*, ed. E. Leacock and R. Lee (Cambridge: Cambridge University Press, 1982), 137.

21. Victor Zuckerkandl, *Man the Musician* (Princeton: Princeton University Press, 1973).

22. Colin Turnbull, "Liminality: A Synthesis of Subjective and Objective Experience," in *By Means of Performance: Intercultural Studies of Theatre and Ritual*, ed. Richard Schechner and Willa Appel (Cambridge: Cambridge University Press, 1990), 56.

23. Zuckerkandl, *Man the Musician*, 27–28.

24. J. Glenn Gray, *The Warriors: Reflections on Men in Battle* (New York: Harper Torchbooks, 1967), 45.

25. James William Gibson, *Warrior Dreams: Violence and Manhood in Post-Vietnam America* (New York: Hill and Wang, 1994), 108–9.

26. Denis Wood and Robert J. Beck, *Home Rules* (Baltimore: Johns Hopkins University Press, 1994).

27. The most rigorous and extended analysis of the relationship of place to people is in Robert David Sack, *Homo Geographicus: A Framework for Action, Awareness, and Moral Concern* (Baltimore: Johns Hopkins University Press, 1997), 60–126.

28. Yi-Fu Tuan, "Language and the Making of Place," *Annals of the Association of American Geographers* 81, no. 4 (1991): 684–96, and "The City and Human Speech," *Geographical Review* 84, no. 2 (1994): 144–51.

29. B. B. Whiting and J. W. M. Whiting, *Children of Six Cultures: A Psycho-Cultural Analysis* (Cambridge: Harvard University Press, 1975), 170–71.

30. George Steiner, "The Language Animal," *Encounter*, August 1969, 7–24.

31. James Fernandez, "The Mission of Metaphor in Expressive Culture," *Current Anthropology* 15 (1974): 119–45.

32. Hans Jonas, *The Phenomenon of Life: Toward a Philosophical Biology* (New York: Harper and Row, 1966), 11–12.

33. John Bayley, ed., *The Portable Tolstoy* (New York: Viking, 1978), 37–38. Wittgenstein, who read Tolstoy diligently, might have been influenced by the Russian, as the following passage suggests: "What makes a subject hard to understand—if it's something significant and

important—is not that before you can understand it you need to be specially trained in abstruse matters, but the contrast between understanding the subject and what most people *want* to see. Because of this the very things which are most obvious may become the hardest of all to understand. What has to be overcome is a difficulty having to do with the will, rather than with the intellect." In *Culture and Value* (Chicago: University of Chicago Press, 1980), 17.

34. Reported by Julian Green in *Diary, 1928–1957* (New York: Carroll and Graf, 1985), 63. Because of large biological differences, a man may not be able to communicate with his dog at a deep level. No such large differences exist among people. Yet despite the possession of common speech, they too often fail to communicate, and the reason for failure this time would seem to be egotism—a moral defect in human beings.

35. Ilham Dilman, *Love and Human Separateness* (Oxford: Blackwell, 1987).

36. In the major universities, from the 1960s onward, the intellectual disposition of graduate students in the social sciences and humanities has tended to be left of center and Marxist.

37. Quoted in Barre Toelken, *The Dynamics of Folklore* (Boston: Houghton Mifflin, 1979), 96. On the intimate relationship between landscape and self, both group and individual, see Leslie Marmon Silko, "Interior and Exterior Landscapes: The Pueblo Migration Stories," in *Landscape in America*, ed. George F. Thompson (Austin: University of Texas Press, 1995), 155–69.

38. Jean L. Briggs, *Aspects of Inuit Value Socialization*, National Museum of Man Mercury Series, Canadian Ethnology Service Paper no. 56 (Ottawa: National Museum of Canada, 1979), 6.

39. John Updike, *Rabbit Is Rich* (New York: Knopf, 1981), 116.

40. Knud Rasmussen, *Intellectual Culture of the Iglulik Eskimos*, Report of the Fifth Thule Expedition, 1921–24, vol. 7, nos. 2 and 3 (Copenhagen: Gyldendalske Boghandel, Nordisk Forlag, 1930), 19, 69.

41. Ibid., 59.

42. J. Drury, *Angels and Dirt* (New York: Macmillan, 1974), 52.

43. W. H. Auden, "Death's Echo," in *Collected Poems*, ed. E. Mendelson (New York: Vintage Books, 1991), 153.

44. Iris Murdoch, *A Word Child* (London: Chatto and Windus, 1975), 45.

45. Claude Lévi-Strauss and D. Erbon, *Conversations with Claude Lévi-Strauss* (Chicago: University of Chicago Press, 1991), 102–3.

46. Denis Cosgrove and Stephen Daniels, "Iconography and Landscape," in *The Iconography of Landscape*, ed. Denis Cosgrove and Stephen Daniels (Cambridge: Cambridge University Press, 1988), 1–10.

47. Aldous Huxley, "Unpainted Landscapes," *Encounter*, October 1962, 41–47.

48. Arthur C. Danto, *The Philosophical Disenfranchisement of Art* (New York: Columbia University Press, 1986), 89–91; E. H. Gombrich, *Art and Illusion: A Study in the Psychology of Pictorial Representation* (London: Phaidon Press, 1962), 9–12.

49. W. H. Auden, "Musée des Beaux Arts," in *A Selection by the Author* (Harmondsworth, Middlesex: Penguin, 1958), 61.

4 Hell / *Imagination's Distortions and Limitations*

1. Hans Jonas, *Mortality and Morality: A Search for the Good after Auschwitz*, ed. Lawrence Vogel (Evanston: Northwestern University Press, 1996), 13.

2. Norman Cohen, *Europe's Inner Demons: An Enquiry Inspired by the Great Witch-Hunt* (New York: Basic Books, 1975), 70.

3. George Santayana, *Reason in Society*, vol. 2 of *The Life of Reason* (1905; reprint, New York: Dover Publications, 1980), 81.

4. Colin Wilson, *Origins of the Sexual Impulse* (London: Arthur Baker, 1963), 167.

5. Wilhelm von Humboldt, *Humanist without Portfolio* (Detroit: Wayne State University Press, 1963), 383–84.

6. J. Glenn Gray, *The Warriors: Reflections on Man in Battle* (New York: Harper Torchbooks, 1967), 51.

7. For a provocative interpretation of cruelty, see Clement Rosset, *Joyful Cruelty: Towards a Philosophy of the Real* (New York: Oxford University Press, 1993).

8. Elizabeth Marshall Thomas, *The Harmless People* (New York: Vintage Books, 1965), 51–52.

9. *Terre Inhumaine*, quoted in Albert Camus, *Carnets, 1942–1951* (London: Hamish Hamilton, 1966), 142.

10. John Updike, *Self-Consciousness* (New York: Knopf, 1989), 150. The rationalization of torture as a device for obtaining truth is, of course, also beyond animals. See Edward Peters, *Torture* (Philadelphia: University of Pennsylvania Press, 1996).

11. Wolfgang Sofsky, *The Order of Terror: The Concentration Camp* (Princeton: Princeton University Press, 1996), 225–26, 237.

12. This example is taken from anthropologist-photographer Kevin Duffy's book, *Children of the Forest* (New York: Dodd, Mead and Co., 1984), 50. He is a more recent observer of the Mbuti Pygmy scene than Colin Turnbull, a widely recognized authority.

13. The distinguished writer V. S. Naipaul was born in Trinidad. "It's really wonderful that we no longer laugh at people with disabilities in Trinidad," he writes. "Black people once laughed at people's disabilities. It was very cruel. I remember the black audience at the Port-of-Prince cinema when the concentration camps were uncovered in Germany at the end of the war. The black audience, you know, *shocking me* by laughing at the inmates in the newsreels." In *Conversations with V. S. Naipaul*, ed. Feroza Jussawalla (Jackson: University Press of Mississippi, 1997), 120.

14. Colin Turnbull, *The Forest People* (Garden City, N.Y.: Doubleday, 1962), 100.

15. Nelson Graburn, "Severe Child Abuse among the Canadian Inuit," in *Child Survival: Anthropological Perspectives on the Treatment and Mal-*

treatment of Children, ed. N. Scheper-Hughes (Dordrecht: D. Reidel, 1987), 211–26; Michael Baksh, "Cultural Ecology and Change of the Machiguenga Indians of the Peruvian Amazon" (Ph.D. diss., University of California, Los Angeles, 1984), 99–100. I owe both sources to Robert B. Edgerton, *Sick Societies: Challenging the Myth of Primitive Harmony* (New York: Free Press, 1992), 79–80.

16. I owe this insight to Frederic Cassidy, a linguist at the University of Wisconsin–Madison. See Yi-Fu Tuan, "Community and Place: A Skeptical View," in *Person, Place, and Thing*, ed. S. T. Wong, Geoscience and Man, vol. 31 (Baton Rouge: Geoscience Publications, Dept. of Geography and Anthropology, Louisiana State University, 1992), 50. Limited aggression actually contributes to community. See David Gilmore, *Aggression and Community* (New Haven: Yale University Press, 1987).

17. Quoted in James A. Knight, *For the Love of Money: Human Behavior and Money* (Philadelphia: Lippincott, 1968), 161.

18. J. C. Speakman, *Molecules* (New York: McGraw-Hill, 1966), vi.

19. James William Gibson, *Warrior Dreams: Violence and Manhood in Post-Vietnam America* (New York: Hill and Wang, 1994), 109–12.

20. Jean-Paul Sartre, *Saint Genet* (New York: Braziller, 1963), 360–61.

21. David McCullough, *Mornings on Horseback* (New York: Simon and Schuster, 1981), 88.

22. Enid Welsford, *The Fool: His Social and Literary History* (London: Faber and Faber, n.d.), 135; E. Tietze-Conrat, *Dwarfs and Jesters in Art* (London: Phaidon Press, 1957), 80.

23. Cao Xueqin, *The Story of the Stone* (Harmondsworth, Middlesex: Penguin, 1980), vol. 3, *The Warning Voice*, 157.

24. Frank E. Huggett, *Life below Stairs: Domestic Servants in England from Victorian Times* (London: John Murray, 1977), 27.

25. Barrington Moore Jr., *Injustice: The Social Bases of Obedience and Revolt* (White Plains, N.Y.: M. E. Sharpe, 1978), 55–64.

26. See cartoon and accompanying text on p. 200 of John W. Dower, *War without Mercy: Race and Power in the Pacific War* (New York: Pantheon, 1986).

27. Lucretius, *On the Nature of Things*, bk. 2, trans. Ronald Latham (Harmondsworth, Middlesex: Penguin, 1951), 60. For a general account of the aesthetics of destruction—from predators serenely squashing their prey out of existence (Thoreau) to the beauty of shipwreck—see Philip Hallie, *Tales of Good and Evil, Help and Harm* (New York: HarperCollins, 1997), 118–29.

28. Lynn White Jr., "Death and the Devil," in *The Darker Vision of the Renaissance*, ed. Robert S. Kinsman (Berkeley: University of California Press, 1974), 32.

29. *Time Magazine*, December 13, 1976, 78.

30. The morality (and immorality) of witnessing a public execution was vigorously debated by Russian writers. See Robert Louis Jackson, *Dialogues with Dostoevsky: The Overwhelming Questions* (Stanford: Stanford University Press, 1993).

31. Tim Cresswell, *In Place/Out of Place: Geography, Ideology, and Transgression* (Minneapolis: University of Minnesota Press, 1996); Robert David Sack, *Human Territoriality: Its Theory and History* (Cambridge: Cambridge University Press, 1986), and *Homo Geographicus: A Framework for Action, Awareness, and Moral Concern* (Baltimore: Johns Hopkins University Press, 1997), 90–91, 156–60.

32. Tepilit Ole Saitoti, *The Worlds of a Maasai Warrior* (Berkeley: University of California Press, 1988), 73.

33. Sack, *Homo Geographicus*, 32, 127–41.

34. Fung Yu-lan, *A Short History of Chinese Philosophy* (New York: Macmillan, 1959), 71–72. Mencius: "Now, does E really think that a man's affection for the child of his brother is merely like his affection for the infant of a neighbor?" This is Mencius's response to E's observation that "we are to love all without difference of degree." In Mencius, bk. 3, chap. 5. As Benjamin Schwartz puts it, "Mencius believes that the

very love of mankind in general is only possible as a result of the irradiation—in diminishing strength, to be sure—of that love which naturally has its source in the bosom of the family." In *The World of Thought in Ancient China* (Cambridge: Harvard University Press, 1985), 259.

35. Speaking of his experience with various tribes in Gabon while working with Albert Schweitzer in Lambaréné, Frederick Frank writes, "Because of the easy rapport I establish with people of the various tribes, I found their intertribal relationships all the more puzzling. For them, people from another tribe have little claim to sympathy. The good Samaritan is only conceivable if you are a Samaritan yourself. There is no concept of universal brotherhood. A man has fallen out of a palm tree. If he is from your tribe you carry him on your back to the next village. If he is not, you pass by and let him die." In *My Days with Albert Schweitzer* (New York: Lyons and Burford, n.d.), 97; see also 81–82. As for American Indians, the Mashantucket Pequot tribe of Connecticut, which operates a prosperous casino, is one of the richest in the nation, but it makes no effort to help its poorer brethren. Instead it counts on white foundations to dispense charity and largesse. See Paul Boyer, "Poor Little Rich Indians," *Tribal College: Journal of American Indian Higher Education*, Winter 1994–95, 4–5.

36. Lawrence Stone, review of Barbara Tuchman, *A Distant Mirror: The Calamitous Fourteenth Century*, in *New York Review of Books*, September 28, 1978, 4.

37. Walt Whitman, "Song of Myself," st. 51, in *Leaves of Grass* (New York: Signet Classics, 1960), 96.

38. Here is another grim, less well known example of compartmentalization: "The Einsatzkommando operating in the region of Simferopol, inside Russia, was ordered to kill three thousand Jews and Gypsies before Christmas. The order was carried out with exceptional speed so that the troops could attend the celebration of Christ's birth." In Tzvetan Todorov, *Facing the Extreme: Moral Life in the Concentration Camps* (New York: Henry Holt, 1996), 148–49.

39. Robert Hutchins, "The Scientist's Morality," *Minority of One*, November 1963, 25.

40. Primo Levi, *The Drowned and the Saved* (New York: Summit Books, 1988), 57–58.

41. E. M. Forster, *Howards End* (New York: Vintage Books, 1989), 195.

42. Humphrey Osmond, "Schizophrenics and Empathy," *Mental Hospitals*, Architectural Supplement, 8 (April 1957): 23–30.

43. J. Robert Oppenheimer, "Prospects in the Arts and Sciences," in *Man's Right to Knowledge* (New York: Columbia University Press, 1954), 114–15.

44. Helen Vendler, *The Odes of John Keats* (Cambridge: Harvard University Press, 1983), 26, 85.

45. Anthony Heilbut, *Thomas Mann: Eros and Literature* (New York: Knopf, 1996), 21–22.

46. Whitman, "Song of Myself," st. 32, in *Leaves of Grass*, 73.

47. Roger Shattuck, *The Forbidden Experiment: The Story of the Wild Boy of Aveyron* (New York: Farrar Straus Giroux, 1980), 182.

48. Michael Ignatieff, "His Art Was All He Mastered," *New York Times Book Review*, August 29, 1988, 24.

49. George Orwell, *Down and Out in Paris and London* (New York: Berkley, 1959), 16.

50. Ferdynand Zweig, *The Quest for Fellowship* (London: Heinemann, 1965), 132.

51. "To a Skylark" by Percy Bysshe Shelley is the 140th most anthologized poem in the English language. See *The Top Five Hundred Poems*, ed. William Harmon (New York: Columbia University Press, 1992), 1081. The poem itself appears on p. 500.

52. Shattuck, *Forbidden Experiment*, 180; Marjorie Hope Nicolson, *Voyages to the Moon* (New York: Macmillan, 1948).

53. Robert Wohl, *A Passion for Wings: Aviation and the Western Imagination, 1908–1918* (New Haven: Yale University Press, 1994).

54. Antoine de Saint-Exupéry, *Wind, Sand, and Stars* (Harmondsworth, Middlesex: Penguin, 1966), 24.

55. Reported in *Minneapolis Star and Tribune*, June 13, 1983, and in *Time Magazine*, November 4, 1996, 80.

56. Umberto Eco, *Travels in Hyperreality* (New York: Harcourt Brace Jovanovich, 1990); Jean Baudrillard, *America* (New York: Verso Press, 1988). See also Greil Marcus, "Forty Years of Overstatement: Criticism and the Disney Theme Parks," in *Designing Disney Theme Parks: The Architecture of Reassurance*, ed. Karal Ann Marling (Montreal: Canadian Centre for Architecture, 1997), 201–7.

57. Robert Darnton, "The Meaning of Mother Goose," *New York Review of Books*, February 2, 1984, a review of *The Types of Folk-Tale: A Classification and Bibliography*.

58. Yi-Fu Tuan with Steven D. Hoelscher, "Disneyland: Its Place in World Culture," in *Designing Disney Theme Parks*, ed. Marling, 191–98.

5 Heaven / *The Real and the Good*

1. Consider this much quoted passage from Einstein: "The scientist's religious feeling takes the form of rapturous amazement at the harmony of natural law, which reveals an intelligence of such superiority that compared with it, all systematic thinking and acting of human beings is an utterly insignificant reflection." In *Ideas and Opinions* (New York: Random House, 1948), 43.

2. Marjorie Hope Nicolson, *The Breaking of the Circle* (New York: Columbia University Press, 1962).

3. John G. Neihardt, *Black Elk Speaks* (Lincoln: University of Nebraska Press, 1961), 198.

4. Stephen Toulmin, *Foresight and Understanding: An Enquiry into the Aims of Science* (New York: Harper Torchbooks, 1963).

5. Lynn White Jr., *Machine ex Deo* (Cambridge: MIT Press, 1968), 17.

6. Andrew Hodges, *Alan Turing: The Enigma* (New York: Simon and Schuster, 1983), 207.

7. G. J. Sussman and Jack Wisdom, "Chaotic Evolution of the Solar System," *Science* 257 (July 3, 1992): 56–62; Ray Jayawardhana, "Tracing

the Milky Way's Rough-and-Tumble Youth," *Science* 258 (November 27, 1992): 1439.

8. S. Chandrasekhar, *Truth and Beauty: Aesthetics and Motivations in Science* (Chicago: University of Chicago Press, 1987), 54.

9. Roger Penrose, *The Large, the Small, and the Human* (Cambridge: Cambridge University Press, 1997).

10. Stephen Hall, "News and Comments," *Science* 259 (March 12, 1993): 1533.

11. Robert E. Murphy, *The Dialectics of Social Life: Alarms and Excursions in Anthropological Theory* (New York: Basic Books, 1971), 126–27.

12. Philippe Ariès, *Centuries of Childhood: A Social History of Family Life* (New York: Vintage Books, 1965).

13. James Fernandez, "The Mission of Metaphor in Expressive Culture," *Current Anthropology* 15, no. 2 (1974): 122–23.

14. Paul Chance, "The Me I Didn't Know," *Psychology Today*, January 1987, 20.

15. For *feng-shui* in Hong Kong, see Veronica Huang, "Hong Kong's Tower of Assorted Trouble," *Wall Street Journal*, October 12, 1976, 1, and Stephen Skinner, *The Living Earth Manual of Feng-Shui* (London: Arkana/Penguin, 1989), 32–33, 130–31. For *feng-shui* in Singapore and Malaysia, see Derham Groves, *Feng-Shui and Western Building Ceremonies* (Singapore: Tynron Press, 1991), 14–17, 19–23.

16. There is a vast literature on progress, whether it is real. See Raymond Duncan Gastil, *Progress: Critical Thinking about Historical Change* (Westport, Conn.: Praeger, 1993).

17. Bertrand Russell is reported to have said that physics is mathematical not because we know so much about the physical world but because we know so little; it is only its mathematical properties that we can discern. Reported by Arthur Koestler in *The Act of Creation* (New York: Macmillan, 1964), 251.

18. Philip P. Hallie, *The Paradox of Cruelty* (Middletown, Conn.: Wesleyan University Press, 1969), 46.

19. Richard Schechner and Willa Appel, eds., *By Means of Performance: Intercultural Studies of Theatre and Ritual* (Cambridge: Cambridge University Press, 1990). Here is Susanne Langer's way of saying that dance enchants: "In dance, powers become apparent in a framework of space and time. . . . Dance's true creative aim—to make the world of Powers visible." Why does dance matter when it is no longer wrapped in religion and has lost its magical purposes? Langer's answer is this: "The eternal popularity of dance lies in its ecstatic function, today as in earliest times; but instead of transporting the dancers from a profane to a sacred state, it now transports them from what they acknowledge as 'reality' to a realm of romance." In *Feeling and Form: A Theory of Art* (New York: Charles Scribner's Sons, 1953), 199, 201–2.

20. Howard Gardner, *Art, Mind, and Brain* (New York: Basic Books, 1982), 86, 93, 97–100.

21. William Wordsworth, "To a Child Written in Her Album," in *The Poems*, ed. John O. Hayden (London: Penguin, 1989), 2:780.

22. Newton P. Stallknecht, *Strange Seas of Thought: Studies in William Wordsworth's Philosophy of Man and Nature* (Bloomington: Indiana University Press, 1958).

23. Gardner, *Art, Mind, and Brain*, 88–90.

24. S. Honkaavara, *The Psychology of Expression*, British Journal of Psychology Monograph Supplements, no. 32 (Cambridge: Cambridge University Press, 1961).

25. Aldous Huxley, "Unpainted Landscapes," *Encounter* 19 (1962): 41–47.

26. Jay Appleton, *The Experience of Landscape*, rev. ed. (Chichester: John Wiley, 1996).

27. Robert D. Sack, *Conceptions of Space in Social Thought* (London: Macmillan, 1980); Yi-Fu Tuan, *Space and Place: The Perspective of Experience* (Minneapolis: University of Minnesota Press, 1977).

28. There is a large and excellent literature on landscape. See, for example, Kenneth R. Olwig, "Recovering the Substantive Nature of

Landscape," *Annals of the Association of American Geographers* 86, no. 4 (1996): 630–53; George F. Thompson, ed., *Landscape in America* (Austin: University of Texas Press, 1995); Denis Cosgrove, *The Palladian Landscape* (University Park: Pennsylvania State University Press, 1993); Denis Cosgrove and Stephen Daniels, eds., *The Iconography of Landscape* (Cambridge: Cambridge University Press, 1988); Simon Schama, *Landscape and Memory* (New York: Knopf, 1995); and J. B. Jackson, *Discovering the Vernacular Landscape* (New Haven: Yale University Press, 1984).

29. The preeminence of music in Chinese and European civilization is well known. In China, music was believed to emanate from heaven and to provide harmony not only in human society but in the entire cosmos. A Confucian scholar-official must not only know *li*, propriety and the rules of conduct, but also *yueh*, music. See Li Ki, "Yueh Chi," bk. 17, in *The Sacred Books of the East* (Oxford: Clarendon Press, 1884), 28:115, and Bliss Wiant, *The Music of China* (Hong Kong: Chung Chi Publications, Chinese University of Hong Kong, n.d.), 7. As for Europe, the relation of cosmic harmony to music—the idea that the harmony of the spheres is also the music of the spheres—goes back to the Pythagoreans and remained influential in learned circles until the seventeenth century. George Steiner reminds us of the ancient belief that music had the power to build cities: "The magus . . . can make stones of music. One version of the myth has it that the walls of Thebes was built by song." See Steiner, "The City under Attack," in *The Salmagundi Reader*, ed. Robert Boyers and Peggy Boyers (Bloomington: Indiana University Press, 1983), 4. Among great Christian thinkers, Augustine believed that poetry, even the poetry of the Psalms, marked a fall into imperfection and temporality. But the fall was less catastrophic in music than in other arts "because music is comparatively free of the superstition that reality is entirely what it appears to be, finite, bodily, visible, and therefore imitable." Music, in other words, remains heavenly, out of this world, invisible. See Denis Donoghue, *Warrenpoint* (New York: Knopf, 1990), 82. To our contemporary, the literary critic and polymath George Steiner, "the creative spirit reaches its utmost perfection in music: to him, music is time 'made organic'; it is,

quite simply, 'the supreme mystery of man.'" Gerhard Neuman, "George Steiner's Real Presences," in *Reading George Steiner*, ed. Nathan A. Scott Jr. and Ronald A. Sharp (Baltimore: Johns Hopkins University Press, 1994), 253. Elsewhere in the same book Steiner draws attention to the great anthropologist "[Claude] Lévi-Strauss's arresting formulation: the invention of melody . . . remains the *mystère suprême des sciences de l'homme*" (284).

30. Jamie James, *The Music of the Spheres: Music, Science, and the Natural Order of the Universe* (New York: Copernicus, 1993).

31. Think of how great artists have repeatedly tried to capture an aspect of the real world: Rembrandt with his ceaseless effort to capture the self in self-portraits, Monet with his nine almost identical Mornings on the Seine, Shih-t'ao with his seventy-two views of a single mountain, the Huang Shan. There is nothing remotely like this in music.

32. Jacques Barzun, "Is Music Unspeakable?" *American Scholar*, Spring 1996, 196.

33. Gerald Brenan, *Thoughts in a Dry Season* (Cambridge: Cambridge University Press, 1978), 77.

34. Peter Kivy, *Music Alone: Philosophical Reflections on the Purely Musical Experience* (Ithaca: Cornell University Press, 1990).

35. R. Murray Schafer, *The Tuning of the World* (New York: Knopf, 1977), 115–18, 156.

36. David Plante, "Bacon's Instinct," *New Yorker*, November 1, 1993, 96.

37. A neat example is provided by the five cultures of northwestern New Mexico: "The self-image of each cultural group is ethnocentrically flattering. All refer to themselves in terms that define them as 'persons' or 'people,' and to the others as excluded from or inferior to true humanity. The Navahos call themselves *dineh*, which literally means 'the people,' and the Zuni call themselves *ashiwi*, literally 'the flesh' or the 'the cooked ones.' The Mormons, in keeping with their Old Testament restoration, have adopted the ancient Hebraic title, 'the

chosen people.' More tolerant in their view of outsiders, the Spanish-Americans nevertheless think of themselves as *la gente*, 'people,' in the honorific sense. The Texans share the self-congratulatory vision of the 'real' or 'super' American, figuratively the only really 'white men.'" In Evon Vogt and Ethel Albert, eds., *People of Rimrock: A Study of Values in Five Cultures* (Cambridge: Harvard University Press, 1966), 26.

38. On community and place at different scales, see J. Nicholas Entrikin, *The Betweenness of Place: Towards a Geography of Modernity* (Baltimore: Johns Hopkins University Press, 1991), 62–83.

39. Karl Jaspers, *The Origin and Goal of History* (New Haven: Yale University Press, 1953), 1–21.

40. *Analects* xvii.2, quoted in Donald J. Munro, *The Concept of Man in Early China* (Stanford: Stanford University Press, 1969), 13.

41. Arthur Waley, *The Analects of Confucius* (London: Allen and Unwin, 1983), bk. 16, chap. 9, p. 206.

42. Benjamin Schwartz, *The World of Thought in Ancient China* (Cambridge: Harvard University Press, 1985), 83.

43. Herbert Fingarette, *Confucius: The Secular As Sacred* (New York: Harper Torchbooks, 1972), 1–5. Fingarette uses the expression "holy rite" rather than "holy dance," and he interprets "holy" as magic, a word that I studiously avoid.

44. Aristotle was the reasonable man. By contrast, Socrates was in his way as scandalous as Jesus. In fact, Socrates and Jesus had much in common in their refusal of retribution—their rejection of the law of the talion. See George Steiner, *No Passion Spent* (Chicago: University of Chicago Press, 1996), 380–81.

45. The story of the prodigal son is bound to raise Confucian eyebrows.

46. Leslie Fiedler, "The Rebirth of God and the Death of Man," in *The Salmagundi Reader*, ed. Robert Boyers and Peggy Boyers (Bloomington: Indiana University Press, 1983), 376.

47. J. H. Hexter, *The Judaeo-Christian Tradition*, 2d ed. (New Haven:

Yale University Press, 1995); Page Smith, *Rediscovering Christianity: A History of Modern Democracy and the Christian Ethic* (New York: St. Martin's Press, 1994).

48. Peter J. Wilson, *The Domestication of the Human Species* (New Haven: Yale University Press, 1988).

49. Quoted in Victor Gollancz, ed., *A Year of Grace* (Harmondsworth, Middlesex: Penguin, 1955), 75–76.

50. J. R. R. Tolkien, "On Fairy-Stories," in *Essays Presented to Charles Williams*, ed. C. S. Lewis (Grand Rapids, Mich.: Eerdmans, 1966), 44–45.

51. C. N. Manlove, "On the Nature of Fantasy," in *The Aesthetics of Fantasy Literature and Art*, ed. Roger C. Schlobin (Notre Dame: University of Notre Dame Press, 1982), 30–31. Modern fairy tales are moralistic; not so the fantastic folk tales of the seventeenth and eighteenth centuries upon which they may be based. See Robert Darnton, "The Meaning of Mother Goose," *New York Review of Books*, February 2, 1984, 45–46.

52. C. S. Lewis's science fiction is a notable exception. In the volumes of his trilogy, *Out of the Silent Planet* (1938), *Perelandra* (1943), and *That Hideous Strength* (1945)—aptly characterized as his works of theological science fiction—good and evil are at the heart of the story.

53. Aldous Huxley, *The Doors of Perception and Heaven and Hell* (New York: Perennial Library, 1990), 20.

54. Iris Murdoch, *The Sovereignty of Good* (New York: Schocken Books, 1971), 64–65, 69, 85–88.

55. G. F. Allen, *The Buddha's Philosophy: Selections from the Pali Canon and an Introductory Essay* (New York: Macmillan, 1959), 162–63.

56. "The Buddha was known as the Anatta-vadi, or teacher of Impersonality." In *Buddhist Dictionary—Manual of Buddhist Terms and Doctrines: Nyanatiloka*, Island Hermitage Publications 1 (Colombo, Sri Lanka: Frewin and Co., 1950); Edward Conze, *Buddhist Thought in India* (Ann Arbor: University of Michigan Press, 1967), 122–34.

57. Albert Einstein, *The World As I See It* (New York: Covici, Friede, 1934), 238.

58. Helen Dukas and Banesh Hoffmann, *Albert Einstein: The Human Side* (Princeton: Princeton University Press, 1989), 23.

59. Interview with B. F. Skinner in *Psychology Today*, September 1983, 30, 32.

60. *China in the Sixteenth Century: The Journals of Matthew Ricci, 1583–1610*, trans. Louis J. Gallagher (New York: Random House, 1953).

61. Jean Anouilh, *Antigone and Eurydice: Two Plays* (London: Methuen, 1951), 56, 58. For a critical evaluation of immortal longings beyond the humdrum good that Creon recommends to Antigone, see Fergus Kerr, *Immortal Longings: Versions of Transcending Humanity* (Notre Dame: University of Notre Dame Press, 1997).

62. Steven Weinberg, *Dreams of a Final Theory: The Scientist's Search for the Ultimate Laws of Nature* (New York: Vintage Books, 1994).

63. Herlee G. Creel, *What Is Taoism?* (Chicago: University of Chicago Press, 1970), 3.

64. Arthur C. Danto, *Mysticism and Morality: Oriental Thought and Moral Philosophy* (New York: Columbia University Press, 1987), 26, 39, 77.

65. Plato, *Theaetetus* 174a.

內容簡介

逃避，是人類文化創造的原生力。

這是一本將地理學與自然、人文、心理、歷史、社會結合的書。從上述諸方向闡述人類逃避的行為與心理本質，並推演出這種逃避心理，能推動人類物質文化和精神文化的創造與進步，所以逃避過程，也是文化創造的過程。

人文主義地理學是一門很新的學門，興起於二十世紀七〇年代後期，當時的學術背景是，歐美學術界正如火如荼地開展人文主義與科學主義的討論。而人文主義地理學的指標性學術作品便是段義孚發表在《美國地理聯合會會刊》一九七六年六月號上的文章〈人文主義地理學〉，這篇文章被後續的地理學讀本廣泛引用，也正是這篇代表性的文章使得段義孚被學術界公認為是人文主義地理學大師。

人類逃避的對象之一是自然。嚴酷的自然環境、突發的自然災害都會讓人們產生逃避的念頭。人類逃避的對象之二是文化。逃避喧鬧的城市生活，逃避猛於虎的苛政，逃避嚴厲的宗教禁錮，這些統統都屬於逃避文化。人類逃避的對象之三是混沌。混沌的、不清晰的狀態令人感到困惑與費解，人們總是試圖尋找清晰與明朗。人們寧願採納抽象的模型，也不願接受毫無頭緒的「現實」，因為清晰與明朗會給人以「真實存在」的感覺。

人類逃避的對象之四是人類自身的動物性與獸性。人類對自身某些粗魯的特徵感到羞恥和厭惡，於是，做出種種努力，想要逃離這些本性。整容、遮羞等皆屬於此類逃避。

人類逃往的目的地也發生著不斷的變化。逃避暴風雨，逃回溫暖的房屋中，逃避高樓林立的都市區，逃往美好的郊區植物園逃避現實的苦惱，逃往虛幻的童話世界。

人們逃避的途徑主要有四個方面。第一，空間移動。比如遷居到自己認為理想的地方。第二，改造自然。人類許多生產活動所導致的結果，都是對於自然的改造。第三，根據想像建造出有特定意義的物質世界，用於滿足某種精神訴求。例如神殿、廟宇等，借助這樣的建築，人們可以在心理上逃避對現實世界的不滿。第四，創造精神世界。例如美麗的傳說和動人的童話能指引人們「逃入」快樂和幸福的天界。

「逃避」是一個看似貶義的詞彙。然而正是由於人類內心與生俱來的逃避心理，推動了人類物質文化和精神文化的創造與進步。在逃避的過程中，人類需要借助各種文化手段（組織、語言、工具等），所以說「逃避」的過程，也是文化創造的過程。

段義孚在本書中的研究範圍橫跨了地理、景觀、文學、歷史以及宗教信仰等諸多領域。其文字時常超過文學的極限，他的詮釋將人們對現實環境的感受與似乎不太相關於地理學的哲學、心理學、都市計畫與景觀設計學及人類學方面的見解聯繫在一起。

本書不單為廣大的地理學家所關注，還為建築學、社會學、心理學等學科的學者所關注。

作者簡介

段義孚

段義孚教授是享譽國際的人文主義地理學大師，是一位華裔美國學者。於一九三〇年出生於天津，先後在南京、上海、昆明、重慶等城市住過，十一歲時隨全家離開了當時的陪都重慶，去了澳大利亞，在英國牛津大學獲得學士學位，美國加州柏克萊大學獲得博士學位。

在地理學理論、園林建築、文學、宗教等研究領域都做出過舉世矚目的貢獻。他關注人的問題，注重人性、人情。其思想見解發人深省，因而被公認為「擁有超自然靈魂的正義之聲」。

曾獲眾多榮譽，包括美國藝術與科學院院士、英國皇家科學院院士、古根漢基金獎、美國地理學會授予的地理學傑出貢獻獎等，且著作豐富，代表作品有：《戀地情結：對環境感知、態度與價值》（*Topophilia: A Study of Environmental Perception*）、《經驗透視中的空間與地方》（*Space and Place: The Perspective of Esperience*）、《撕裂的世界與自我：群體生活和個體意識》（*Segmented Worlds and Self: Group Life and Individual Consciousness*）、《逃避主義》（*Escapism*）等。

譯者簡介

周尚意

周尚意教授，北京師範大學城市與區域規劃研究所所長，中國地理學常務理事。主要從事人文地理學研究與教學工作。已發表論文五十餘篇，學術著作七部，如《中國文化地理概說》、《文化地理學》。

張春梅，周尚意教授助理。

校對

吳燕惠、李鳳珠

心理學與哲學思考

羅洛．梅 Rollo May

愛與意志：羅洛．梅經典

生與死相反，
但是思考生命的意義
卻必須從死亡而來。

ISBN:978-986-360-140-1
定價：420元

自由與命運：羅洛．梅經典

生命的意義除了接納無
可改變的環境，
並將之轉變為自己的創造外，
別無其他。
中時開卷版、自由時報副刊
書評推薦
ISBN:978-986-360-165-4
定價：360元

創造的勇氣：羅洛．梅經典

若無勇氣，愛即將褪色，
然後淪為依賴。
如無勇氣，忠實亦難堅持，
然後變為妥協。

中時開卷版書評推薦
ISBN:978-986-360-166-1
定價：230元

權力與無知：羅洛．梅經典

暴力就在此處，
就在常人的世界中，
在失敗者的狂烈哭聲中聽到
青澀少年只在重蹈歷史的覆轍。

ISBN:978-986-3600-68-8
定價：350元

哭喊神話

呈現在我們眼前的....
是一個朝向神話消解的世代。
佇立在過去事物的現代人，
必須瘋狂挖掘自己的根，
即便它是埋藏在太初
遠古的殘骸中。

ISBN:978-986-3600-75-6
定價：380元

焦慮的意義：羅洛．梅經典

焦慮無所不在，
我們在每個角落
幾乎都會碰到焦慮，
並以某種方式與之共處。

聯合報讀書人書評推薦
ISBN:978-986-360-141-8
定價：420元

尤瑟夫．皮柏 Josef Pieper

二十世紀最重要的哲學著作之一

閒暇：一種靈魂的狀態 誠品好讀重量書評推薦

Leisure, The Basis of Culture
德國當代哲學大師經典名著

本書摧毀了20世紀工作至上的迷思，
顛覆當今世界對「閒暇」的觀念

閒暇是一種心靈的態度，
也是靈魂的一種狀態，
可以培養一個人對世界的關照能力。

ISBN:978-986-360-107-4
定價：280元

生活哲思—新文明生活主張

孤獨
最眞實、最終極的存在
Philip Koch ◎著
梁永安◎ 譯
中國時報開卷版書評推薦

ISBN:978-957-8453-18-0
定價：350元

孤獨的誘惑
(原書名：孤獨世紀末)
Joanne Wieland-Burston◎著
宋偉航◎譯
余德慧◎導讀
中時開卷版、聯合報讀書人
書評推薦

ISBN:978-986-360-114-2
定價：280元

隱士：
照見孤獨的神性（第二版）
Peter France◎著
梁永安◎ 譯
聯合報讀書人、中時開卷
每周新書金榜

ISBN:978-986-360-115-9
定價：360元

魯米詩篇：
在春天走進果園
伊斯蘭神秘主義詩人
Rumi以第三隻眼看世界
Rumi◎著
梁永安◎ 譯

ISBN:978-986-360-171-5
定價：390元

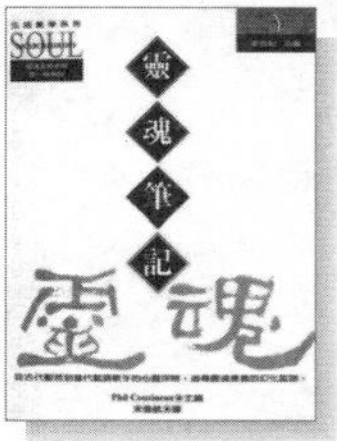

靈魂筆記
從古聖哲到當代藍調歌手的
心靈探險之旅
Phil Cousineau◎著
宋偉航◎ 譯
中時開卷版書評推薦

ISBN:957-8453-44-2
定價：400元

四種愛：
親愛・友愛・情愛・大愛
C. S. Lewis◎著
梁永安◎ 譯

ISBN:978-986-360-201-9
定價：250元

運動：天賦良藥
為女性而寫的每天
30分鐘體能改造
Manson & Amend ◎著
刁筱華◎譯

ISBN:957-0411-46-5
定價：300元

愛情的正常性混亂
一場浪漫的社會謀反
社會學家解析現代人的愛情
Ulrich Beck
Elisabeth Beck-Gemsheim◎著
蘇峰山等◎ 譯

ISBN:978-986-360-203-3
定價：400元

內在英雄
現代人的心靈探索之道
Carol S. Pearson◎著
徐慎恕・朱侃如・龔卓軍◎譯
蔡昌雄◎導讀・校訂
聯合報讀書人每周新書金榜

ISBN:978-986-360-146-3
定價:350元

生活哲思—新文明生活主張

提倡簡單生活的人肯定會贊同畢卡索所說的話：「藝術就是剔除那些累贅之物。」

小即是美

一本把人當回事的經濟學著作
E. F. Schumacher ◎著

中時開卷版一周好書榜
ISBN: 978-986-360-142-5
定價：350元

少即是多

擁有更少 過得更好
Goldian Vandn Broeck◎著

ISBN:978-986-360-129-6
定價：390元

簡樸

世紀末生活革命
新文明的挑戰
Duane Elgin ◎著

ISBN :978-986-7416-94-0
定價：250元

靜觀潮落:簡單富足/生活美學日記

寧靜愉悅的生活美學日記
Sarah Ban Breathnach ◎著

ISBN: 978-986-6513-08-4
定價：450元

美好生活

我們反對財利累積，
反對不事生產者不勞而獲。
我們不要編制階層和強制權威，
而希望代之以對生命的尊重。
Helen & Scott Nearing ◎著

ISBN:978-986-360-202-6
定價：400元

倡導純樸，
並不否認唯美，
反而因為擺脫了
人為的累贅事物，
而使唯美大放異彩。

中時開卷版一周好書榜

德蕾莎修女：一條簡單的道路

和別人一起分享，
和一無所有的人一起分享，
檢視自己實際的需要，
毋須多求。
ISBN:978-986-360-204-0
定價：280元

115歲，有愛不老

一百年有多長呢？
她創造了生命的無限可能

27歲上小學
47歲學護理
67歲獨立創辦養老病院
69歲學瑜珈
100歲更用功學中文……

宋芳綺◎著
中央日報書評推薦

ISBN:978-986-6513-38-1
定價：280元

許哲與德蕾莎
修女在新加坡

國家圖書館出版品預行編目(CIP)資料

逃避主義：從恐懼到創造 / 段義孚著；周尚意, 張春梅譯 -- 三版 -- 新北市:立緒文化事業有限公司, 民110.12
面； 公分. --（新世紀叢書；159）
譯自：Escapism.

ISBN 978-986-360-182-1(平裝)

1. 人文地理

609.1 110019160

逃避主義：從恐懼到創造（2021年版）

Escapism

出版——立緒文化事業有限公司（於中華民國84年元月由郝碧蓮、鍾惠民創辦）
作者——段義孚（Yi-Fu Tuan）
譯者——周尚意、張春梅

發行人——郝碧蓮
顧問——鍾惠民

地址——新北市新店區中央六街62號1樓
電話——(02) 2219-2173
傳真——(02) 2219-4998
E-mail Address —— service@ncp.com.tw
劃撥帳號—— 1839142-0號 立緒文化事業有限公司帳戶
行政院新聞局局版臺業字第6426號

總經銷——大和書報圖書股份有限公司
電話——(02) 8990-2588
傳真——(02) 2290-1658
地址——新北市新莊區五工五路2號
排版——伊甸社會福利基金會附設電腦排版
印刷——尖端數位印刷股份有限公司

法律顧問——敦旭法律事務所吳展旭律師

分類號碼—— 609.1
ISBN —— 978-986-360-182-1
出版日期——中華民國95年4月初版 一刷（1～3,000）
中華民國103年10月二版 一刷（1～1,000）
中華民國110年12月三版 一刷（1～800）
中華民國112年2月三版 二刷（801～1,400）

定價◎ 380元（平裝）

年度好書在立緒

文化與抵抗
- 2004年聯合報讀書人最佳書獎

威瑪文化
- 2003年聯合報讀書人最佳書獎

在文學徬徨的年代
- 2002年中央日報十大好書獎

上癮五百年
- 2002年中央日報十大好書獎

遮蔽的伊斯蘭
- 2002年聯合報讀書人最佳書獎
- News98張大春泡新聞2002年好書推薦

弗洛依德傳
（弗洛依德傳共三冊）
- 2002年聯合報讀書人最佳書獎

以撒·柏林傳
- 2001年中央日報十大好書獎

宗教經驗之種種
- 2001年博客來網路書店年度十大選書

文化與帝國主義
- 2001年聯合報讀書人最佳書獎

鄉關何處
- 2000年聯合報讀書人最佳書獎
- 2000年中央日報十大好書獎

東方主義
- 1999年聯合報讀書人最佳書獎

航向愛爾蘭
- 1999年聯合報讀書人最佳書獎
- 1999年中央日報十大好書獎

深河(第二版)
- 1999年中國時報開卷十大好書獎

田野圖像
- 1999年聯合報讀書人最佳書獎
- 1999年中央日報十大好書獎

西方正典(全二冊)
- 1998年聯合報讀書人最佳書獎

神話的力量
- 1995年聯合報讀書人最佳書獎

大旗文化 閱讀卡

姓　名：

地　址：□□□

電　話：(　　)　　　　　傳 眞：(　　)

E-mail：

您購買的書名：________________

購書書店：________市（縣）____________書店

■您習慣以何種方式購書？

□逛書店 □劃撥郵購 □電話訂購 □傳真訂購 □銷售人員推薦
□團體訂購 □網路訂購 □讀書會 □演講活動 □其他______

■您從何處得知本書消息？

□書店 □報章雜誌 □廣播節目 □電視節目 □銷售人員推薦
□師友介紹 □廣告信函 □書訊 □網路 □其他________

■您的基本資料：

性別：□男 □女　婚姻：□已婚 □未婚　年齡：民國____年次

職業：□製造業 □銷售業 □金融業 □資訊業 □學生
□大眾傳播 □自由業 □服務業 □軍警 □公 □教 □家管
□其他________________

教育程度：□高中以下 □專科 □大學 □研究所及以上

建議事項：

愛戀智慧 閱讀大師

廣 告 回 信	
北區郵政管理局登記證 北 臺 字 8 4 4 8 號	
免 貼 郵 票	

立緒文化事業有限公司 收

新北市 2 3 1

新店區中央六街62號一樓

請沿虛線摺下裝訂，謝謝！

立緒文化 閱讀卡

感謝您購買立緒文化的書籍

為提供讀者更好的服務，現在填妥各項資訊，寄回閱讀卡（免貼郵票），或者歡迎上網http://www.facebook.com/ncp231即可收到最新書訊及不定期優惠訊息。

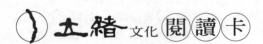